インドネシアの
紛争地を行く

Komatsu Kuniyasu
小松邦康

めこん

インドネシアの紛争地を行く【目次】

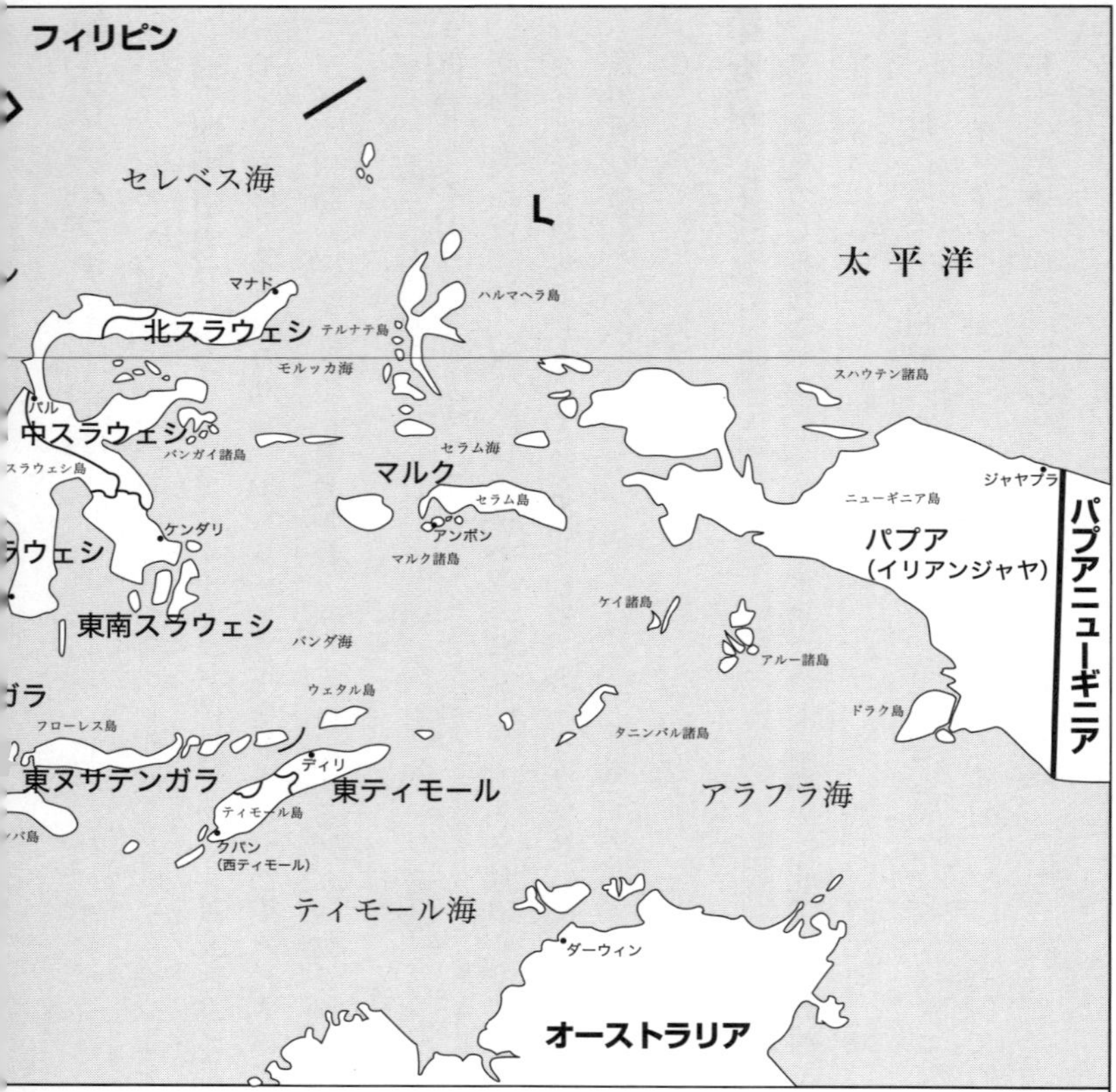
フィリピン
セレベス海
太平洋
マナド
北スラウェシ
テルナテ島
ハルマヘラ島
モルッカ海
スハウテン諸島
パル
中スラウェシ
バンガイ諸島
スラウェシ島
セラム海
マルク
セラム島
ジャヤプラ
ニューギニア島
ケンダリ
アンボン
マルク諸島
パプア
(イリアンジャヤ)
パプアニューギニア
ラウェシ
ケイ諸島
東南スラウェシ
バンダ海
アルー諸島
ウェタル島
ドラク島
フローレス島
タニンバル諸島
ディリ
東ヌサテンガラ
東ティモール
アラフラ海
ティモール島
クパン
(西ティモール)
ティモール海
ダーウィン
オーストラリア

インドネシア全図

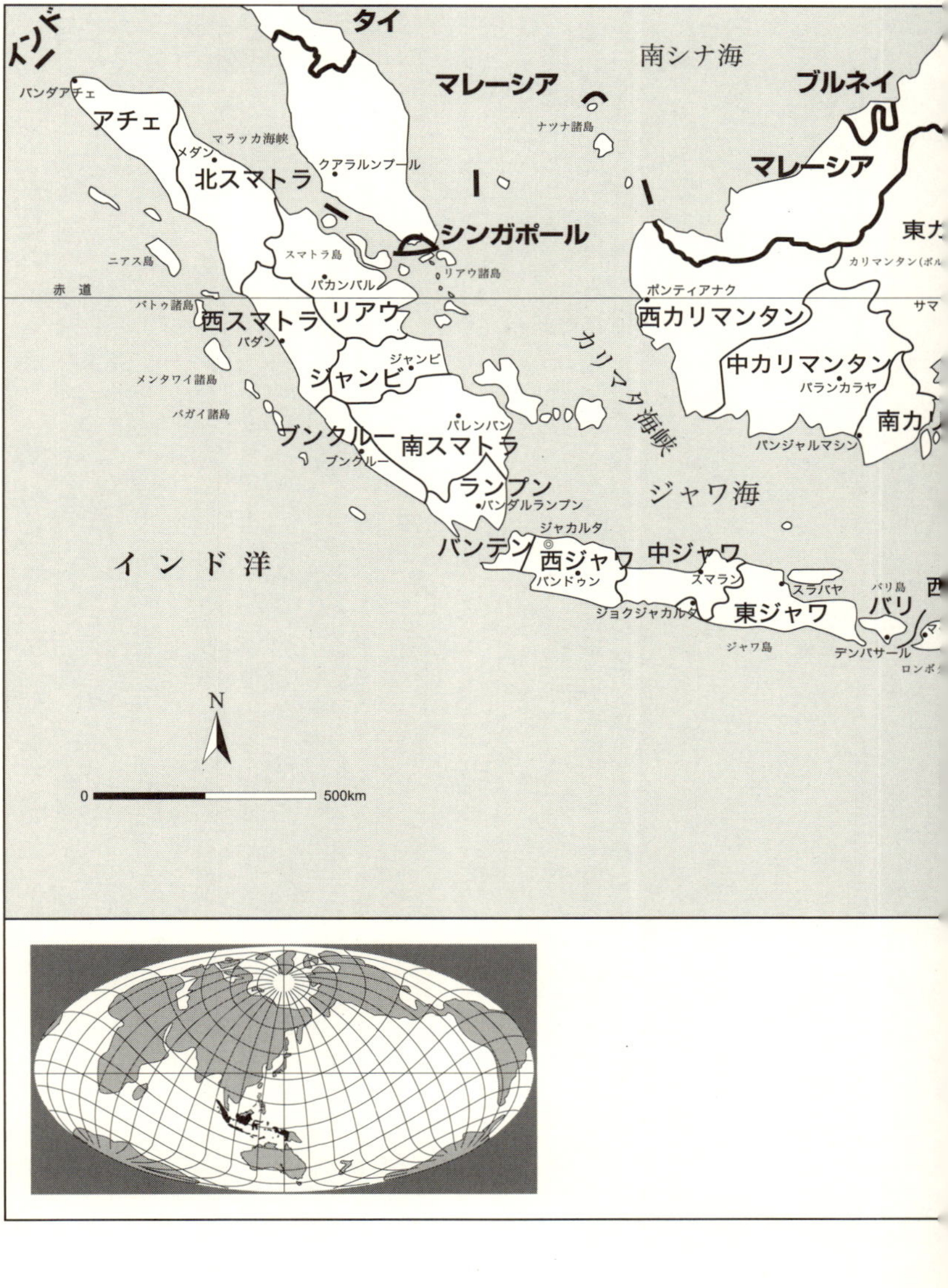

インド
タイ
南シナ海
マレーシア
ブルネイ
バンダアチェ
アチェ
マラッカ海峡
ナツナ諸島
メダン
北スマトラ
クアラルンプール
マレーシア
シンガポール
東カ
スマトラ島
ニアス島
リアウ諸島
カリマンタン(ボル
パカンバル
赤　道
ポンティアナク
バトゥ諸島
西スマトラ
リアウ
西カリマンタン
サマ
パダン
カリマタ海峡
ジャンビ
メンタワイ諸島
ジャンビ
中カリマンタン
パランカラヤ
パガイ諸島
パレンバン
南カリ
ブンクルー
南スマトラ
バンジャルマシン
ブンクルー
ランプン
ジャワ海
バンダルランプン
ジャカルタ
バンテン
西ジャワ
中ジャワ
インド洋
スマラン
バンドゥン
スラバヤ
バリ島
ジョクジャカルタ
東ジャワ
バリ
ジャワ島
デンパサール
ロンボク
N
0
500km

まえがき

万を超す命が奪われた。東南アジアのインドネシアで起こっていることだ。一九九八年五月、三〇年以上もの長い間、政権の座についていたスハルト大統領が民衆の力で倒された。そして待ちに待った民主化がスタートしたかに見えた。しかしそうではなかった。今もインドネシア各地でふつうの住民が殺されている。東西冷戦後、世界各地で民族や宗教の違いから地域紛争が起きている。インドネシアでも各地で民族や宗教対立を煽り、紛争を起こし、拡大する勢力が現れた。最大の犠牲者は、南の島でのんびり楽しそうに暮らしていた人たちだった。

首都ジャカルタから東へ三〇〇〇キロ離れたマルク諸島では、九九年一月から始まった抗争で五〇〇〇人以上といわれる住民が殺され、五〇万人を超す避難民がでた。九九年九月の東ティモール騒乱や独立をめぐる紛争が続くスマトラ島のアチェよりも多い。

マルク州の州都アンボンの友人から電話で「銃声が止まず、眠れない日々が続いている」などと不安な声を聞くたびに、世話になった人たちのことが気になった。電話が通じなくなったり、他の土地へ移って行き消息がつかめなくなった友人もいる。私はそんな人たちが気掛かりで、どんな気持ちで暮らしを続けているのか知りたく、アンボンに向け旅立った。

二〇〇〇年五月、ジャカルタからスラウェシ島のマカッサルに飛び、その日の夜大型客船ブキットシグンタン号に乗り込んだ。暴動が再発し飛行機の欠航が続いていることもあるが、久しぶりにマルクの島々を船で旅したかった。アンボンまでは二晩、マカッサル港を出航してから三〇時間かかる。船旅が好きなこともあるが、乗客から色々話が聞けるだろうという期待もあった。

ブキットシグンタン号のレストランではカラオケ大会が始まっていた。おばさんがアンボン民謡をリクエストすると、それは俺に任せろと男が歌いだした。アンボンの人は歌が得意だ。ジャワ、スラウェシ、パプアなど他の地方出身者も一緒にいるが、アンボンの人の歌のうまさは他を寄せつけない。船内は禁酒だがコーラやジュースで歌に酔っていた。一人二人と踊りだし、その数は数十人にふくれあがって、明るい歌声は深夜まで続いた。

キリスト教徒もイスラム教徒も、アンボン人もそうでない人たちも一緒に歌い踊っている。こんな陽気な人たちがアンボンやマルクの島々で敵対し、今も殺し合っている。信じられない。

売店で働くYさんに話を聞いた。

「この船でも何度か殺人事件が起きました。イスラム教徒が殺し、仕返しにキリスト教徒が殺しました」

それ以来自動小銃を持った警官や軍服を着た退役軍人らが船内を警備するようになった。レストランにも銃を担いで入ってくるし、検札のときも船員と一緒に乗客をチェックして回る。

「二週間前の航海でイスラム教の聖戦（ジハード）を唱える軍団がジャワやスラウェシから数百人乗って来ました。白装束にあご髭、一目でそれとわかるやばそうなグループでした。幹部は一等船室、若い人たちは通路で雑魚寝でした。武器も隠して運ばれましたが、警官や退役軍人は何もしませんでした。そして彼らがアンボンで降りた三日後、暴動が再発し三〇人を超す死者が出ました。今この船でもまた手榴弾などの武器が運ばれているかも知れません」とYさんは話を続けた。

豊かな海に囲まれたマルクの島々は、色鮮やかな花が咲き、音楽好きな陽気な人たちが暮らしている。西洋列強が血眼になって求めた香料生産の中心地で、三五〇年にも及んだ植民地時代、オランダ東インド会社（VOC）はこの地方の香料栽培・貿易を独占した。当時の遺跡や教会などロマンチックな町並みが残り、古くから栄えた港町は外来者をやさしく受け入れてくれる包容力がある。経済的に豊かでなくても家族や兄弟のように助け合い、明るい笑い声が絶えない。

マルクの島々に限らずインドネシアには、南の島ならではのゆったりした時が流れている。競争社会にはない人懐っこい微笑みが満ちあふれている。地方を旅すれば美しい景色と人情にほっとさせられる。私はそんな南の島々を一七年間旅してきた。インドネシアの旅が始まったのは八五年である。八七年からは首都ジャカルタに移り住み、九一年までに全二七州を訪れた。インドネシアはアメリカ大陸よりも長い東西の距離五〇〇〇キロに、一万三〇〇〇以上の島々がある。多くの民族が住み、多様な暮らしが見られ、変化に富む自然が味わえるインドネシアの旅は、いくつもの国を旅しているような醍醐味を感じた。

その後も、大波を受け木の葉のように揺れる小さな船、ぎゅうぎゅう詰めにならないと出発しない蒸し風呂のようなバス、天井から水漏れする古い飛行機などに乗り、南の島への旅を重ねた。うらやましいほどのゆとりと美しい自然がある楽園のような島もある。しかしそんな島でさえ、紛争に巻き込まれ、多くの人が犠牲になった。

日本とインドネシアとは長い間、各分野で深い関係が続いている。太平洋戦争時、日本はインドネシアを占領した。今インドネシアにとって日本は石油や天然ガスなどを輸出している最大の貿易相手国だ。国家予算のうち約七割を外国の援助に頼っているが、その三分の一以上を日本が負担している。観光地バリ島を訪れる日本人も、飛躍的に伸びていった。多くの日本人の安全が脅かされたジャカルタ暴動や東ティモール騒乱のニュースは日本でも大きく報じられた。

しかし、インドネシアでは命の重さが軽すぎる。ふつうの人が殺されても報道されない。多くの人が死んでも大きく報じられない。犠牲になった人の正確な数がはっきりしない。誰かが殺したはずなのに、犯人が逮捕されない。おかしなことが続いているが、政府は真相を究明しない。

そのうえ、二〇〇一年九月一一日の同時多発テロ事件と、その後の米英軍によるアフガニスタン攻撃やイラク戦争が起き、メディアの関心はインドネシアから急速に薄れていった。多くの記者はアフガニスタンや中東などに取材の場を移して行った。しかしこの間、インドネシアでの死者の数は、テロ事件以降一年半で一〇〇〇人を超えている。これは決して少ない数ではないが、日本を含む内外のメディアが事件の現場から詳しく報じなくなった。

どんなことが起きているのか、私は自分の足で歩き、話を聞き、目で確かめたくなった。騒乱が起きた地域では、ふつうの人たちが安心して暮らすことができなくなった。消息がつかめなくなった友人もいた。楽しいはずの旅が、友人の安否を確認する気持ちの重いものになった。消息がつかめ再会しても、悲惨な話を聞かされたこともあった。

本書はインドネシアの紛争地といわれる、マルク、パプア（イリアンジャヤ）、アチェ、紛争を経て独立した東ティモール、そして爆弾テロが発生したバリ島の紀行である。

第一章　マルク

マルク
Maluku
モルッカ海峡
モロタイ島
Daruba
マナド
Manado
トベロ
Tobelo
ガレラ
Galela
カオ
Kao
北スラウェシ
シダゴリ
ハルマヘラ島
テルナテ島
テルナテ
Ternate
チドレ島
ウェダ湾
モルッカ海
ハルマヘラ海
Labuha
バチャン島
パプア
オビ島
マンゴレ島
ニューギニア島
スラ諸島
スラベシ島
セラム海
Wahai
Wamlana
Namlea
Kairatu
セラム島
Bula
ブル島
アンボン
Ambon
サパルア島
ハルク島
ゴロン諸島
アンボン島
マルク諸島
バンダネイラ
バンダ諸島
ケイ諸島
トゥアル
Tual
ドボ
Dobo
ケイクチール島
バンダ海
アルー諸島
バラト・ダヤ諸島
ウェタル島
ヤンデナ島
ババル島
アロール島
キサール島
Saumlaki
ババル諸島
レティ諸島
タニンバル諸島
東ティモール
アラフラ海
ティモール海
ティモール島
N
0
200km

マルク紛争をめぐる動き

一九九八年　一一月、インドネシアの首都ジャカルタでマルク出身者が集まるキリスト教会が焼き討ちされ暴動に拡大。一四人死亡

一九九九年　一月、マルク州の州都アンボンでキリスト教徒とイスラム教徒が衝突し、暴動に発展。死者は少なくとも六五人

二月、アンボン島の東隣のハルク島で衝突。一三人死亡

三月、衝突がセラム島、サパルア島、バンダ諸島などに拡がり、二カ月で二〇〇人以上が死亡

四月、東南マルクのケイ諸島で衝突。一〇〇人以上が死亡

五月、アンボンの英雄の誕生日を祝うパレードで衝突

七月、アンボンで大暴動。中心地の商業地区が焼失。キリスト教徒とイスラム教徒の住み分けが始まる

八月、アンボン島や周辺の島で市場などの放火が続発、非常事態宣言発令。アンボンでの最初の衝突から半年で死者が四〇〇人以上に上る

九月、サパルア島とアンボン島で抗争が続発

一〇月、アンボン中心部で抗争、キリスト教徒に襲撃され多数のモスクや住宅が焼失

一一月、アンボンで衝突、銃撃戦

一二月、アブドゥルラフマンワヒド大統領とメガワティ副大統領が紛争後初めてアンボンを訪問

マルク諸島北部のハルマヘラ島やテルナテ島などに抗争が飛び火

ハルマヘラ島ではマルク紛争最多の二〇〇〇人を超す死者

二〇〇〇年　一月、ジャカルタで聖戦（ジハード）を叫ぶイスラム教徒数十万人の集会

ラスカルジハード（聖戦部隊）がジャワ島やスラウェシ島などからマルク諸島へ出発

五月、ラスカルジハードがハルマヘラ島のキリスト教徒の集落を襲い、五七人を殺害

アンボン島沖でキリスト教徒を乗せたフェリーが沈没。四〇人以上が死亡

二〇〇一年　六月、ラスカルジハードがハルマヘラ島のキリスト教会に放火し、一五〇人以上を殺害
　　　　　　　アブドゥルラフマンワヒド大統領がマルク諸島全域に非常事態宣言を発令
　　　　　六月、アンボンで武装したイスラム教徒と治安部隊が衝突。二四人死亡
二〇〇二年　二月、マルク諸島のイスラム教徒とキリスト教徒の代表がスラウェシ島のマリノで和平協定に
　　　　　　　合意（マリノ合意）
　　　　　三月、アンボンで和平行事のパレード中に衝突が起き、暴動に発展
　　　　　四月、アンボンで爆発があり、暴動に発展。州庁舎がほぼ全焼
　　　　　　　マルク州に外国人渡航禁止令
　　　　　　　アンボンでイスラム教徒の武装集団がキリスト教徒の村を襲い、一二人以上を殺害
　　　　　五月、ラスカルジハードの指導者をアンボンで逮捕
　　　　　一〇月、ラスカルジハードがアンボン島から撤収
二〇〇三年　六月、マルク紛争による避難民が三〇万以上に上っているとマルク州政府が発表

世界一美しい海岸

海に架かる小さな吊り橋の上から子どもたちが釣り糸をたらしていた。海水が透き通っているので泳いでいる魚が見える。

一人の女の子が大きな声で叫んだ。

「ソントン、ソントン」

すると男の子も声を合わせ、

「ソントン、ソントン」

ひらひらとイカが吊り橋の方に向かって泳いで来た。

男の子がぜったいあのイカを釣ってやるぞという目つきに変わった。女の子たちの声援のもと、男の子は小さな魚を釣り針に付けた。その小魚をなんとかイカの近くに落とそうとするが、なかなかうまくいかない。

「ソントン、ソントン、ソントン」

女の子たちの声援に力が入ってきた。イカは吊り橋の下をひらひら流れるようにくぐっていった。何度目かにやっとイカのそばに小魚を落とせた。イカはそれを見つけたとたん、ひらひらを止め、向きを一転して小魚に飛びついた。一瞬だった。

「やった、やった」

男の子からも女の子からも歓声が上がった。

それからはゆっくりゆっくり糸を引きイカを水面に近づけた。引き上げるまでに五分もかけ、慎重に糸を操った。水面から離れる瞬間、イカは墨を吐き、透明な水が黒く濁った。小魚は半分食べられ頭しか残っていなかった。

男の子も女の子も手を叩いて喜びあった。男の子はオレがイカを釣ったんだと自慢気に持ち上げ、私に写真を撮ってとせがんだ。

パシールパンジャンという海岸の砂は世界一白く細かいという。私はまだその海岸を見たことがなかった。マルク諸島の東南部に位置するケイクチール島にあるその海岸を見るために、私は二〇〇〇年五月、インドネシアの首都ジャカルタから飛行機と船を乗り継ぎ、三日かけて、中心都市トゥアルに到着した。

ホイジャンという市場から乗り合いのミニバスに乗り三〇分、パシールパンジャンに着いた。砂はパウダーのように白く細かい。踏むとぐずっと足が沈む。手に取ってみると白だけでなく赤や青の小さな粉粒も混じっている。そんな白砂の海岸が何キロも続いている。たくさんの実をつけている椰子の木はとても背が高い。海に向かって伸びている椰子もある。

海は透明で波がない。入ってみると、海というよりプールにつかっている感じだが、塩水なのでよく浮く。小さな魚の群れが体の前を通って行く。すごく贅沢な気分になった。泳いでいる人はみんなで一〇人くらい。海岸から村が離れているため生活汚水が流れ込まない。こんなに透き通った海水は見たことがない。

自然のままのすばらしい海岸だ。インドネシア中を旅しているが、ここの白砂の海岸は文句なく一番美しい。小雨が降り海の色はもうひとつだったが、はるばる見に来た価値は十分あった。世界一美しい海岸かどうか分からないが、世界に誇れることは間違いない。

翌日も雨だったが、傘をさしてまたパシールパンジャンへ行った。雨でも行きたくなる海岸だ。高校生のグループも傘をさして海を見に来ていた。

「島には他にもたくさんきれいな海岸があるが、やはりパシールパンジャンがナンバーワンだ」と彼らは言った。

ふるさとの美しい風景を自慢できる彼らがうらやましい。

しかしケイクチール島でも九九年、アンボンやマルク諸島の紛争が飛び火し、キリスト教徒とイ

▲落ち着きを取り戻し、活気が出てきたトゥアルの魚市場には新鮮な魚がいっぱい

スラム教徒の間で衝突が続いた。数百人の住民が殺され海に死体が投げ込まれた。透明な水が赤く染まったという。

二ヵ月で二〇〇人が殺された

インドネシア東部のスラウェシ島とニューギニア島の間に散在する大小九〇〇以上の島々をマルク諸島という。そこで暮らす二一五万以上の住民を巻き込んだ紛争はどうして起きたのか。

九八年一一月、インドネシアの首都ジャカルタでイスラム教徒とキリスト教徒が衝突し、マルク出身者が多く集まる教会が焼き打ちされる事件が起きた。

インドネシア人の中でもとりわけ歌や踊りが大好きで、ディスコやバーなどで活躍する人たちが多くいるマルク出身者の中には、歓楽街で用心棒やヤクザとして生計を立てている者もいる。ジャカルタの商業地コタ地区でも、マルク出身者と「ジャカルタっ子」といわれる地元のバタビア人や同じジャワ島出身者などが縄張り争いを繰り返していた。

その一方で、ギャンブル場などイスラムの教えに背く施設を夜間は閉鎖するよう求めていたイスラム教徒もいた。しかしギャンブル場の経営者側は、イスラム教徒も利用している店だと、応じなかった。

ジャカルタのテレビや新聞報道によると、一一月二二日、コタ地区のゲームセンターの外で、用心棒と駐車場の番人との喧嘩が起きた。見物に集まった群衆が興奮し、暴動に拡大した。近くのモスク（イスラム礼拝所）が破壊され、怒ったイスラム教徒がギャンブル場やキリスト教会に火を放ち、「インドネシアでは多数派のイスラム教徒にさからうな」などと気勢をあげた。この騒ぎで一四人の死者が出、近くのアンボン出身者の多くが住む地区の住民が避難した。

警察は、イスラム教徒のバタビア人やジャワ人が、キリスト教徒のマルク出身者が多く集まる教会を襲撃した宗教間の抗争が原因だと発表した。

しかし、現場にいあわせた野次馬らの話では、警官は一人も騒ぎを止めようとせず、暴動に発展し、教会が全焼するのを放置したという。それどころか、いつも歓楽街でショバ代を取り立てている私服の国軍兵士や警官が群衆を煽動し、イスラム教徒とキリスト教徒との対立を煽《あお》って、暴動を拡大させ、キリスト教会を計画的に焼き討ちにしたという。いずれも新聞の片隅に載っていた記事だ。

私も後日現場に行った。放火された教会だけが黒焦げの焼け跡になっていた。私がよく行く向かいの中華料理店や周辺の建物もキリスト教徒の華人らが利用する施設だが、まったく被害を受けていなかった。暴動にしては統制がとれ過ぎていたように感じた。

インドネシアではスハルト元大統領時代から、暴動や騒乱は偶発的でなく、誰かが組織し計画的に起こすと言われている。現場を見て私は、誰かが仕組み、宗教や民族間の対立をつくり出した暴動のようだと思った。証拠はなく立証するものもない。しかし警察の発表を鵜呑みにはできない。

その後インドネシア各地で衝突が相次いだ。

一一月三〇日、ティモール島西端にある東ヌサテンガラ州の州都クパンで、キリスト教徒らがモスクを襲った。また一二月二日には西カリマンタン州のガバンで、三つのモスクがよそから来た男たちに放火された。キリスト教会やモスク周辺にはそれぞれ信徒が集まり、数日間緊張が続いた。

同じ日の夕方、クパンに近いロティ島でも数百人のキリスト教徒がモスクに投石し、イスラム教徒が経営する商店を回って、略奪を繰り返した。一二月四日にはスラウェシ島最大の都市マカッサルで、イスラム教徒らがカトリック教会を襲い放火し、華僑の脱出が続いた。

共通していたのは、本来治安を守るための警察が無力だったことだ。抗争が拡大し、死傷者が出、宗教施設が破壊されるのを阻止できなかったことに彼らの反省はなく、宗教間の抗争が原因で暴動が起こったとだけ発表した。

同じような抗争が各地に飛び火していったこと

▲マルク地方の中心都市アンボンは紛争で町の中心部が破壊された

で、ちょっとした噂や不満が宗教や民族間の不信感を生み、対立から衝突に発展していく不安がインドネシア中に広まってしまった。

インドネシア東部、マルク地方の中心都市アンボンでも住民たちの不安が高まっていた。九八年末から、入れ墨をした見慣れぬ男たちが町に目立つようになった。そして次の抗争の地はアンボンだというビラがまかれ、噂が広まっていった。年が明けると、不審な男たちは一〇〇人以上にふくらみ、アンボン島中に散らばっていった。彼らはジャワ島などから戻って来たアンボン出身の用心棒やヤクザで、国軍幹部や政治家に雇われた煽動者だと言われている。

イスラム教の断食明けを祝う祭りの日だった九九年一月一九日、アンボン市内のバトゥメラ地区でバス代をめぐる喧嘩が起きた。キリスト教徒の運転手がイスラム教徒の乗客の家に、踏み倒したバス代を払えと取り立てに行ったことで、けんかになった。めでたい祝日に何をする気だと、イスラム教徒が集まり抗議した。それが入れ墨をした男たちに煽られ、暴動に発展した（入れ墨をした男たちは、アブネル・ウェミー・ロウパティというリーダーが率いる「チョオ・クレン…いかした兄ちゃん」というグループだったことが二〇〇二年になってわかった）。

各地でモスクや教会、市場、映画館、銀行、学校、民家、車両などが破壊、放火された。衝突は断続的に続き、アンボンからセラム島、ハルク島、サパルア島、バンダ諸島、ケイクチール島などマルク諸島の他の島へ拡大していった。国軍は数千人の増援部隊を派遣したが、暴動は治まらなかった。

空港が閉鎖され、島と島を結ぶ連絡船も欠航が続いたため、マルクから避難する人たちが足止めされ、パニック状態になった。一部の外国人だけがチャーター機でオーストラリアに脱出した。

マルク地方だけで二カ月間に二〇〇人以上が殺され、三万人以上が避難所暮らしになった。九八年五月にスハルト政権が崩壊し、ハビビ政権が成立して以来、最大の惨事となった。

アンボンで何が起きているのか

マルクの島々で何が起きているのか、九九年一月にアンボンで最初の衝突が起きてから気になっていた。

九九年五月一六日、私は紛争後日本人記者として初めてマルク地方の中心都市アンボンに入る、朝日新聞津田邦宏アジア総局長に同行することになった。短期間だが、アンボンで何が起きているのか、何が変わったのかなど取材することはできる。

ジャカルタからの飛行機で四時間あまり、昼過ぎにアンボンの空港に着いた。到着ロビーを出るとタクシーの運転手が寄ってきた。またいつものように高い値段を吹っかけてくるのかと身構えたが、町へは行けないという。じゃあなぜ私たちに声をかけたのかと聞き返した。

「朝からアンボン市内で住民同士の衝突があり、道路が封鎖されている」と言う。二カ月で二〇〇人以上が殺された抗争も、四月に入って沈静化に向かっていた。飛行機の運航も便数は減ったが再開されていた。しかし殺し合いは終わっていなかった。到着客の中には乗ってきた飛行機で引き返したいという者もいた。

今度は警官が言い寄ってきた。

「今日また死者が出た。金を払えば警官か国軍兵士を護衛に付けてあげましょう」

私は今の町の様子や道路の状況を聞きたかったが、それはわからないと警官は言う。アンボンの一大事を利用して職権でアルバイトをしている警官にあきれてしまった。その額は聞かなかったが、決して安くはないだろう。スハルト退陣から一年たったが、警察のモラルの低さと汚職体質は変わっていなかった。少なくともアンボンではそうだった。紛争で治安が悪化している上に、信頼できない警官がいては住民がかわいそうだ。

ホテルに電話すると、今は衝突が治まり落ち着いているので大丈夫、道路の封鎖も解除され、通れるようになったと言われた。おじけづいていたタクシーの運転手を、プロなんでしょうと言って説得し、空港を後にした。

ホテルに着くまで、瓦礫《がれき》の山をいくつ見、焼け

▲マルク諸島では99年以降、宗教間の抗争が拡大し、5000人以上の住民が殺された

跡をいくつ通ったことだろう。そこにあるはずの学校や商店などがなくなっていた。どこでも見かけた、軒先でギターを弾いている人やのんびり散歩している人が消えてしまった。その代わり小銃を担いだ国軍兵士が目立っていた。

地元の記者によると、その日はアンボンの英雄の誕生日を祝うパレードで、キリスト教徒とイスラム教徒の衝突が再発して暴動に発展し、警備中の国軍兵士の発砲などで少なくとも中学生一人を含む七人が死亡、数十人が負傷したという。

ホテルの従業員が今日は外出を控えた方がいいというので、彼らから話を聞くことにした。

「教会が焼かれ、牧師が殺されるなど、少し前までは起こりえなかったことが続いている」

「去年（九八年）の政変前後のジャカルタなどでの暴動をテレビで見ていて、遠いジャワ島の出来事だと思っていたら、一年後、自分の住む町アンボンがそれ以上にひどいことになってしまった」

「キリスト教徒の運転手がイスラム教徒の多い地区を走ることを恐れている。それで運転手の仕事をやめてしまった者もいる」

「私はキリスト教徒だが、父親がイスラム教徒の友だちとは会わない方がいいと言っている。そんなことをすれば、多くの友だちを失ってしまう。どうすればいいんだろう」

「これ以上抗争が激しくなると、私はイスラム教徒だから、キリスト教徒の多いこのホテルで働けなくなる」

「友人が殺された。殺した奴は分かっている。仕返ししたい気持ちだ」

ホテルの外は人通りが少なく、商店も早々と店を閉めていた。よく通ったおいしい中華料理店に行ったらシャッターが下りていた。

「店長はアンボンから逃げて行った。どこに行ったか分からない」と近所の人に言われた。

翌日は前日の緊張が嘘のように活気が戻っていた。しかし最初に衝突が起きたバトゥメラ地区に行ってみると、大きな焼け跡が広がっていた。近くのムルディカ市場は瓦礫が散らばったままだった。港町の市場らしく魚が豊富で安く、私はよくカツオなどの焼き魚を買って食べた。魚屋のおばさんはどこへ行ったのだろう。無事だろうか。市場は近くに移転し、魚もたくさん売られていたが、あのおばさんを見つけることはできなかった。

いくつかの知人の家を訪ね、消息を確認し、胸のうちを聞いた。

「昔から小さな衝突はあっても、こんなに拡大したことはなかった。インドネシアの安定や変革を望まない旧勢力が起こしている暴動だ。アンボンはその犠牲になっている」（雑貨店経営・女性）

「年末から入れ墨をした柄の悪そうな男がたくさんうろついていた。あれを取り締まらなかった警察が問題だ。スハルト時代なら有無を言わせず逮捕したり、アンボンから追い出していただろう。それが今は人権を言い訳に何もしない。そのくせ無抵抗の住民には高圧的で暴力をふるう」（店員・男性）

「歌と踊りの練習はこれからも続けます。アンボン人にとって命の糧だし最大の娯楽だからです。でもキリスト教徒とイスラム教徒が一緒に練習することはもうできなくなるでしょう」（高校生・女性）

「オランダ時代からアンボンにはペラと呼ばれる宗教や民族を超えた信頼関係があった。私は華人だが、だれとも仲良く暮らしてきた。華人でキリスト教徒だと意識しなければならなくなったのは、衝突が起きた今年に入ってからだ」（旅行会社経営・男性）

「教会やモスクで宗教の違いを神父が信者に説教するようになってしまった。このままでは宗教間の対立は治まらなくなるだろう。早く何とかしなければ」（公務員・男性）

「明後日から総選挙のキャンペーンが始まります。政治家や政党の争いが住民を巻き込み、対立が深まって暴動に発展しないか心配です」（主婦・女性）

「隣に住んでいた家族がスラウェシ島へ逃げて行った。とてもさびしい。二〇年前にここへ移ってきたときから、家族のようにつきあってきたのに。空き家は私たちが守る」（農業・男性）

翌日、市内から郊外に出ることを予定していたが、運転手の反対もあり断念した。楽園のようだったアンボンの町並みは暗く、天気までも雨が降り続き、いつもの青空が現れなかった。

私たちのアンボン滞在中、衝突は再発しなかった。しかしそれから二カ月後の七月、アンボン中心部で大規模な暴動が起きた。その後も断続的に抗争は続き、マルク諸島北部の島々にも広がっていった。最初の衝突から一年たった二〇〇〇年一月までに二〇〇〇を超す住民の命が奪われた。

東ティモールでは独立をめぐる闘争と、住民投票前後の暴動で一〇〇〇人を超える死者が出た。マスコミは「東ティモール」を大きく報道し、国際社会も注目し、支援も届いた。それと同じ頃、はるかに大きい被害を受けた「マルク」の報道は少なかった。そのため国際社会に知られることなく大惨事が広がっていった。東ティモールには独立という目標があった。マルクには犠牲の先に何もない。

ラーメンを積んだ船

二〇〇〇年一月北マルクを訪れた。

年明け早々、共同通信ジャカルタ支局の米元文秋さんに誘われた。

「北マルクで多くの人が死んでいるけど、何が起きているかわからない。見に行きませんか。でもどうやって行ったらいいかわからない」

私はこれまで六回この地方を訪れており、友人のことも気になっていたので喜んで同行した。

北マルクの中心地は周囲五〇キロ足らずの小さなテルナテ島だ。古くから中国の貿易船が来航し、ポルトガルなどとの交易で五〇〇年も前から栄えた島らしく、アラブ系や中国系などとも混血が進んでいた。イギリスの博物学者ウォーレスも一四〇年前テルナテに滞在した。香料の収穫期には甘い匂いが漂い、緑豊かで気候がよく、貧富の差が少ない島だ。人口六万人の九割はイスラム教徒だが、これまでは宗教間の抗争などとは無縁の、のんびりした暮らしが続いてきた。

アンボンではキリスト教徒とイスラム教徒の人口の割合が拮抗しているので、抗争が繰り返されている。しかし、北マルクの町ではイスラム教徒の数が圧倒的に勝るため、対抗できない少数派のキリスト教徒との間で宗教間の抗争は起こらないと信じられてきた。だが九九年一二月、テルナテにもアンボンから抗争が飛び火し、隣のハルマヘラ島ではマルク地方最多の二〇〇〇人を超す死者が出た。

暴動発生後、海と空が国軍によって封鎖され、定期船と民間機の欠航が続いていた。テルナテはマルク州の州都アンボンよりも、距離的に近い北スラウェシ州の州都マナドとの結び付きが強い。私たちはまずジャカルタからマナドに飛び、北マルク行きの手段を探すことにした。

マナドからは空軍の輸送機がテルナテに飛んでいたが、外国人は乗せられないと断られた。マナドの港や北スラウェシ最大の港町ビトゥンでも、この二週間、危険な北マルク行きの船は出ていないと言われた。しかし、もしかするとあの貨物船が行くかもしれないと言われ、見に行った。

太った男がいた。それが小さな貨物船の船長だった。

「今晩出港だ。テルナテに行きたいなら乗れば

▲北マルク・テルナテ島行きの船の甲板で住民らの話を聞いた

いい。日本人なら大丈夫だ。二段ベッドのある部屋を使えばいい。二人で一〇万ルピア（約一四〇〇円）だ。安いだろう」

船にはトラックが横付けされ、大量のインスタントラーメンの積み込み作業をしていた。暴動後、避難所で暮らす人たちのためのイスラム団体からの救援物資だという。それにしてもすごい量だ。作業を見ながら数えてみると、一箱四〇袋入りの箱が五〇〇〇箱以上あった。仮にこの貨物船が漂流することになっても、これだけの食糧があればなんとかなりそうだ。

ラーメンの積み込みに時間がかかったが、二〇〇〇年最初のテルナテ行きの船は一月一五日二三時ビトゥン港を出港した。私たちの他に一〇人の客が乗っていた。家族を見舞う人もいる。料金を払っているとはいえ、みな船長の好意に感謝している。私たちもこの非常時、事なかれ主義で「日本人お断り」と言われれば船に乗れなかった。ただし、全員がベッドのある部屋で寝られるわけではない。雨が降ったらびしょ濡れになる甲板で座っている人もいる。濡れないようにシートを掛けられ貴重品扱いされているラーメンの箱以下の待遇だが、我慢している。

船はテルナテに着くまで、自転車でゆっくり走るくらいのスピードで航行した。日中は日差しが強く気温が上昇した。マッコウクジラの群れが涼しそうに波を切り泳いで行った。

翌日の昼と言っていたが到着は夜だった。二二時間もかかった。プロペラ機でも一時間足らずで飛べる距離だ。しかし苦労のかいがあり、私たちは、暴動後、初の外国人として取材ができたのだった。

スルタン〈王〉のいる島

テルナテは一三世紀に王国が生まれ、香料貿易で勢力を拡大し西洋列強と渡り合った。海を見下ろす高台にあるクラトン（王宮）には今も王家の末裔スルタン・ムダファル・シャー四八世（66歳）一家が住む。ジャワの王家よりずっと長い歴史がある。

しかし取材を進めて行くと、九九年末の暴動でテルナテ中心部の住宅や教会・モスクなどが焼かれたのは、スルタンの私兵にキリスト教徒が加わり、イスラム教徒と衝突したからだということが分かってきた。スルタンの私兵は黄色の印を付けていたので「黄組」、イスラム教徒の軍隊は「白組」と呼ばれていた。

「白組」は周辺の島から援軍が加わり五〇〇人にふくれたので、総勢二〇〇人の「黄組」は降参し、スルタンはジャカルタに脱出した。テルナテのキリスト教徒は華人も含め国軍の敷地に逃げ込んだ後、キリスト教徒の多い北スラウェシのマナドなどに避難した。民族浄化が進んだテルナテは、イスラム教徒しか住めない島になってしまった。国軍兵士や警官などもイスラム教徒だけになってしまった。

暴動から二週間経ったテルナテは、市場も賑わいを取り戻していたが、自動小銃を持った国軍兵士が増派され、ものものしい雰囲気の島になっていた。ハルマヘラなど周辺の島からイスラム教徒の避難民が六万人も流入し、島の人口が倍増したという。レストランやディスコなど娯楽施設だった所が避難所になり、援助物資を受け取る列が延びていた。焼け跡の民家や教会は瓦礫が積まれたままだ。

スルタンを裁判にかけろという落書きもある。

友人のナディさんに会えたので話を聞いた。

「暴動を止めるべき軍や警察が現場から消えた。だから多くの人が残酷に殺された。仲良くおかずを交換しあった近所のキリスト教徒はみな逃げてしまい、もう二度とテルナテには戻って来ないだろう」

住民らの話によると、政治家たちの利権争いが発端だという。九八年ハルマヘラ島のカオで金鉱が見つかり、誰が管轄するかという争いになった。それと九九年九月、北マルク県がマルク州から分かれ北マルク州になり、政治家が知事などのポストを争った。

スルタンはこれまでテルナテの象徴として、地方代表の国会議員や与党ゴルカルの支部長などを務めていた。しかしもっと大きな権力を手に入れようと、州知事になって名実ともにテルナテ王国の王様になろうとした。インドネシア民主化の波

▲かつて香料貿易で栄えたテルナテだが、壁にはスルタンの悪口が書かれていた

に逆らい、「王制復古」させようと画策《かくさく》した。

「イスラム教徒のスルタンがキリスト教側についた。裏切り者だ」と地元紙の記者グステルさんは言う。

「こんなことで七〇〇年以上のスルタン家の歴史が終わってしまうとしたら残念だ」と、ラジオ局記者のアスカルさんは言う。

スルタンのジャカルタの連絡先が分かったので、電話で話を聞いた。

「私は逃げたのではなく、テルナテの現状を政府に伝えるためジャカルタに行った。メガワティ副大統領にも会って報告した。金鉱の利権は私とは関係ない。暴動を煽動したのも私ではない。『白組』が町を破壊しようとしたので私が抑えようとした。でもだめだった。キリスト教徒の住民を逃がし命を救ったのは私だ。テルナテを元のようにするのは難しい。逃げた人が安心して帰って来るまでには長い時間がかかるだろう」

九一年、私はテルナテでスルタンに会ったことがある。堂々として貫録があった。しかし電話の声は同一人物とは思えないほど張りがなかった。

煽動者

ハルマヘラ島はどうなっているのだろうか。

マルク諸島の紛争は九九年一二月、北部のハルマヘラ島へも波及し、最大規模の二〇〇〇人を超すといわれる死者がでた。紛争が始まって一週間後には、ハルマヘラ島最大の町トベロなどで、「赤組」といわれるキリスト教徒の赤装束の軍団が町を制圧した。海軍に同行しトベロで取材した週刊誌記者のラザロアさんにテルナテで話を聞いた。

「二〇〇〇体以上の死体を見た。イスラム教徒にとって不浄とされるブタ肉を食べろと強制され、断った者はその場で処刑された。食べた者も後悔し自殺した。家族の前で強姦され自殺した女性もいた」

彼が見せてくれた写真には、首のない血だらけの死体や切り刻まれた身体の一部などが写っていた。私と共同通信の米元さんはテルナテ滞在中、現地の国軍幹部らに何度も会い、ハルマヘラで取材できないかと頼んだ。しかし今は国軍が同行しても危険だから行ってはだめだ、と断られた。インドネシア人記者は行けるのに、外国人に見られて都合の悪いものがあるのだろうか。

船をチャーターして行くことも考えたが、イスラム教徒しかいなくなってしまったテルナテからキリスト教徒の町トベロなどへ行く船はない。テルナテの対岸シダゴリにボートで渡り、そこから車で五時間かけてトベロに行くことも考えた。し

▲紛争が拡大したテルナテ島では少年たちが手製の銃で武装するようになった

かし国軍が道路を封鎖しているというので、私たちは八方ふさがりになった。

ハルマヘラは北マルク州最大の島で海岸沿いには集落が点在するが、深い森の中には今でも「オランウータン（森の人）」と呼ばれる未開の民族がいる。ビリビリ族と呼ばれる身長二メートルの長身族の集落が東部の山奥にある。言語を持たず裸に近い姿で暮らしているという。南部にいるモロ族は特定の人としか接触できないので「透明人間」と言われている。

テルナテは丁字《ちょうじ》やナツメグなどの香料が採れたため、交易の積み出し港として島が発展し、王国が栄えた。それに対しハルマヘラは香料が採れなかったため文明から取り残された。北部の町カオは日本占領時、基地の町として栄えていたという。沖合いに日本の輸送船が二隻、船体の一部を見せたまま沈んでいる。九一年、私はその沈船を見にカオへ行った。半世紀たち、カオはまた死んだようにひっそりした活気のない町になっていた。インドネシアで最ものんびりした町のような気もした。

七〇年代から政府はジャワ島などから多くの移民を送り込み、ハルマヘラの開発を進めた。その過程で先住民との間で農地や宅地をめぐるいざこざが起きた。九八年にカオで金鉱が見つかった時も、土地や雇用をめぐり問題は起きた。だが殺し合いに至るようなことはなかったという。

カオに近いトベロでは九九年九月頃から、アンボンやジャカルタなどから宗教指導者らがやって来て住民を集め、説教で民族や宗教の違いを強調した。同じ頃から、「アンボンのような宗教抗争が起きる」「キリスト教徒が攻めて来て暴動が起きる」という内容のビラが何度もまかれた。

無知で無防備だった住民は脅《おび》え、異教徒に対する不信感と不安が高まっていった。そしてビラの予告どおり、一二月二七日、各村から武器を持って集まったキリスト教徒の群衆が、トラックに乗って攻めて来た。見覚えのある顔の警官や国軍兵士らも私服で群衆に混じっていた。それを指揮していた幹部は、まったく見たことのない柄の悪そうな男たちだった。彼らが「プロポカトール」といわれる、マルクの紛争を拡大させた煽動者だ。私たちはハルマヘラには渡れなかったが、テルナテや行き帰りに寄った北スラウェシのマナドで、そんな話を何度も聞かされた。

誰が煽動者を操っているのだろうか。巨額の資金を投じ、武器や食糧を調達し供給できる勢力が、インドネシアを不安定化させるため、紛争を拡大させ政権を揺さぶっている。不正蓄財で追及されているスハルトファミリーや、ウィラント元国軍司令官らの名が出てくるが、政府の追及が弱腰で確証は得られない。

インドネシアの多数派イスラム教徒がハルマヘラ島で大量に虐殺されたことで、ジャワ島やスラウェシ島などで、聖戦（ジハード）部隊を名乗る集団が「報復」を叫んだ。そしてハルマヘラ島に武装して乗り込み、キリスト教徒の住む村や町への襲撃が始まった。

聖戦部隊

二〇〇〇年一月七日、ジャカルタの独立広場で、マルク諸島の宗教抗争が激化していることに対し、数十万人のイスラム教徒が抗議集会を開いた。「ハルマヘラ島などで二〇〇〇人ものイスラム教徒がキリスト教徒に殺された」「すでにジハード（聖戦）の条件は満たされた。ジハードはイスラム教徒の義務である」「インドネシアはイスラム教徒が多数派だ。イスラム国家を建設しよう」などと叫び、全国のイスラム教徒に異教徒に対する報復戦を呼びかけた。

動員をかけたスポンサーが誰なのか分からないが、イスラム指導者でもあるアミン・ライス国民協議会議長らも出席し、檀上で「イスラム教徒にも我慢の限界がある」と聖戦への支持を呼びかけた。テレビなどでそれを見たインドネシア中の少数派の人たちはどう感じただろうか。

それから一〇日後、私たちが訪れたテルナテでは地元のイスラム教徒たちが、「ハルマヘラに復讐に行こう」と聖戦部隊（白組）を組織していた。刀などの武器を手に白装束をまとった援軍がチドレなど周辺の島からも集まって来た。キリスト教徒に家族を殺され家を焼かれたりして避難所生活をしている人たちも加わった。

町のいたる所から「キンコンカン」と刀を作る鍛冶《かじ》の音が聞こえてくる。モスクでは礼拝が終わっても「白組」の打ち合わせが続いている。警官は遠まきに見ているだけで取り締まらない。この島にいる異教徒は私と米元さんだけだと思うと、いい気持ちはしなかった。

「白組」が港からハルマヘラへ出発するというので見に行った。もしや一緒に行けるかもと期待もあった。港の桟橋には白鉢巻きをして刀をさした白装束の集団が集まっていた。戦国時代に逆戻りした雰囲気だ。一般客は一人も見あたらない。警官はいるがここでもまじめに仕事をしていない。私たちは離れた所から写真を撮っていた。一人の男が「写真は撮るな！」と叫んだ。私たちはカメラを鞄の中にしまった。近くにいた数人が「日本人だ。敵ではない」と言って、男をなだめた。男は「だめだ。誰であろうと敵だ！」と興奮して叫んだ。

その声で私たちはあっという間に大勢の集団に囲まれた。警官や私服の国軍兵士が「とにかくこの場を去れ」と言うので、私たちは白バイの先導で港を後にした。集団はトラックに乗って追いかけて来た。逃げ込んだ先は警察署だった。刀を振りかざした集団は「二人を表に出せ！」と外から叫んでいる。

警察は武器を持った集団を現行犯逮捕せず、私たちを長時間取り調べた。私たちはテルナテの国軍幹部や副知事などに会い、取材許可も得ているのにもかかわらず、取材を切り上げ早くテルナテから出て行ったほうがいいと言われた。「武器を手にした集団が目の前にたくさんいるのに、どうして逮捕しないのか」と聞くと、彼らにも人権があると言う。「警察が体を張って仕事をしないから、多くの人が死に、市民生活が脅かされているんだ」と言うと、警察は避難所で援助物資を配っているので喜ばれていると反論した。

▲テルナテ島の港にはハルマヘラ島へ復讐戦に向かう白装束の聖戦部隊が集まっていた

翌日、私たちは別の港からハルマヘラへ渡ろうと考えた。副知事に頼み、ハルマヘラ出身の役人Mさんに同行してもらえることになった。しかしそこにもまた「白組」が集まっていた。

Mさんがボスに断った方がいいと言うので会いに行くと、興奮したその男は突然「ハルマヘラへは行くな！」と叫んだ。刀を手にした白装束の取り巻きたちが、今にも襲いかかってきそうだった。私たちは硬直したまま、忍び足でその場を立ち去った。こんな危険な状態でハルマヘラへ行くことはできない。私たちは翌日から再開したマナド行きの飛行機で一週間滞在したテルナテを後にした。

それから四カ月後の五月末、「聖戦部隊がハルマヘラのガレラでキリスト教徒の集落を襲い五七人を殺した」という記事を旅先のアンボンの新聞『スアラマルク』で読んだ。六月にもガレラで、多数の避難民が閉じ込められたキリスト教会に聖戦部隊が放火し、女性や子どもを含む一五〇人以上を殺害した。九九年一二月、抗争がアンボンからハルマヘラやテルナテなど北マルク地方に飛び火して以来、半年で二五〇〇人を超える命が奪われた。

暁のアンボン

二〇〇〇年五月、一人でマルク諸島を旅した。前回の北マルクから四カ月、アンボンから一年ぶりの訪問だった。

この間アンボンでは九九年七月、中心部の商業地区で大規模な暴動が起き、宗教施設や商店、住宅などが破壊、焼き討ちされた。八月にも市場が放火され、対立は先鋭化し、避難民が増大した。そしてアンボンに非常事態宣言が発令された。

アブドゥルラフマンワヒド大統領は一二月、メガワティ副大統領と共にアンボンを訪れた。ハビビ大統領から代わり、就任五カ月後の遅い初訪問だった。州庁舎に集まった宗教指導者や若者ら二〇〇人に向けて大統領は、「解決するのは住民自身であり、政府は後押しするだけだ。自ら解決できないなら政府は治安部隊を介入させる」と語った。取材していた記者によると、冷たい突き放しに会場は静まり返ったという。わずか六時間の滞在で大統領がジャカルタへ去ったことも、責任を放棄していると住民の反発を買った。

その直後、クリスマスにアンボンで暴動が再燃した。一月に起きた最初の衝突がイスラム教の祝日であるレバラン（断食明け大祭）に起きたことから、キリスト教の祝日クリスマス前後にイスラム教徒から報復があると懸念されていた。四〇人以上が死亡、数百人の負傷者の中には流れ弾を受けた真珠養殖に従事する日本人も含まれていた。


五月二五日、私はジャカルタからスラウェシ島のマカッサルに飛び、その日の夜、大型客船ブキットシグンタン号に乗船した。船は中部マルクのアンボン、バンダネイラ、東南マルクのケイ諸島のトゥアル、アルー諸島のドボを経由し、パプア（イリアンジャヤ）まで航海する。私はトゥアルまで行き、帰りにアンボンの友人らを訪ねて、話を聞こうと考えた。暴動が再発し飛行機が欠航したこともあるが、久しぶりにマルクの島々を船で旅したかった。

二七日午前五時、アンボンの港に接岸した。マカッサルを出航して三二時間経っていた。空にはたくさんの星が見えた。日の出までにはまだ時間がかかる。しかし暗闇の岸壁には一〇〇人以上の警官と国軍兵士が整列し、船を見上げている。ものものしい警戒ぶりだ。こんなアンボン港に降りるのは初めてだった。のんびりムードの船旅から一転して私は緊張した。アンボンはやはり非常事態だと実感した。

船から客が降り始めると、警官と国軍兵士の隊列がとけ、それぞれの持ち場へ散って警備を始めたかのように見えた。しかし彼らのうち数人は金属探知機を手に乗客の荷物検査をしているが、ほとんどはただ立っているだけだったり、座って話し込んだり、まじめに仕事をしているふうではない。

出迎えの人たちに混じり、もうひとつの集団が船の上から見えた。頭から白い頭巾をかぶり白装束をまとった二〇人くらいの若者たちだ。イスラムの聖戦を唱える部隊のメンバーだと直感した。刀や小銃などの武器を持っているかどうかは暗くてよくわからない。他の地方からの援軍を迎えに来ているのかとも思った。そのとき町のモスクから、「アッラー、アクバル（神は偉大なり）」と夜明けのアザーン（お祈りの呼びかけ）が響き渡った。敬虔な信者ならお祈りをしなければならない時間なのに、それが合図かのように白装束の集団は桟橋から船になだれ込んで来た。そして、「イスラムの聖戦のために寄付をしなさい」と船内を回り始めた。乗客や船員らは金を渡していたが、それは恐喝のようでもあった。

警官や国軍兵士は誰一人彼らを制止しない。キリスト教徒の中には部屋の鍵をかけ閉じこもってしまった人もいた。いったいどうなっているんだという気持ちで私は船を降りた。そして少しの時間でも、アンボンの町を歩いてみようと思った。警官の金属探知機は私の鞄の中のカメラに反応した。ということは聖戦部隊の武器にも反応する。まじめにやれば港から市内へ武器が入ることは防げるということだ。しかし形式的な検査は、すべての乗客も危険な荷物も簡単にアンボンの町へ入れてしまう。これではアンボンの治安がよくなるわけがない。

近くのアルファタモスクまで歩いた。このモスクはアンボンの歴史を感じさせる立派なつくりだ。日の出前の礼拝を終え家路につく人たちがいた。白装束の集団とは雰囲気が違い、物腰も穏やかだ。

そしてその中の一人が、「あなたは日本人ですか。今のアンボンは昔のアンボンと違います。住民同士が対立し、衝突が繰り返され、家が焼かれ破壊されました。たくさんの人が殺されました。いつどこでも衝突は起きます。危ないから注意し

▲スラウェシ島のマカッサルからアンボンに着岸したブキットシグンタン号。警備の国軍兵士は座って話し込んでいた

て歩いて下さい」と声を掛けてくれた。

　人通りのない商店街の方に歩いた。朝日が射し少し明るくなってきたが、見えてきたものは九九年七月の暴動で黒焦げになった建物や瓦礫のままの破壊された商店の跡だった。一年前に訪れたときはここまで破壊が及んでいなかった。商店も民家も残っていた。電話をかけたかったが、公衆電話が四台とも壊されていた。それは、私がこれまで何度も歩き、買い物をした町とは別の、変わり果てたアンボンだった。見るのが辛くなってきた。

　港に戻ると白装束の集団は立ち去っていた。警官や国軍兵士も減っていた。朝の街に汽笛が鳴り、船は一時間遅れで岸壁を離れた。船の上から見えたのは、いつものような緑多き美しい島だった。さっき見た黒焦げの町が嘘のようだ。

港町バンダ、トゥアル

　アンボンを出港し、バンダネイラに向かう大型客船ブキットシグンタン号はデッキまで乗客があふれていた。エコノミークラスの船室は満員なので、新たにアンボンから乗った人たちは通路で雑魚寝になってしまう。冷房が効いているとはいえ、長旅は大変だ。バンダネイラまでは七時間、その先のトゥアルまでだと二〇時間かかる。

　アンボンから遠く離れた島にも抗争は飛び火していた。

マルク諸島は島によって宗教が違い、イスラム教徒の多い島もキリスト教徒の多い島もある。小さな島々を一週間以上かけて結んでいた中小の定期船は、宗教間の抗争が起きて以来、客同士の争いを恐れ、運航を止めた。一日毎にあったアンボン―バンダネイラ航路も、週に一度の大型客船だけに減ってしまった。

船の中で、ガランという島で生まれ育ち雑貨屋を経営している年配の華人男性と知り合った。直行の航路がなくなったので、バンダネイラまでこの船で行き、モーターボートに乗り換え四〜五時間かけなければ行けなくなったという。

北スラウェシ州のマナドと並び、インドネシアを代表するダイブスポットとして有名なバンダ諸島だが、紛争以来観光客がほとんど来なくなった。どこにでもいる欧米のバックパッカーも見かけない。真珠養殖をしていた日本人も引き揚げた。

植民地時代、オランダ東インド会社（VOC）

▲船が入港すると、港の前は市場になる。ベチャ（人力車）が行き交うバンダネイラ港

はバンダ諸島の多くの住民を虐殺・奴隷化し、厳しい支配体制の下で、丁字やナツメグなどの香料生産に従事させた。中心地のバンダネイラは当時のままの建造物や町並みが残っていた。しかし紛争で町の一部が破壊された。

港の岸壁にはたくさんの人が集まっていた。船を見に来ることが島の人たちの娯楽なのだ。どんな人が乗って行って、どんな人が降りて来るのかを見ているのだという。港町は船の出入りが生活を左右する。大型客船が到着する日はかき入れ時だ。桟橋にはずらりと物売りのおばさんたちが並んでいた。雨の中、何時間も船の入港を待っていたようだ。そして、「高い」、「安い」と値段交渉の声が聞こえてくる間を、ベチャ（人力車）が行き交っていた。少しずつ平穏な生活が戻ってきたようだ。「今は安全よ」と明るい声で女の子たちが微笑んだ。

五月二八日午前二時半、ブキットシグンタン号はケイ諸島の中心地トゥアルに入港した。南スラウェシ州のマカッサル港を出て六〇時間余りの船旅だった。

真夜中なのにライトに照らされている海はうす緑色で、透き通った水の中には無数の魚が泳いでいる姿が見えた。屋台からはイカンバカール（焼き魚）の煙が上がり、岸壁にはたくさんの出迎えが集まっていた。

一年前の九九年四月、この島にもアンボンの抗争が飛び火し、キリスト教徒とイスラム教徒との間で暴動が起きた。数百人殺されたともいわれる。しかし今はもう安全だと誰もがいう。船を降りたら待合室のある建物の中に通され厳しい検査があった。警官が身分証明書の提示を求め、すべての荷物を開ける。私もパスポートを見せ、滞在目的と日数を伝えた。入国審査のようなものだ。暴動の教訓から地元の指導的立場の人たちが警察に陳情し、始まったのだという。真夜中に三〇分も立って待たされるわけだが、態度が強圧的でないので、みな素直に応じている。警官もよくやっているし、客も協力している。やればできる。アンボンの検査もこうあって欲しい。

ケイクチール島にあるレセムゲンホテルは、私が昨年(九九年)七月以来の外国人客だという。暴動前は日本人の真珠や水産業者も長期滞在していたらしい。この地方では最大といわれる輸出向けの水産品工場と漁港があるトゥアルだが、島と島とを結ぶ定期船の数が減った今、韓国人とタイ人が数人しか残っていないという。

キリスト教会のミサを見に行った。日曜礼拝が終り出てくる人たちはみな小ぎれいな服装だ。珍しそうな目付きでジロジロ私を見る。「サラマット　パギ(お早う)」と言うと、「サラマット　シアン(今日は)」と照れ臭そうに挨拶が返って来た。昨夜寝るのが遅かったので私は一〇時前に起き教会に行ったが、ここの人たちにとってはもう昼なのだ。ギターを持った聖歌隊の若者たちがのんびりイスラム教のモスクの方に歩いて帰って行く。ここで暴動が起きたとは思えない。

「アンボンで宗教間の抗争があってもここは絶対大丈夫だと思っていたら、あれよあれよという間に各地の村まで暴動が広がった」と公務員のジョンさんは話す。

商店が破壊されたトゥアルの中心地も落ち着きを取り戻し、新しい市場の建設も進んでいる。アンボンのように抗争が再発しないように、多数派のキリスト教徒の神父が中心になり、イスラム教徒の指導者と何度も話し合った。暴力行為で生活が混乱し、経済が麻痺して一番損をするのはここに暮らすふつうの人たちだと何度も説いたという。小さな町なので家族や親戚の結び付きが強く、宗教が違っても助け合えたのだ。

サテ（焼き鳥）屋のバンバンさんに話を聞いた。バンバンさんはイスラム教徒で、ジャワ島からはるばるトゥアルに移って二〇年になる。

「初めて体験した怖い暴動だった。ジャワに帰ることも考えたが、宗教指導者が和解を進めたので対立が治まり、また安心して商売ができるようになってほっとしている。客は地元のキリスト教徒がほとんどだ。みんな喜んでいる」

トゥアル滞在中、世界一美しいといわれるパシールパンジャン海岸を見に行った。その海岸を見た後、もっとこの島での滞在を延ばしたくなった。しかし次の船は二週間先までない。今回はあきらめ、その夜の船に乗りアンボンに向かった。

アチャンとオベット

二〇〇〇年五月三〇日一七時半、私の乗った大型客船リンジャニ号はトゥアルからバンダネイラを経由しアンボンに入港した。港には私が初めてアンボンを訪れた八七年に知り合って以来の友人ティティさんが、心配だからと迎えに来てくれていた。港の近くにあるみやげもの屋の実家で手伝いをしていたが、公務員のご主人と結婚して、高台の住宅地で暮らしている。彼女の車でアンボンの市街地を走った。

「アンボンでは戦争が続いています。町並みがすっかり変わってしまいました」と、ティティさんは言う。確かにそのとおりだ。商店街は破壊され、瓦礫のままの焼け跡が無残な姿をさらし、人影がない。しかし、死んだ町ではなかった。住宅地の近くにはパサールカゲット（びっくり市場）と呼ばれる屋台や露店ができ、野菜や果物、日用雑貨が並んで人だかりがしている。売り子の掛け声も響いていた。アンボン名物のカツオの串焼きやドゥリアンも以前のように売られている。とはいえアンボンは今、物価の上昇率がインドネシア一だという。一年で一キロ一五〇〇ルピアだった米が三〇〇〇ルピア、一万ルピア以下で買えたカツオは一万五〇〇〇ルピアに値上がりした。

人口四〇万のアンボンではキリスト教徒が六割を占める。何百年もイスラム教徒と混ざり合って暮らしてきたが、九九年七月の大暴動で宗教間の

▲旧東西ベルリンのように町が分断されたアンボンは物価の高騰が続いている

抗争が激化し、異教徒への不信感が増大した。住民はキリスト地区とイスラム地区とに分かれて住まざるを得なくなった。旧東西ベルリンのように町が分断されたが、ベルリンの壁のような境界線があるわけではない。イスラム教徒のティティさんはキリスト地区の手前で「ここから先へは行けなくなりました」と車をUターンさせた。知らなければ通過してしまう目と鼻の先が「危険地帯」になってしまった。

ティティさんの家は今日が停電の日だという。アンボンのほぼ全域が一日毎に停電になる。暴動で発電所が焼かれ自家発電をしているホテルなどを除き、灯油ランプやロウソクの生活が半年以上続いている（停電は三年半が過ぎた二〇〇三年も続いている）。

真っ暗やみの中で白装束のイスラム教徒の集団とすれ違った。不気味だった。ジャワからの聖戦部隊で、民家に居候しているという。「私はイスラム教徒だから怖くないけど、彼らがいる限りアンボンは落ちつかない」と、ティティさんは迷惑そうに言う。

今日は港の近くのカンプンアラブ地区にある実家の電気が通る日だから、そちらに泊まったほうがいいとティティさんは言ってくれた。カンプンマカッサル地区やカンプンブギス地区などスラウェシ島からの移民が多く住む集落には、数百年前からイスラム教徒の交易商人が多く暮らしている。

そんな人たちは外国人で異教徒である私に対し、「あなたを守ってあげます」と言ってくれる。「でもオベットには近づかないで」と言う。

マルクの宗教抗争が起きてから地元のテレビ局が「アチャンとオベット」というドラマの放送を始めた。アンボンを舞台にイスラム教徒の少年アチャンとキリスト教徒の少年オベットとの友情を描き好評だった。イスラム教とキリスト教の指導者が話し合い、以前のような平和で助け合っていた暮らしを取り戻そうと企画されたという。しかし抗争が激化し、テレビ局の職員でさえ協力して仕事ができる環境がなくなり、放映が打ち切られた。今、「アチャン」と「オベット」は敵対する異教徒を指す悪い意味で使われるようになってしまった。

「キリスト教徒の友人がいるので、明日は彼らに会いに行きたい」と私が言うと、「それは危ない。オベットには酔っぱらいが多く、入れ墨をしたヤクザもいる。女性は強姦されている。生活物資も食糧も足りていない」とイスラム教徒の人々は言う。

ほんとうだろうか。ティティさんの実家からキリスト地区までは二〇〇メートルしか離れていない。一番近いキリスト教徒の私の友人の家には歩いて一〇分で行ける。

とにかく明日キリスト地区の様子を見に行くことにしよう。

楽園の歌声

アンボン滞在中、私は外国人とすぐわかるTシャツに短パン・野球帽という目立つ格好で、地元の人は怖がって越えないイスラム地区とキリスト地区の間を何度も行き来した。

いくつもの境界があり、中にはバリケードを置いている所もある。私は歩いて簡単に越えた。国軍兵士がいたりもするが緊張感はなく、チェックもない。乗合バスやベチャは異教徒地区へは行かない。

ティティさんの車で境界の近くまで送ってもらい、歩いてキリスト地区に入りバスに乗り換えた。ティティさんが心配して、「友人の家に着いたら電話して」と言うので、無事到着を知らせた。

境界を越えてキリスト地区へ入っても雰囲気は全く変わらない。同じような顔付きで似たような服装なのでイスラム教徒だと言われてもわからないキリスト教徒が歩いている。郵便局も銀行も営業しているし、ATM（自動現金支払機）も動いている。パサールカゲットができ、以前は商店などなく、ひっそりしていた官庁街にも買い物客が集まっていた。

物資はキリスト地区の方がたくさんある。イスラム地区で二〇〇〇ルピアの地元紙『スアラマルク』がキリスト地区だと一五〇〇ルピアで買える。キリスト地区で印刷しているとはいえ、二〇〇メートル先で値段が違う。酔っぱらいも入れ墨をしたヤクザも見かけない。危険な雰囲気などまった

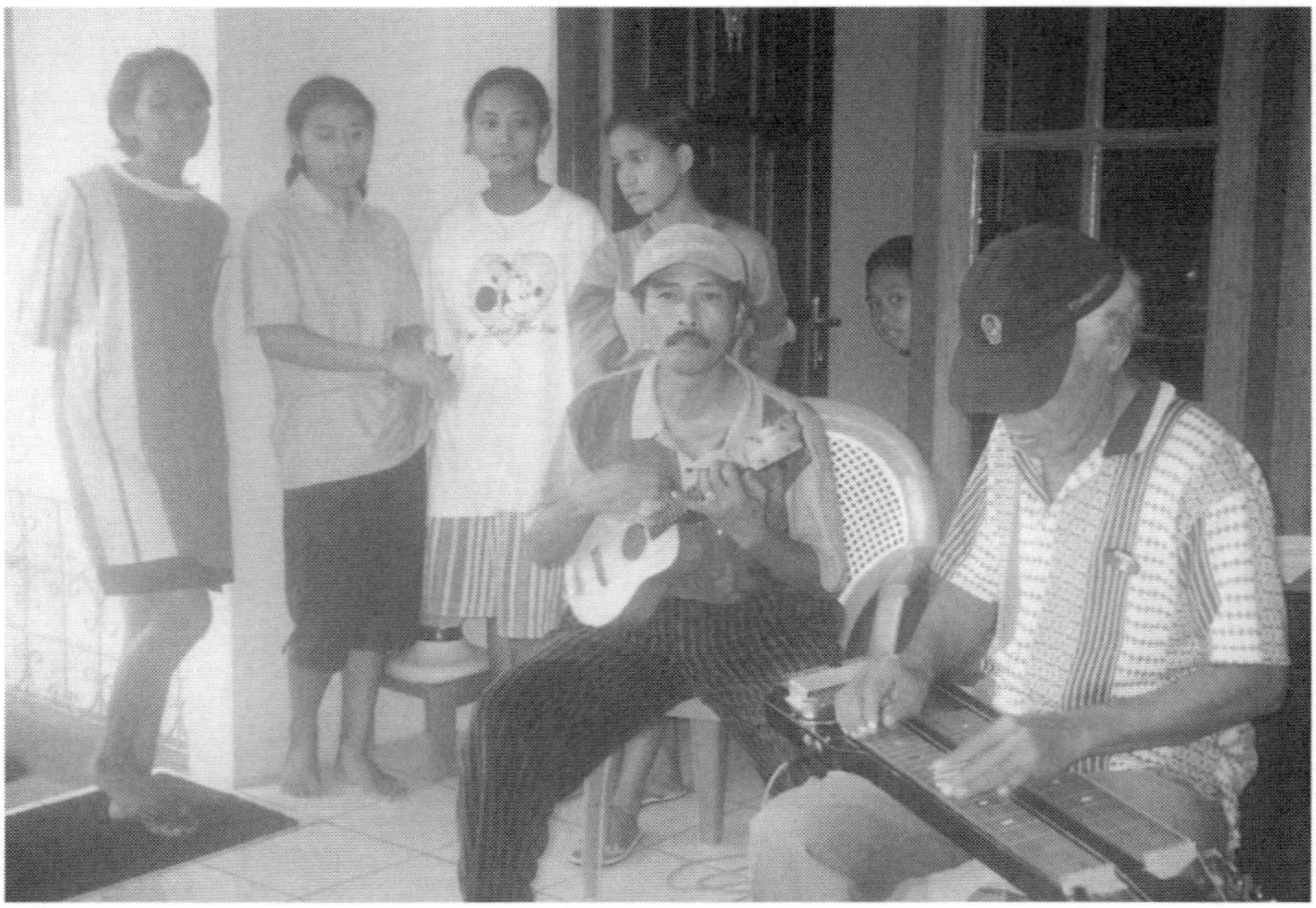

▲歌は生活の一部。命の糧、最大の娯楽。アンボンでは抗争中も歌声は途切れない

くない。ただ見慣れた町並みは焼け跡と瓦礫の山に変わっていた。アンボンで一番美しいシロ教会も原型を留めない廃墟になっていた。

アンボンでよく私が泊まるマニセホテルに寄った。知り合いの従業員は私に、「アチャンと一緒にいて怖くないのか」と言う。「何も問題ない。ここと変わらない」と言うと、信じられないという顔をした。ホテルに泊まっていたフランス人などのNGO（非政府組織）関係者は一週間前に帰国した。最後まで残っていた韓国人の駐在員も昨日の船でマカッサルに避難した。「だから今、アンボンにいる外国人はあなただけだろう」と言われた。

電話が通じなくなり心配だったシルフィアの家に行った。みな無事で安心した。シルフィアはアンボンの伝統舞踊の踊り手で、九五年日本に行ったこともある。当時高校生だった彼女とは、その公演の準備をしていたときにアンボンで知り合った。騒乱後、彼女の家も一日毎に停電するが、シルフィアは元気に会社に通っているという。性格の明るさは変わっていなかった。

「歌と踊りの練習は続けています。境界ができてイスラム地区のショッピングセンター、アンボンプラザに行けなくなった。残っていた映画館が焼けたので、VCD（ビデオコンパクトディスク）を借りて映画を見ています。あまり外出しなくなった。今度ジャカルタに行くから映画を一緒に見に行きましょう」と陽気に言った。

アンボンの歌やハワイアンの練習をしているグループがあるというので見に行った。宗教抗争が続いているのに歌など歌っている場合かとも思ったが、練習場の民家はイスラム地区から一キロしか離れていない。ウクレレやギター、キーボードの伴奏で高校生の女の子たちが大きな口を開け、「アンボンはどこよりもいい楽園。青い海は豊かで魚がいっぱい」と歌っている。歌はアンボン人の生活の一部で、命の糧、最大の娯楽だという。月に一二回くらい練習しているというからすごい。アンボンのメロディーは力が抜け戦闘意欲を失わせるものがある。抗争などしている場合じゃない。

私はイスラム地区に戻り、「キリスト地区は危険ではなかった。友だちにも会った」と話した。異教徒地区が怖いということはない。それをわかっている人もいる。しかし家族や知人を異教徒に殺されたりした人は恐怖心が抜けない。宗教が違うので別れて暮らし、電話でしか会話ができない夫婦もいるという。分断が固定化される前に元のように戻さなければならない。

その橋渡しは、日本人のような中立的な立場の人ならできるだろう。

衝突

朝からの雨が止み、薄日がさしていた。六月一日昼、イスラム地区の屋台で友人とコーヒーを飲んでいたとき、「パン」という破裂音が響いた。数分後、車が猛スピードで目の前を走り抜けた。撃たれた人を運ぶ車だった。住民にまた衝撃が広がった。

屋台のおばさんは、子どもが心配だから店を閉めて帰りたいと言った。私は友人とケガ人が収容されたアルファタモスク内の救急病院に向かった。若い男が腹を撃たれていたが大事には至っていなかった。

私は野次馬に混じって衝突現場に近づいた。九九年七月の暴動で破壊されたアンボン中心地の焼け跡が広がっている所で、キリスト地区からは一〇〇メートルしか離れていない。

国軍の装甲車が二台停まっていた。そのまわりに五〇人くらいの刀や銃を持った白装束の集団と、一〇〇人くらいのやじ馬が集まっていた。国軍はここでも聖戦部隊を取り締まらない。それができないのなら、せめて騒ぎが拡大しないよう聖戦部隊や野次馬を家に帰すべきだ。その後、車で大量の手榴弾が運び込まれ聖戦部隊の手に渡って行った。

「マジュー（突撃）」「ブヌー（殺せ）」と掛け声は威勢がいいが、聖戦部隊はほとんど前進しない。手榴弾を投げるが遠くまで飛ばない。頭に血がのぼった若者たちがイスラムの名を借り戦争ごっこをしているようにも見えた。

モスクのスピーカーから礼拝を呼びかけるアザ

▲マジュー（突撃）、刀を背負った姿は戦国時代に逆戻りしたようだ

ーンが流れた。野次馬の多くは礼拝に向かったが、聖戦部隊はお祈りをしない。敬虔《けいけん》な信者には見えない。しかし夕方雨が降りだすと、家路について行った。威勢はいいが、雨に濡れるのは弱いようだ。

翌日の地元紙によると、キリスト教徒側からの発砲でイスラム教徒側に二人の死者が出た。発砲したのは元国軍の狙撃兵だったという。


なぜマルク諸島が抗争の地に選ばれたのか。

ジャワ人など、多くのインドネシア人の中には、潜在的に反マルク人感情がある。マルク地方の香料を求めてやってきたオランダはアンボンに東インド会社の基地を置き、三五〇年にわたり植民地支配を続けた。そして住民を抑圧する植民地軍は、地元のマルク人を多く徴用し、ジャワ人らと対抗させた。今から五〇年以上前のインドネシアの独立戦争でも、オランダの傭兵としてマルク人をインドネシア人に立ち向かわせた。そのためインドネシア人に根付いてしまった反マルク人感情を利用して、民族間の対立を煽れば、インドネシア全国に社会不安が広がっていく。

九割近くがイスラム教徒と言われるインドネシアで、アンボンはキリスト教徒が六割を占める。数が拮抗している分、抗争は長期化する要素を含んでいる。

自然の富に恵まれた豊かな土地なので勤労意欲が低い。「遊んで暮らしている人」が多いということは、暴動に加わる暴徒が多いことでもある。

ジャカルタから離れているうえ、交通の不便な島は情報が途絶えがちになる。そんな島が多いマルク諸島は、悪いうわさを流し大衆の不安をかきたてる煽動者にとって都合がいい。

「宗教や民族の違いを利用した仕組まれた抗争」はそんな要因が重なって起きた。

オランダのインドネシア移民

インドネシアは三五〇年以上オランダの植民地だった。オランダには多くのインドネシア移民が暮らしている。一九五〇年代、マルク地方からオランダに移って行った人が四万人もいたという。

四〇年代後半のインドネシアの独立戦争で、オランダ植民地軍は多くのマルク人を傭兵に雇った。インドネシアが勝利し、オランダが植民地政策を放棄して本国に撤退するとき、一部のマルク人傭兵を連れて行った。オランダの支援を得てインドネシアからの分離独立を夢見た人たちの中には、五〇年四月、「南マルク共和国（RMS）」の樹立を宣言し、七七年、オランダ北部で列車乗っ取り

▲オランダのアンボン移民シハヤさん（右端）は、子どもたちにインドネシア語やマルク民謡を教えている

いても、独立を唱える人はいないという。

事件を引き起こした者もいた。そんな人たちも今は歳をとり、オランダに騙されたと思っている人は

九八年九月と二〇〇一年四月、私はオランダを旅し、オランダに渡ったインドネシア移民に会った。

一九四三年アンボンで生まれたシハヤさんは父親がオランダ植民地軍に雇われていたので、一家でオランダ北部の町に移り住んだ。六二年からアムステルダム近郊で保母さんとして働いている。

オランダで生まれた子どもの中にはインドネシア語がしゃべれない子が増えている。アンボン人はギターを弾け歌が歌えて一人前だ。毎週日曜日にマルク移民の集まる教会で、シハヤさんは子どもたちにインドネシア語やマルク地方の民謡を教えているという。

オランダ人に「インドネシアは大変ですね」と言われると、とても心が痛む。マルクにはどこにも負けない美しい自然や歌がある。インドネシアのよさを子どもたちに伝え、誇りを持たせたいと願っている。インドネシアの物価上昇も気掛かりだ。アンボンに帰省する人にお金をことづけ、親戚に渡してもらっている。その額も最近は増えているという。

オランダ中部の町ユトリヒトには、マルク出身者が建てたマルク歴史博物館がある。展示物の中に雪のオランダで厚着をして暮らす人たちの写真が展示されている。そこでもアンボン人はギターを弾きながら歌っている。

九八年九月、オランダを旅したときマルクの抗争はまだ起きていなかった。しかし二〇〇一年四月の旅ではマルク移民たちの悲哀の気持ちを聞いた。

「心配でたまらない。オランダのメディアでも九八年のインドネシアの政変は詳しく報じたのに、

今、アンボンのニュースは少ない。情報不足でどうなっているのか分からない」

「治安が悪化しているので簡単に帰省できなくなった。この状態がいつまで続くのだろう」

「アンボンに行った人が撮ったビデオを見た。信じられない。私の生まれた町が消えていた」

「去年アンボンに帰ったが、町が分断されていてイスラム教徒の親戚の家に行けなかった。インドネシア政府はこんな状態を放置したまま何もしない」

「オランダにいる我々がキリスト教徒に資金援助し、抗争を引き起こしたと言われている。そんな馬鹿な。インドネシアの国内問題が原因で紛争が続いているのに」

「アンボンの物価がインドネシア一高くなった。オランダからの仕送りが役に立つと手紙が届いた」

「遠いオランダからは仕送りくらいしか力になれない。一日も早く昔のような平和を取り戻したい」

ユトリヒトのマルク歴史博物館を再訪した。九九年から始まった紛争のことはまだ展示されていない。

「できれば消し去りたい歴史だ」と館長のマヌフトゥさんは語った。

分断の悲劇

キリスト教徒とイスラム教徒が分断されてしまったアンボンでは、客船が発着する港も二つに分かれてしまった。陸路だとキリスト地区からイスラム地区を通ってキリスト地区へ行けないので、海上を船で移動しなければならなくなった。空港から車でアンボン市内へ行くこともできなくなった。空港近くの船着き場からキリスト地区行きかイスラム地区行きの船に乗らなくてはいけない。

今回マルクを旅する前にジャカルタの新聞『スアラプンバルアン』に「二〇〇〇年五月七日アンボン沖でフェリーが沈没、四〇人以上の乗客が死亡。マスナイト号という名の船は、九〇年から航行していた日本の中古船だった」という記事が載った。

私は九二年一二月そのマスナイト号に乗ったことがある。船内には「売店」「非常口」「便所」など日本語の表示が残っていた。私は故郷の高松で船を見て育ち、インドネシア暮らしが始まるまで瀬戸内海を何度も船で渡った。四国と本州を結ぶ宇高連絡船に乗れば、美しい島の景色を見ながら必ずおいしい讃岐うどんを食べていた。

船が大好きで旅が好きになった。しかし八八年、

▲美しい海で活躍していたマスナイト号（後方）は沈没してしまった

瀬戸大橋が完成し、瀬戸内の海で活躍していた多くの船が役目を終え、スクラップされ、海外に売却されて行った。マスナイト号もその一隻で、かつては〝第一かんおん〟という名で広島県の島々の重要な足として活躍していた。日本からもジャカルタからも遠く離れたアンボンで私は「幼なじみ」の日本の船に会い懐かしくなった。

船長に話を聞いた。

「アンボンで船を渡されるとき、日本人が操舵室の金毘羅《こんぴら》さんの鳥居に向かって、柏手《かしわで》を打ち、拝んでいました。そして、これは船の神様だから大切にして下さいと言われました。だから私たちも毎日、金毘羅さんに航海の安全やお客さんの旅の無事を祈っています。私はキリスト教徒ですが、船の神様も同じように大切です」

アンボン市内から車で一時間、リアン港はアンボンで一番きれいな港だった。透き通った海の中には色とりどりの熱帯魚の群れが泳いでいた。マスナイト号はそのリアンとセラム島のカイラトゥ間を一日二往復していた。美しい海で船長に愛され、「第二の人生」を送っていたマスナイト号が羨ましかった。

数年後にも、私はマスナイト号に乗った。船長は引退していたが金毘羅さんは大切にされていた

(拙著『インドネシア全二十七州の旅』参照)。

アンボンでマスナイト号の沈没事故を詳しく聞いた。

陸路はキリスト地区とイスラム地区に分断され、アンボン市内から車でリアンに行けなくなった。

そのためリアン―カイラトゥ間が欠航になっていた。リアンは「コ」の字形のアンボン島の外側にあるが、マスナイト号は内側の市内のキリスト地区の港グダンアランから、外海に出てカイラトゥに航行するように変わった。そのため一時間半だった時間が六時間もかかるようになったうえ、外海の強い波を受けるようになった。船の便数も減ったので、沈没したマスナイト号には、定員の三倍もの乗客と大量のセメントや飼料などが満載されていたという。

五月七日昼、高波を受けマスナイト号から投げ出された乗客は岸に向かって泳いだ。だが一番近いタンジュンアルン村がイスラム地区なので、泳ぎ着いても「イスラム教徒に殺される」と思ったキリスト教徒の中には、はるか離れたキリスト地区の村まで泳ごうとして、力尽きた人がいたという。

しかし実際は違った。タンジュンアルン村の漁師たちは、多くのキリスト教徒を助け、病院に運んだという。普通の住民にまで広がった異教徒に対する憎悪と不信感は、沈没事故の犠牲者の数さえ増やしてしまった。

破壊された町は建て直すことができる。しかし憎しみが広がった住民同士の信頼関係を回復させることは大変なことだ。衝突が治まったといっても、すべてが解決したわけではない。

古きよきアンボン

旅の後半はアマフスで過ごした。アマフスに住むチェプさんと九三年に知り合ってから、アンボンに来ると必ず立ち寄り、海を見ながらのんびり過ごすことにしている。市内から七キロ、車で一〇分しか離れていないのに、楽園のような古きよきアンボンが残っている。

チェプさんは「オムチェプ（チェプおじさん）」と呼ばれるアンボンでは有名な音楽家だ。見かけは七〇歳前のふつうの農民だが、七つの楽器を操り、子どもたちにアンボンの伝統音楽を教えたり、式典や観光客の前でも演奏する。ジャカルタや東京でも公演したこともある。

若者たちの明るい声が聞こえてくる。ワイワイやりながら、今日は海に面した村人の家をみんなで建てている。午前中は畑を耕し、帰りに山で竹を取って来たという。彼らに職業は？　収入は？と聞いても、ちゃんと答えられないだろう。でも家を建てたり、畑で作業をしたり、海で漁をしたり、都会人に比べ、何でもできる。もちろん歌もギターもうまい。とても楽しそうに生きている。

▲楽園の丸木舟で遊ぶ子どもたち

夕方、彼らはバリカンで頭を刈り始めた。一〇人くらいの若者がみな同じ頭になり、目の前の海に飛び込んで行った。気持ちよさそうだ。私も飛び込み、シュノーケリングをした。色鮮やかなサンゴや熱帯魚と泳ぐ。海に浮かんでいるだけですべてを忘れ、いやされる。毎日ここで遊べる子どもや大人がうらやましい。

女性は二〇歳前後で結婚し子どもを生む。子どもは家族や近所の人みんなで育てかわいがる。

「エティさん、今日何時に起きた?」

「時計を見ていないからわからない。いつも朝起きたらお湯を沸かして、コーヒーを入れて、その後洗濯して。昼は友だちと歌の練習をしたり、子どもたちと遊びます」

エティさんは一八歳で結婚し四歳の男の子がいる。私は彼女が高校生のときから知っている。アンボンマニセと言われるアンボン美人で、チェプさんの家によく歌の練習に来ていた。まだ子どもだと思っていたらチェプさんの四男と結婚し、お母さんになっていた。家事を任されているので貫録もついてきた。

朝、外海からアンボン湾にクジラが入ってくる。クジラはたくさんの魚を連れてくるので漁師たちは喜ぶ。イルカはアマフス沖で跳躍を見せてくれる。夕方、クジラもイルカも湾の外に帰っていく。ジャカルタの不健康な大気汚染や生活環境とは対極にある、インドネシアの楽園の風景がアンボンにはある。

そんなアマフスからも仲良く暮らしていたイスラム教徒がいなくなった。アマフスで衝突があったわけではない。しかし少数派のイスラム教徒は家や畑をそのままにして、イスラム地区へ移って行った。

日曜の朝、教会のミサで神父は訴えた。

「隣人同士の信頼関係が壊れてしまった。暴力に訴えてはいけない。我慢しなさい。個人の強い意志でしか平和は築けない」

マルクの抗争で問題なのは住民の分断が続いていることだ。宗教間の対立が煽られ、五〇〇〇人以上と言われる死者と五〇万人以上の避難民が出る大惨事で住民同士の憎悪が広がり、島がイスラム地区とキリスト地区に分かれたり、イスラム教徒だけの島になった。

ジャカルタからだと「しばらく衝突もなく落ち着いている」と見えても、マルクの人たちは「このまま落ち着いてしまっては大変だ。早く何とかして欲しい」と願っている。「落ち着いている」ときでも、目の前の武器を持った集団を国軍や警察が取り締まらないことは大問題だ。

ジャカルタの中央政府はこんなひどい状況を九九年一月以来ずっと放置している。国際社会の対応も鈍く、マスコミの報道も少ない。「イラク」、「北朝鮮」、「アフガニスタン」、「東ティモール」などとの扱いの違いがあり過ぎる。だから「マルク紛争」について知っている人はほとんどいない。

二〇〇〇年八月、インドネシア国家人権委員会は宗教抗争鎮圧のため、マルク諸島に国連の平和維持部隊（ＰＫＦ）を受け入れるようインドネシア政府に勧告した。東ティモールのように国軍が撤退し、治安が回復することをマルクの住民は期待した。しかし国軍は抵抗し、国内問題だから外国の部隊を駐留させるべきでないと政府に圧力をかけ、委員会の勧告は無視された。

最大の経済援助国日本は何ができるか、まず日本国を代表して大使が現地に足を運び、日本ならどんな貢献ができるか考えて欲しい。危険地帯だから外務省の役人が危険地帯に渡航するには、本省の許可が必要だという。それならば大使が護衛を付けて行けばよい。マルク諸島との歴史的つながりが深いオランダなど他の国の大使は行っている。そしてまず紛争の元凶を絶つため、インドネシア政府に徹底した武器狩りをさせて欲しい。インドネシア政府は内政干渉というだろうが、多くの命が奪われている住民を、これ以上危険にさらしてはいけない。治安回復に役立っていない国軍や警察に任せて置くわけにはいかないのではないだろうか。

私の経験からも、中立だから対立している両者の間を行き来できる。イスラム教国でもキリスト教国でもない友好国日本こそ、インドネシア最大の紛争地マルク諸島の和平の仲介役に最も適しているはずだ。最大の援助国日本は、マルク諸島の住民をこれ以上見殺しにしてはいけない。

アンボンの旅を終え、アマフスから港へ向かおうとしていたとき、市場から帰って来た人が緊張した面もちで私に語った。

「六月×日×地区を襲撃すると書かれたビラがまかれていた」

チェプさんは言った。

「一体いつまで続くんだ。いつか神様が怒るだろう」

紛争が飛び火

マルク諸島の紛争はカリマンタン（ボルネオ島）、スラウェシ、スマトラ、ジャワなどインドネシア各地に飛び火し、住民同士の衝突や爆弾テロ事件が相次いだ。

九九年三月、ボルネオ島南西部の西カリマンタン州サンバスで、地元のダヤック人と東ジャワからの移住民マドゥーラ人が衝突し、約一〇〇〇軒の民家が焼失した。一〇〇人を超える死者が出、一万二〇〇〇人以上が州都ポンティアナクなどに避難した。同じころ、スマトラ島中部のリアウ州カンパル県でも地元民とジャワ島からの移住民の衝突が起きた。

九九年末からは中部スラウェシ州のポソで、イスラム教徒とキリスト教徒の間で衝突が起きた。ポソの住民は六割がイスラム教徒、四割がキリス

▲マルク諸島各地の抗争から逃れ、スラウェシ島のマナドの公民館で暮らす難民

ト教徒と数が拮抗していたので、宗教対立がかえって深刻になった。モスクや教会が多く焼かれ、二〇〇一年末までに二〇〇〇人を超える死者が出た。白組（イスラム教徒）と赤組（キリスト教徒）に分かれた抗争に、国軍兵士が干渉し、国軍や警察の武器が多く使われたのが、死者が多かった理由だ。その上ジャワやマルクからもイスラム教徒の聖戦部隊が流入して抗争が長引き、マルクと似た紛争に発展した。

二〇〇〇年、首都ジャカルタのフィリピン大使公邸や証券取引所などで大規模な爆弾テロが相次いだ。クリスマスイブにはキリスト教会が爆破された。同じ夜、スマトラ島リアウ州の州都パカンバルや西ジャワ州のスカブミなど八都市で同時多発的に爆弾テロが起きた。その後もジャカルタ中心部のショッピングセンターで爆弾テロが起きた。

二〇〇一年二月、中部カリマンタン州サンピトで地元のダヤック人とマドゥーラ人との間で衝突が起き、五〇〇人以上の住民が殺された。二万人以上が避難し、サンピトを脱出した。死者は三〇〇〇人とも言われているが、確かな数は不明のままだ。

私はサンバス、ポソ、パカンバル、スカブミ、サンピトなどを旅したことがある。どこもマルクの島々のようにゆったりとした時が流れ、のんびりした地方の暮らしがあった。住民同士の抗争などまったく縁のないところだった。血の流れは止まらなくなった。

インドネシア政府は犯人を逮捕し徹底的に真相を究明すると発表するだけで、どの事件も解明されないまま、次の事件が繰り返されている。

抗争から和平へ

二〇〇二年三月、マルク州の州都アンボンに再び向かった。前回から二年近く経ち、最初の衝突からは三年が過ぎていた。マルク紛争の死者は五〇〇〇人を超え、避難民は五〇万人に達していた。

雨が降り続き各地で洪水の被害が出ているジャワ島から、飛行機で四時間。アンボンは太陽が輝き、抜けるような青空が広がっていた。着陸前に見えた青い海、緑の山々、教会とモスクが点在する港町の美しい町並みに、いつものことながらうっとりした。

前回訪れた二〇〇〇年五月は、抗争が激化し空港が閉鎖されていたので、アンボンに入る手段は船便しかなかった。スラウェシ島のマカッサル港から客船で三〇時間もかかった。その後、空港は再開され、メルパティ航空が飛ぶようになった。

▲治安部隊は道路に監視所をたくさん設け、運転手から通行料を取る

二〇〇一年一二月からはカルティカ航空も就航し（二〇〇三年七月現在休航中）、ジャカルタとは一日二便で結ばれ、便利になった。大規模な紛争は減ったが、それはもうこれ以上破壊するものがなくなったからでもある。

空港からアンボン市内への道は、治安部隊によって一般車の通行がまだ制限されたままだ。そのため空港から車で船着き場に行き、市内のキリスト地区やイスラム地区行きのモーターボートに乗り換えてアンボン湾を渡り、再び車で目的地に行かなければならない。高い波や強い雨の日はずぶ濡れになる。私の乗ったボートの客の中には船酔いする女性もいた。

町や村がキリスト地区とイスラム地区に分断されて以来、住民にとって怖くて越えることのできない見えない境界線ができてしまった。仲のよかった異教徒の家族や友人と会うことができず、電話や手紙でしか消息を知ることができない状態が続いている。

イスラム地区からキリスト地区に物資が運ばれるとき、治安部隊に手数料を払うので、キリスト地区の物価は上がる。道路に監視所をたくさん設け、運転手から通行料を取るので、乗合の小型バスの料金も三倍くらい値上がりしている。この三年間で住民を苦しめる様々なビジネスが生まれている。そんな利権で商売している人は、分断が続いたままの状態を歓迎しているのかも知れない。

空港から乗ったタクシーの運転手サハナヤさんは、地元紙『スアラマルク』を嬉しそうに私に見せた。見出しには「新年を祝うようなパレードだった」とある。前日の二月二八日、対立が続いているキリスト教徒とイスラム教徒が一緒に車やオートバイに乗って町をパレードした。アンボン湾のボートも漁船も一緒に走り回ったという。キリスト教徒のサハナヤさんも仕事を休み、イスラム教徒を乗せて町まで何度も往復した。通行止めになっていた所も以前のように、何の問題もなく自由に通行できた。「あなたも次にアンボンに来るときには、ボートに乗り換えなくてもいいかも知れませんよ」と言われた。

二〇〇二年二月、マルク諸島で紛争を続けているイスラム教徒とキリスト教徒の代表者が、スラウェシ島のマリノで和平会議を開き、武力衝突の即時停止や住民の武装解除などを柱とした和平協定に合意した。協定では殺人や暴行などの人権侵害について、ジャカルタ政府が発足させる特別委員会が、事実調査や訴追準備を行なうことも盛り込まれた。国軍兵士や警察官が紛争に加担し、武器を横流ししたりして紛争を拡大させたことについて、スシロ・バンバン・ユドヨノ政治・治安担当調整相が、「二度と起きないようにさせる」と住民代表らに言明した。

ジャカルタ政府が重い腰を上げ会議を主催したが、合意事項に新しいものはない。アンボンなどでも地元の宗教指導者間で何度も協定が結ばれている。しかしこれまで協定は簡単に破られ、紛争が繰り返されてきた。

多くの住民は抗争に疲れ、政府に大きな期待はしていない。しかし何かにすがり付きたい気持ちでマリノ会議の合意を歓迎し、和平の機運を盛り上げ、州都アンボンでパレードを繰り広げた。悲惨で無益な争いに疲れた人々は、神にすがる気持ちで束の間のお祭り気分を楽しんだ。

一緒に働ける職場

アンボンの空港では、インドネシア人はノーチェックだが、外国人は全員、入国管理事務所と警察に届けなければいけなくなっていた。国内線でこんなことは初めてだ。簡単な検査だったが、マルクの紛争は、国内のキリスト教徒とイスラム教徒の争いなのになぜだと聞くと、抗争が激化して以来、非常事態宣言が継続されているので、NGOで働く人も含め外国人をチェックしていると言われた。外国人を監視するスハルト時代からの悪習が復活した。

今回、私はキリスト地区のホテルに泊まった。チェックインしてすぐ、電話が通じないままになっているシルフィアの家に行った。シルフィアはいなかったが、母親で公務員のメイさんはいつものように暖かく迎えてくれ、冷たいオレンジジュースを出してくれた。暑いアンボンで氷入りのジュースが飲める。しかし冷蔵庫で氷ができるのは一日毎だ。暴動で発電所が焼かれ、供給量が足りないので、アンボンのほぼ全域が一日毎に停電になるからだ。冷蔵庫に限らず電気製品はすぐ故障する。自家発電のできる施設を除き、灯油やロウソクでの住民の不自由な生活は二年以上続いている。事務所も停電で冷房やコンピューターが使えなければ仕事にならない。冷たいジュースを飲みながら、メイさんの話を聞いた。

抗争前はイスラム教徒と一緒に役所で働いていた。しかし今は、キリスト地区とイスラム地区に別れて仕事をしている。それが今日（三月一日）、州庁舎前でイスラム教徒の仲間と対面する催しがあった。抱き合って再会を喜ぶ者、家が焼かれ未だに避難所暮らしを強いられているなどとお互いの苦労話をして涙ぐむ人もいた。もう友人と別れて住むのは嫌だ、早く以前のような平和なアンボンに戻って欲しいという気持ちで一杯になったという。そのあとイスラム教徒の友人に連れられ、歩いて一〇分のイスラム地区にあるショッピングセンター、アンボンプラザに行った。三年ぶりだった。怖いイスラム教徒のいるアンボンプラザでまた買い物ができるなんて、昨日まで思っても見なかった。でも安全に買い物ができた。破壊された商店街や焼け跡も初めて自分の目で見た。イスラム地区であろうと、自分が生まれ育った町がめちゃくちゃになっているのが、とてもショックだった。

　マリノ合意があって今日のような対面もできたが、今後どうなるかはわからない。あまりにも多くの人が殺され、多くのものが壊された。元のよ

▲「自分が生まれ育った町が、めちゃくちゃになっているのがとてもショックだった」
メイさんと息子のヨネス君

うになるには時間とお金がかかる。信者の寄付で、破壊されたキリスト教会の再建は進んでいるが、住宅はほとんど自費で建て直さなければならない。

メイさんにとって気掛かりなのは、娘のシルフィアのことだ。彼女は北スラウェシのマナドにある本社勤務になった。アンボンには職を失った人が多く、職場が足りない。生きるために市場や売店の店番をするだけでは将来がない。仕方なく家族が別れて暮らすことを選択した。シルフィアが生きる糧だと言っていた踊りも続けられなくなった。アンボン―マナド間の直行の飛行機は週一便に減らされた。去年のクリスマスには一年半ぶりにアンボンに帰ってきて再会できた。メイさんはシルフィアが再びアンボンで働け、家族で一緒に暮らせることを願っている。

アンボンに職場が増え、異教徒が一緒に働け、住民が安心して生活できる環境に戻る日はいつのことだろうか。

歌と踊りと紛争と

マリノ合意より二年半以上も前、九九年七月のアンボン大暴動後のキリスト教徒とイスラム教徒の住み分けが始まる前から、住民たちは和解を訴えてきた。今頃やっとジャカルタ政府が演出した合意など信用できない。実行が伴わない合意など望んでいない。大切な家族や友人を殺され、家を焼かれ財産を奪われ、生活を破壊された人たちは、政府や治安部隊の頼りなさを身にしみて感じていた。

しかし今回アンボンに来て驚いた。マリノ合意後、和平の機運が盛り上がっていた。一般の住民が怖くて越えられなかった境界を三年ぶりに越え、買い物や友人を訪ねていた。対立していた両派が一緒に車に乗り、パレードをしたり、和解はすばらしいと実感しながら、市内を歩き回っていた。

争いをやめて仲良くしよう。その方がずっと楽しい。この盛り上がったチャンスを逃してはならない。抑圧された気持ちが、解放され爆発していた。これは日本人にはできない、アンボン人ならではのノリの良さがなす技だ。この和平ムードを盛り上げているのは歌と踊りだ。殺し合いより歌と踊りが楽しい。当たり前だ。歌と踊りならインドネシアの誰にも負けないのが、マルクの人たちだ。

三月二日朝、州庁舎前で和解の行事が始まった。アンボンでは何事も始まりは歌と踊りだ。役人の

▲和解の行事で歌い続けるボーカルグループ。歌と踊りなら誰にも負けない

スピーチの前、三〇分以上マルクの音楽が流れていた。ハワイアン調の曲もある。太鼓を叩き、笛を吹き、みな立ち上がり踊っている。誰もがこのメロディーの中では闘争意欲を失い、平和が一番と体で感じてしまう。スピーチが一〇分ほどあり、音楽がかかり、また立ち上がって踊りだした。どんどん人が集まり踊りの輪に加わった。警備の機動隊も銃を担いだまま踊っていた。

「豊かな自然に恵まれたアンボン」「極楽鳥が舞う平和なマルク」「ラササヤン」「シオサエアンボン」「ペラガンドンマニセ」……。

マルクの人なら誰でも知っている曲が続く。テンションはどんどん高まった。私も一緒に歌っていた。スナルコ州警本部長も副知事も一緒に踊っていた。みんないい顔をしていた。とても嬉しそうだった。

カリブの島国キューバではサンバやサルサやソンのリズムに乗って、陽気に歌い踊り、苦しみを乗り越え、アメリカ植民地からの独立を果たしたという。マルクでも歌と踊りで紛争をやめさせることができないだろうか。だれにも負けないマルクの人たちの歌と踊りを和平のシンボルにする。これを生かさないと和解は難しいと私は確信した。

スナルコ本部長のスピーチがあった。あらゆる不正な武器を押収する。住民が持っているものだけでなく、警官や国軍兵士が隠し持っている武器も取り上げる。大きな拍手が起こった。和平を妨害する者も、煽動者（プロポカトール）も強硬に逮捕する。再び拍手。そのあとも長時間お祭りムードは続いた。

しかしそれからわずか三〇分後、事件は起きた。抗争が再開された。多くの人が失望した。

ああ何てことだ。

和平の破壊者

州庁舎での和解の行事の後、キリスト教徒とイスラム教徒が同じトラックに乗り町を回り始めた。多くの人たちがその後を追い、町を練り歩くパレードが始まった。パレードは州政府が計画し、前日のテレビやラジオなどでも伝えられ、お祭り好きの住民は心待ちにしていた。しかし和平を妨害し紛争を長引かせたい勢力にとっては、パレードをつぶせば住民の期待を一転して失望に変える格好のチャンスでもあった。

パレードはキリスト地区からイスラム地区に入り、アルファタモスクにさしかかった。歴史と伝統のあるモスク内では信者が昼の礼拝をしていた。礼拝せずモスクの外にいた高校生たちが、トラックやオートバイに投石を始め、四台のオート

▲トラックの荷台に乗りパレードが始まった直後、紛争が再発した

バイに火を付けた。パレード参加者を刃物で刺した者もいた。近くには警備中の警官や国軍の兵士がたくさんいたが、何もしなかった。

一部の住民から、「やめろ!」と声が上がった。「もう和平合意を忘れたのか。まだ争いをしたいのか」と大声で叫ぶ人もいた。「走るな!　興奮するな!」と高校生たちをたしなめる人もいた。治安部隊が増強されると、野次馬も群衆もあっという間に膨れあがった。警官は車を通行止めにした。治安部隊は空砲で威嚇した。この銃声が群衆の興奮を高め、周辺はパニック状態になった。イスラム地区のアンボンプラザに買い物に来ていた六〇人ほどのキリスト教徒が、怖くて外に出られなくなった。友人を訪ねて来ていたキリスト教徒も帰れなくなった。

パレードを見るためにアルファタモスク前にいた私は高校生たちの写真を撮った。すると「なぜ写真を撮ったんだ!」とどなりつけられ、あっという間に群衆に囲まれた。一人の男にカメラを奪われ、メガネを踏みつけられた。現場には警官や国軍兵士がいたが、見て見ぬふりで、カメラを奪った男を現行犯逮捕せず逃がした。

私はスナルコ州警本部長に面会を求めた。三〇分前まで私たちは州庁舎前でマルク諸島の和平を願い、楽しく一緒に踊っていたのだから。警官は私をキリスト地区にある州警本部に連れて行った。しかしそれは本部長に会わせるためではなかった。本部長は外出中だった。警官は私を三時間にわたり取り調べた。

「こんなことをしている暇があるなら、カメラを奪って逃げた男を逮捕してくれ。高校生と違いあの男だけが動作が機敏でプロの技を感じた。あいつこそ和平を望まずアンボンの紛争を長引かせている煽動者（プロポカトール）の一人だ」と私は訴えた。

「ここはキリスト地区だから、イスラム地区で起きたことはあっちの警官の仕事だ。メガネを壊されただけで怪我はなかったのだから、カメラは諦めろ」と警官は言った。

私はこんな警官の相手を三時間もさせられたことで、どうしようもない絶望感を味わった。その後、州庁舎で州知事らに今日の事件の報告をしていた本部長に自分で会いに行った。

「警察がしっかりしていれば、騒ぎは押さえられたし、和平の機運もさめなかった」と、私は訴えた。

「銃声がパニック状態を生んだ。あのとき発砲などせず、みんなが好きなアンボンの音楽を流し、あなたが朝、州庁舎前で踊ったように、高校生も群衆も警官もみんなで歌って踊ればよかった。アンボンの人たちにしみついているノリの良さを利用して盛り上げれば、バカらしい争いなどやめるはずだ」

「カメラを奪って逃げた男は高校生たちと違う。プロだ。高校生たちを煽動し、オートバイに放火し、パレードをつぶし、和平を妨害する一派だ。なぜ逃がしてしまったんだ。警官一人一人に勇気がないから、何千人もの人が殺され、紛争が長引き、住民の不安はなくならないんだ」私は悔しさを本部長にぶつけた。

本部長にとっては、一月半ばに就任して以来、初めての衝突だった。「せっかくいい和平の機運が芽生えてきたのに、ああ何てことだ」本部長も多くの住民同様、失望していた。私の前で肩を落とし、しばらく黙ったままだった。

私がホテルに戻ると、従業員は、パレードが中止になりとても残念だ、また争いが再開したとうつむいていた。泣いていた従業員もいたという。

夜の地元テレビのニュースで事件が詳しく報道された。州知事は和平を妨害する少数の煽動者のせいだと言った。そんなことはわかっている。知事としてどうするのか、リーダーシップがないから、紛争が終わらないんだ。国軍司令官は、やはり和解は難しいと言った。ああ何て言いざまだ。

アンボン潜入記

アンボン訪問からジャカルタに戻ってひと月余りたった二〇〇二年四月一五日、マルク州のサレ・ラトゥコンシナ知事は、「外国人がマルク州を渡航することを禁じる」と発表した。一部の企業の駐在員や紛争解決の支援をしているNGO（非政府組織）には州政府からの特別な許可が出るが、旅行者や記者はマルク州に入ることができなくなった。実際に空港で追い返された外国人がいたこともジャカルタの新聞で報じられた。

よその土地から来て対立を煽り衝突を引き起こしている武装集団に対しては弱腰で、外国人の訪問を禁じ、都合の悪いことは見せず、情報を操作しようという州政府の意図が見て取れる。国軍に操られている州知事ならやりそうなことだ。紛争を長引かせることで、利権をあさる国軍の駐留の口実を与えようというのだろう。

禁止令が出ているアンボンに潜入する方法はないかと、共同通信の米元文秋さんから電話がかかってきた。飛行機でアンボンに着くと空港で見つかる可能性が高いので、大勢の客と一緒にアンボンに紛れ込める可能性がある客船で入る方がいいのではと、私は答えた。調べてみると、ちょうどティモール島のクパンからアンボン行きの客船ドロロンダ号がある。クパンを二三日昼に出港し、二四日の午後にはアンボンに入港する。私たちは二二日夕、飛行機でクパンへ向かい、翌日ドロロンダ号に乗り込んだ。

東ティモールがインドネシアだった頃、クパンを出た船はディリに寄り、アンボンに向かっていた。しかし今、船は寄港せずディリの沖合いを通過する。東ティモールのラジオが聞こえ、街明かりが見えた。もともと東ティモールには、距離的に近いマルク諸島から出稼ぎの人が来ていたが、それは経済的理由からだった。しかし今、紛争が長引き治安が悪化したマルク諸島の人たちは、国軍が去り独立が決まった東ティモールに、避難民として移り住むようになった。彼らは物価が高騰した東ティモールで、安いインドネシア製品を売って生計を立てている。

二四日昼過ぎ、アンボンが近づいた。雨が強く降ってきたので、外のデッキに出ていた人たちが船内に移動してきた。白装束のイスラム教徒も数十人いた。彼らが聖戦を唱える過激な部隊かどうか分からないが、私たちが外国人だということは気付づいたはずだ。外国人は他に見かけない。だんだん緊張が高まってきた。

一四時一〇分、ドロロンダ号はアンボンのイスラム地区にあるヨス・スダルソ港に接岸した。クパンから二三時間余りかかった。雨は上がっていた。窓から覗くと自動小銃を担いだ国軍兵士や警官がずらりと立っている。外国人の上陸をチェックしているのなら、職務質問されることは避けられそうもない。船から降りられないかも知れない、最悪の場合は犯罪者扱いで留置所行きか、などと数分後には決まりそうな運命を、米元さんと二人で想像した。

通路は人でいっぱいで、下船口まで大きな荷物を担いだ人の長い列ができていた。数人の警官が乗り込んで来ていたが、チェックはなかった。突然雨足が強くなってきた。岸壁を見下ろすと、何と国軍兵士や警官が一人も目に入らない。出迎えの人は傘をさし、ベチャ（人力車）引きは雨に打たれ、ずぶぬれになりながら船から降りてくる客を一人一人注意深く見ているのに、国軍や警察は雨を避けてどこかへ行ってしまったようだ。私たちは傘をさし顔を隠してタラップを降り、待ち構えていた二台のベチャに乗り込んだ。ベチャ引きは猛スピードでペダルをこぎ始め、港を後にした。

▲アンボンには至る所に治安部隊の監視所があるが……

こんないいかげんな警備だから、多くのよそ者が武器を持ってアンボンに簡単に入り、紛争が拡大し、五〇〇〇人以上の住民が殺され、五〇万人の避難民が出て、宗教間の対立が広がったままなのだ。私たちにはラッキーだったが、その無責任さに怒りがこみ上げてきた。

アンボンで衝突が最初に起きたムルデカ地区やバトゥメラ地区の焼け跡を通り抜けたところでベチャ引きがペダルをこぐ足を止めた。それまで快調に飛ばしてきたベチャがまったく動かなくなった。その先はキリスト地区だった。三年前までは何の問題もなく行き来できたのに、イスラム教徒のベチャ引きは今、境界線を越えられない。ベチャ引きは一〇メートルほど先のキリスト地区を走っているベチャを大声で呼んだ。

「この二人の外国人を乗せてやってくれ」

「わかった、二人の外国人だな」

同業者同士、協力はできても、近づけない。だからベチャ引きは大声で叫び合った。境界線には警備の国軍兵士がいた。兵士は黙ってやり取りを聞いていた。「俺の知ったことか。俺の仕事じゃない」ということか、またも兵士は私たちを見逃した。「外国人渡航禁止令」を知らないはずはないが、拘束する命令は出ていないようだ。

私たちは難なくベチャを乗り換え、キリスト地区のマニセホテルに到着した。ホテルの従業員は私たちを暖かく迎えてくれた。しかし外国人なのによくここまで無事に到着できたと驚いていた。その後、キリスト地区の住民に会って話を聞き、イスラム地区の住民には電話で話を聞いた。

「外国人立ち入り禁止令を出して、外国からの投資がなくなったら誰が責任を取るんだ。イスラム聖戦部隊と役立たずの国軍と警察などが撤退すれば、治安はきっとよくなる」

「対立を煽っているのは、国軍に操られている州知事だ」

「メガワティ政権はジャカルタでマリノ和平合意の成果を宣伝しているが、状況は改善されていない」

大統領をはじめ、国内最大の紛争地マルク諸島にまったく足を運ぼうとしない、ジャカルタの政治家や政府に対する不信感は計り知れないものがあった。

州庁舎放火事件について聞いた。四月二日昼、アンボン市内の路上で大きな爆発があり、興奮した住民数千人が暴徒化し、州庁舎を放火する騒ぎに発展した。少なくとも七人が死亡、五〇人が負傷し、州庁舎はほぼ全焼した。州知事や職員は逃げて無事だった。

「州庁舎に火炎瓶を投げつけていたのは暴徒でなく、黒装束の男たちだった。また紛争を起こすプロの仕業だ。いつも警察は犯人を特定できず、逮捕できない」

住民は口をそろえてそう言った。ジャカルタには伝わっていない話だ。やはり現地に来ないとわからないことはある。そして毎度のことながら、アンボンに駐留している治安部隊（国軍と警察機動隊）の犯行だと住民は感じている。州庁舎はキリスト地区とイスラム地区の間の中立地帯にあり、和解の最後の砦のような建物だった。住民の落胆は想像以上に大きかった。

夜九時すぎ、警官と入管役人がホテルの部屋にやって来た。

「申し訳ないが、明日アンボンを出て欲しい。上司からの命令なので従って下さい。明日一一時にホテルに迎えに来ます。そして空港まで送って行きます」

インドネシアのホテルは、外国人が泊まると警察に報告する義務がある。ホテルから数時間後に報告が行き、警官が来たのは予想外の速さだが仕方がない。言葉は柔らかだったが、私たちをアンボンから強制退去させるということだ。ホテルでなく民家に泊まることも考えたが、この時期外国人を泊めたことで迷惑を掛けたくなかった。アンボンにはまた来ることができる。今回は従うことにした。

翌朝九時、予定より二時間も早く、ホテルに入管役人四人と警官二人が来た。

「今すぐ荷物をまとめチェックアウトして下さい」

境界線に近いシロ教会周辺にイスラム教徒が集まって、キリスト教徒との間で衝突が起きた。爆弾が炸裂《さくれつ》し、再建中だった教会に放火された。そしてまた国軍の威嚇射撃で騒乱状態になり、道路が封鎖されたという。安全上はホテルに留まっていた方がよさそうだったが、すぐに空港に行こうとせかされた。衝突現場を見てから行きたいと言ったら、絶対だめだと断られた。うっとうしい外国人を早く追い出したいようだ。仕方なく警官のオートバイに先導され、入管役人が運転する車でホテルを出発した。空港で警官たちと別れ、私たちはマカッサル行きの飛行機に乗った。アンボン滞在は二四時間だけだった。

それから数日間、アンボンはまた緊張が続いた。二八日未明には、覆面姿の武装集団がキリスト地区のソヤ村を襲い、幼児や女性など一二人が殺された。武装集団は国軍の武器を所有し迷彩服姿だったという。警察はまたも犯人を取り逃がした。責任を持って任務を遂行する治安部隊がおらず、五〇〇〇人以上と言われる死者を出しても、責任を取る政治家が一人もいない。こんな状態では、国軍の横暴がまかりとおり、マルクの和平は遠のくばかりだ。住民が望んでいるのは、東ティモールのような国軍の撤退と早急な国際社会の監視と支援だ。しかし「マルク州の外国人渡航禁止令」は継続されたままだ。

被災者の心の痛みを胸に

二〇〇二年三月にアンボンを旅したとき、ホテルで毎晩、国営放送（TVRI）アンボン局制作のニュースを見ていた。

スハルト時代から政府公報のような番組を流し続けているTVRIを、私はジャカルタではめったに見ていない。しかしアンボンでは違った。とてもおもしろい。分断されたキリスト地区とイスラム地区、双方の様々な現場へ出かけて取材をしている。話題が豊富で一時間の放送時間があっという間だ。

TVRIアンボン局に行って、記者とキャスターを兼ねるマリア・マルガレタ・ソパメナ（愛称ポピィ）さん（28歳）に話を聞いた。

「宗教や民族の違いなど気にせず暮らしていたのに、紛争が起き、宗教間の対立が煽られ、そして町が分断され別々の場所で住まなければならなくなりました。すると、あっちでは酔っぱらいが暴力をふるって暴れているとか、食糧が足りず飢餓が広まっているとか、×月×日武装して攻めて来るとか、住民を不安にさせるありもしない噂が広がるようになりました。でも噂は本当はでなく、事実はこうですよと映像で見せて、安心してもらいたいのです」

「イスラム教徒の局員は分断後、キリスト地区にあるアンボン局に通勤できなくなりました。だからイスラム地区に仮事務所を置き、そこを拠点に仕事をしています。両方に記者やカメラマンがいるので、分かれて取材し、中立地帯でビデオテープを受け渡し、局に持ち帰って編集し、放送します。ローカルニュース『スプタルマルク』は、二〇〇一年八月から放送時間を三〇分延長して、二一時から二二時まで放送しています。アンボン局で一番の人気番組です」

「視聴者からの感想もよく届きます。争いをやめて、早く元のように違う宗教の人も違う民族の人も、仲良く暮らしたいという願いが伝わってきます。特に苦情はないですが、画像が良くないと言われます。機材やビデオテープなどが不足しているからです。新しいものがジャカルタの本局から届きません。昔は日本からアンボン局にたくさんの援助をしていただきました。でも紛争が始まって、まったく届かなくなりました。アンボンに来る予定の機材が、よその局に行ってしまいました」

私はジャカルタで国際協力事業団（ＪＩＣＡ）や日本大使館にこの件を問い合わせた。すると、職員を派遣できないような「危険地帯マルク」への援助は凍結しているという。そこには、「危険地帯」だからこそ援助が必要で、住民に喜ばれ和平に貢献できるのだという発想はない。マルクに平和が訪れ安全にならないと援助はできないというおかしなことになっている。その一方で、ジャカルタの本局は設備だけは飛躍的によくなっている。援助が本当に必要な所に職員を派遣して活動している欧米と、豊かな所に恵みを与える日本の援助との差は大きい。

アンボンでは今、欧米人のＮＧＯ活動家や国連関係者が車に旗を立て、両派の間を走り回っている。

「外国人渡航禁止令」を出している州知事に各国の政府が掛け合い、活動家に滞在許可を取らせたという。援助のために来ている外国人を攻撃・妨害する者はいない。私が知り合ったオランダ人女性は医療関係のNGOで働き、薬を避難民に配っている。「アンボンに来たのは紛争が長引き困っている人がたくさんいるから、でも仕事を離れると美しい自然とやさしい人に出会えるアンボンが好きだ」という。

しかし今、アンボンで活躍する日本人は一人もいない。どうして？

マルクの紛争をまったく報じなくなった日本のメディアや、外務省が出している危険情報（危険度四）が影響しているのかも知れないが、日本人はキリスト教徒からもイスラム教徒からも受け入れられる中立の立場にあるのに、残念なことだ。

ポピィさんに話を戻す。彼女は避難所生活も経験したという。

「治安を守る立場にある国軍と警察が二〇〇一年七月一五日衝突し、私の家も焼かれました。読書が好きでたくさん本を持っていたのですが、全部焼かれました。当日は局にいて、家族と二日間連絡が取れませんでした。避難所にいることがわかり、私もしばらくそこで暮らしました。ストレスから病気になる人が多く、一日も早く避難所を出たいと願う毎日でした。その後、局の寮に移り、家族で今の家に引っ越しました」

「自分も紛争の犠牲者ですが、幸い家族はみな無事です。家族を殺された人、身内でも別れて暮らさなければならなくなった人、職を失った人、未だに避難所暮らしを続けている人など、生活をめちやめちゃにされた人がたくさんいます。どちらかの親を亡くした子どもが、二〇〇〇人近くいるとも言われています。そんな人たちに必要な情報を伝え、和解に役立ちたいのです」

ポピィさんはジャカルタ政府の対応にいらだっている。

「ユスフ・カラ公共福祉担当調整相にインタビューしました。彼はマルク紛争の和平を担当している大臣です。でも、『私はまだ何も知らないから、これから勉強します』と言うんです。住民が三年以上苦しんでいるのに、何も知らないと言う大臣の冷たさや政府のやる気のなさを感じました。治安部隊が治安を悪化させているのではと聞いても、『調べてみます』としか言いません。局内でもあきれたという声が多かったので、放送しませんでした。でもジャカルタから来た記者は、そんな大臣を持ち上げて報道するんです」

ジャカルタで放送されるニュースには、アンボ

▲道路が分断され、アンボンの町と空港の移動はボートでするようになった

ンからの映像がほとんどない。それはアンボンに民放局がないのと、TVRIアンボン局の設備が限られているのでジャカルタへの中継ができないからだ。マルクからのニュースがないから、何も起こっていないということではなく、発信ができないからニュースにならない。その点は、中央の情報が地方に一方的に流れたスハルト時代と変わっていない。スハルト政権崩壊以降、最も多くの人が殺されたマルク地方のことが、ジャカルタを経由して世界に伝わっていないのもこのためだ。

大きな事件があったときなどは、ジャカルタから記者やカメラマンが出張するが、取材というものは土地感や人脈がないと難しいものだ。それに、宗教間の対立が続くマルクでは、異教徒地区で取材をするには危険も伴う。だから記者たちは護衛の警官を付けてもらうため、毎朝州警本部長の下へ行く。それは自然と警察側に有利なことがニュースの中心とならざるを得ない状況を作る。そして、警察など治安部隊の存在自体が実は和平の妨げになっている現実を、報道しにくくしているということだ。

TVRIアンボン局のニュースはそれらとは違い、独自に動いて取材をしていることが伝わってくる。

ポピィさんは言う。

「紛争に巻き込まれた記者たちが、被災者の心の痛みを胸に、早く平和なマルクに戻って欲しいと願って仕事をしています。私もそのことに誇りを持っています」

アンボンより愛を込めて

ポピィさんとはそれからも連絡を取り合っていた。

二〇〇二年八月一一日、電話がかかってきた。

「ジャカルタに来ています。アンボンの歌と踊りのグループと一緒に来ていて、明日の夜公演があるので見に来て下さい」

公演会場はマルク出身の人たちでいっぱいで、昔のようにキリスト教徒もイスラム教徒も一つの場所で仲良く交わり、故郷の美しいメロディーの合唱にうっとり聞きほれていた。今回の公演のために「アンボンより愛を込めて」と名付けられた七〇人のグループは、会社員、役人、警官、学生、ベチャ引き、主婦、失業者など様々だ。ティファ（太鼓）やトトブアン（金属製の打楽器）など伝統楽器の演奏や自慢ののど、テンポの速い踊りを披露

▲破壊されたビルにも家を失った家族が暮らしている

した。そしてマルクの現状を訴えた。

「おびただしい血が川のように流れた。肉親が殺され、友人同士が殺し合い、家が焼かれ、町が破壊された…」

激しい口調で詩の朗読が始まると、場内は静まり返り、涙を浮かべる人もいた。私も何度も耳にしたメロディーを聞きながら、アンボンのことを思うと目頭が熱くなった。

「私たちの団結とこの美しいメロディがあれば、和平は実現できる。国軍や知事はいらない」

紛争でマルクからジャカルタに逃れて来たという人が挨拶すると、会場の隅々から大きな拍手が沸き起こった。

踊りが得意と言っていたポピィさんだが、今回は司会役だった。「アンボンに平和が早く戻りますように」と最後の言葉で締めくくり、公演の終わりを告げても、ほとんどの客は家路につこうとしなかった。

舞台の近くに集まって再会を喜び、アンボンの家族はどうしているのか、ジャカルタの生活には慣れたかなどと、近況を報告し合っていた。現状が大変だからこそ、その絆の大切さを実感していた。

グループ「アンボンより愛を込めて」はジャカルタに向かう客船の寄港地でも公演を行なった。そこでも同じようにマルクの人が集まり、懐かしいメロディーの下で無事を確認し合い、早く平和なマルクが戻ってくるように願っていたという。

指揮をし、キーボードを叩いていたアルフォンスさんに話を聞いた。

「ジャカルタに住む人にマルクで起こっていることを知って欲しい。インドネシア人なら、自分たちの問題として、解決策を考えてほしい。だから今回はマルクの歌だけでなく、紛争のことも訴えた。舞台から泣いている人の顔が見えた。悲しい気持ちになるのは、人間なら自然なことだ。アンボンでは歌はご飯のように、なくてはならないもの。こんな状況だからこそ、音楽の力で平和なアンボンに戻したい。紛争を終わらせる薬にしたい」

さすがアンボンの芸術家。ポピィさんと私は、そのとおりだとうなずいた。

9・11テロ事件以降、アルカーイダなどイスラム過激派が、東南アジアでもテロを起こすのではないかという危機感が広まった。

それから一年あまりたった二〇〇二年一〇月、バリ島で二〇〇人以上の死者が出た爆弾テロ事件が起きた。インドネシア政府はそれまで国内にはイスラム過激派組織は存在しないとしてきた。しかし米国などに、マルク諸島で聖戦の名のもとに武装し、キリスト教徒と抗争を続けていたラスカルジハード（聖戦部隊）のアルカーイダとの関連が指摘された。政府はバリ事件の犠牲者の多くが外国人だったことから、国際社会の圧力を受け、一転してラスカルジハードは過激派テロ組織だと主張するようになった。

後ろ楯を失ったラスカルジハードは解散し、マルク諸島から撤退して行った。そのため宗教間の抗争は減少し、治安は少し改善された。一部地域では非常事態宣言が解除された。だがそのことで「マルク紛争」の関心が薄れている。

宗教の違う住民は分断されたままの生活を余儀なくされている。避難民もマルク諸島全体で約六万家族、三〇万人以上に上ったままだ（二〇〇三年六月マルク州政府調べ）。物価上昇や停電も続いている。治安部隊は通行料徴収など利権をあさり、外国人渡航禁止令は継続されたままだ。

第二章　東ティモール

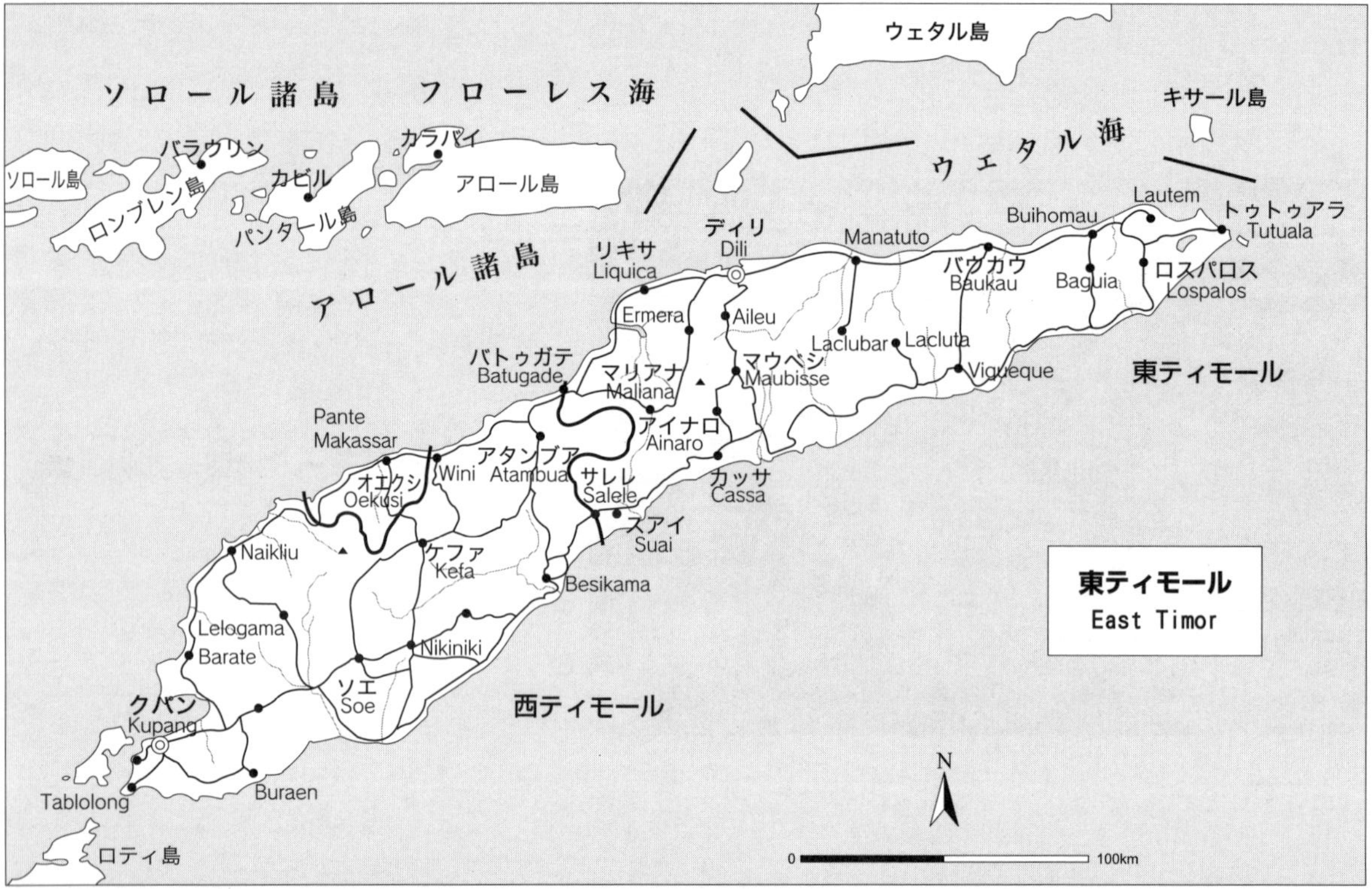

ソロール諸島
フローレス海
ウェタル島
キサール島
ウェタル海
バラウリン
カラバイ
ソロール島
ロンブレン島
カビル
アロール島
パンタール島
アロール諸島
リキサ
Liquica
ディリ
Dili
Manatuto
Buihomau
Lautem
トゥトゥアラ
Tutuala
バウカウ
Baukau
Baguia
ロスパロス
Lospalos
Ermera
Aileu
Laclubar
Lacluta
バトゥガテ
Batugade
マリアナ
Maliana
マウベシ
Maubisse
Viqueque
東ティモール
Pante
Makassar
アイナロ
Ainaro
アタンブア
Atambua
オエクシ
Oekusi
Wini
サレレ
Salele
カッサ
Cassa
スアイ
Suai
Naikliu
ケファ
Kefa
Besikama
Lelogama
Barate
Nikiniki
ソエ
Soe
クパン
Kupang
西ティモール
Tablolong
Buraen
ロティ島
N
0
100km
東ティモール
East Timor

東ティモールをめぐる動き

一五一五年　八月一八日、ポルトガルのキリスト教宣教師がティモール島のオエクシに到着、植民地支配へ。香料の原料になる白檀《びゃくだん》を栽培。オランダ、イギリスとの紛争後、ティモール島の東部とオエクシがポルトガル領、西部がオランダ領に分断される（リスボン条約）

一九四二年　三月、日本軍が侵攻、四五年八月まで占領。日本敗戦後、旧オランダ領はインドネシアとして独立。東ティモールは再びポルトガル領に

一九六七年　三月、インドネシアでスカルノに代わり、スハルトが大統領代行

一九六八年　三月、スハルトが第二代大統領に就任

一九七四年　四月、ポルトガルでクーデター。新政権が植民地を放棄

一九七五年　四月、東ティモール独立革命戦線（フレティリン＝FRETILIN）が内戦を制し、独立宣言直後インドネシア国軍が侵攻。翌年、二七番目の州として併合されたが国連は認めず

一九八〇年以降　国軍が増強され独立派住民を拷問、虐殺、一〇万人以上が犠牲。インドネシア化が進み、外島からの移住民が増加し、インフラが整備されていく
インドネシア語教育が広まる

一九八九年　一月、外国人の旅行が解禁
一〇月、ローマ法王ヨハネ・パウロ2世がディリを訪問

一九九一年　一一月、中心都市ディリでインドネシア国軍が住民に発砲、一〇〇人以上が死傷（サンタクルス事件）

一九九二年　一一月、フレティリン最高司令官シャナナ・グスマンがディリで逮捕され、ジャカルタで終身刑判決。のち禁固二〇年に減刑

一九九六年　一二月、ラモス・ホルタとディリのベロ司教がノーベル平和賞受賞

一九九八年　五月、ＩＭＦとの合意に基づきインドネシア政府が公共料金の大幅値上げを発表後各地で

一九九九年

六月、独立機運が盛り上がり、独立派が島外からの移住者に対し排斥行為。移住者の一部は脱出
暴動が拡大、スハルト政権崩壊。ハビビが大統領に就任

一月、ハビビ政権が東ティモール独立容認案を閣議決定
二月、シャナナ・グスマンが収監を解かれ、軟禁状態に
四月、ディリで独立反対派（併合派）が独立派住民を襲撃、二〇人以上が死亡
五月、インドネシア・ポルトガル両国が国連本部で独立を問う住民投票実施を合意
六月、国連東ティモール派遣団（UNAMET＝ウナメット）が活動開始。翌月、国連ボランティアらによる有権者登録を開始。約四五万人が登録
八月三〇日、二〇〇カ所の投票所で住民投票実施、有権者の98・6％が投票。投票後、山間部などへ住民の脱出が始まる
九月一日、独立反対派民兵がUNAMET本部周辺を襲撃。付近の住民七〇〇人が避難
九月二日、国連はインドネシア政府に治安維持強化を要請。ウィラント国防相は国軍による警備を約束したが、治安回復されずNGOなどが国連平和維持軍（PKF）の派遣を要請
九月三日、住民投票の開票が始まり、徹夜で作業
九月四日、独立派78・5％獲得で圧勝の結果発表。ハビビ大統領は独立を認めたが、独立反対派は「結果を受け入れない」と反発し、各地で民兵による発砲、放火、略奪が拡がり、騒乱状態に。陸・海・空路で西ティモールやオーストラリアなどへ住民や国連職員らの脱出が続く
九月六日、西南部の町スアイで国軍と民兵が教会を襲撃、放火、住民七〇人以上を殺害し数百人を拉致
九月七日、ハビビ大統領が戒厳令布告。国軍が全権を掌握。シャナナ・グスマンが釈放さ

れる。ベロ司教オーストラリアへ脱出
九月九日、米、インドネシアとの軍事協力を停止
九月一二日、ハビビ大統領が国際部隊の受け入れを表明
九月一五日、国連安保理は多国籍軍派遣を決議。国軍と民兵は略奪、放火を繰り返しながら、西ティモールへ逃走
九月二〇日、多国籍軍「東ティモール国際軍（INTERFET＝インターフェット）」展開開始
一〇月二〇日、インドネシア大統領にアブドゥルラフマンワヒド就任。国民協議会が併合撤回、分離承認を決議
一〇月二二日、シャナナ・グスマン七年ぶりにディリに帰還。多国籍軍初めてインドネシア内の飛び地オエクシに兵士を展開
一〇月二五日、安保理が国連東ティモール暫定統治機構（UNTAET＝ウンタエット）設立決議採択
一〇月三一日、二七年ぶりインドネシア国軍完全撤退

二〇〇〇年
二月二三日、多国籍軍がUNTAET指揮下の国連平和維持軍（PKF）に権限を移譲
二月二九日、アブドゥルラフマンワヒド大統領がディリを初訪問し、関係正常化を確認
八月三〇日、住民投票から一年、各地で追悼ミサ
九月六日、西ティモールのアタンブアで国連難民高等弁務官事務所（UNHCR）が元民兵に襲撃され一〇数人が死亡。国連は西ティモールから職員全員を撤退

二〇〇一年
七月二三日、東ティモール独立に批判的だったメガワティが大統領に就任
八月三〇日、憲法制定議会選挙投票、フレティリンが第一党に。翌月、首相にマリ・アルカテリ、外相にラモス・ホルタを選出

二〇〇二年
三月、日本の自衛隊が派遣され、二年間の国連平和維持活動（PKO）が始まる

二〇〇三年

三月二二日、全体の三分の一に人権条項を盛り込んだ初の憲法を採択
四月一四日、大統領直接選挙でシャナナ・グスマンが当選
五月二〇日、国連から行政権限を委譲され独立。シャナナ・グスマンが初代大統領就任
一二月四日、ディリで数千人の暴動が起き、首相宅や商店などに放火、略奪に発展
一月四日、エルメラ県アッサベで武装集団が二つの村を襲い、村長ら五人を殺害

生きていた友人

インドネシア東南部にあるティモール島は四〇〇年にわたり西部はオランダ領、東部はポルトガル領として植民地支配されてきた。太平洋戦争時の日本占領時代を経て、西部は独立したインドネシア領の一部になり、東部はポルトガル領に戻った。七四年ポルトガルで政変が起こり、新政権は東ティモールの植民地政策を放棄した。七五年、東ティモール独立革命戦線（フレティリン＝FRETILIN）が内戦状態になった東ティモール全土を制圧して独立を宣言した。これに対しインドネシア国軍が武力侵攻し、翌年併合した。以来一〇年以上、外国人は東ティモールを許可なく訪れることはできなかった。インドネシア政府は八九年一月、やっと一般旅行者に対し東ティモールの旅行制限を緩和した。

私はその年の四月、初めて東ティモールを旅した。

インドネシアの首都ジャカルタから東へ二〇〇〇キロ余り、ジャワ、バリ、ロンボク、スンバワ、フローレス、ティモールと島づたいにひと月かけ、バスと船を使って移動した。

西ティモールのアタンブアから東ティモール州の州都ディリまで、一〇〇キロ足らずの距離に当時は九時間もかかった。州境で三回のパスポート検査の後、東ティモールに入ったが、橋が壊れていたのでボートで川を渡り、対岸のバスに乗り換えたりもした。苦労はしたが、山、海、島、空などのパノラマの景色が素晴らしかった。

ディリからもバスで東のマナトゥトゥ、バウカウ、ロスパロスと移動した。途中、自動小銃を担ぎパトロールしているインドネシア国軍兵士を何度も見た。ロスパロスではまだ外国人が泊まれる宿がなく、仕方なく警察の寮に泊まった。

その翌日、近くの空き地で遊んでいた子どもたちに声をかけた。

「私、日本人に会ったのはあなたが初めてです」と、デルフィノという名のかわいい女の子は私にマンゴをくれた。

私は子どもたちの写真を撮ってジャカルタに帰り、その写真をデルフィノに送った。

九四年に再びロスパロスを訪れた私は、五年前と同じ空き地で遊んでいたデルフィノを見つけた。高校生になっていたデルフィノも私を覚えていた。私が送った写真は大切に持っているという。お姉さんは結婚して子どもを生んだばかりだった。自動小銃を担いだ国軍兵士も相変わらず目立ったが、彼女たちの明るい笑顔を見て安心した。

その時は五年前と違い、民宿に泊まることができた。宿の主人はショーン・コネリーに似た貫録のある渋い人だった。私が日本人だと分かると、日本占領時代、日本兵から日本語を学んだと得意そうに話し出した。二〇年前はフレティリン（東ティモール独立革命戦線）の司令官として、インドネシア国軍とゲリラ戦をした。しかしフレティリンを脱退してからは、領主の末裔としてジャカルタでスハルト大統領と会った。伝統の絣織物イカットを日本人コレクターが来て買って行ったなど、自慢話を聞かされた。

その後もロスパロスに旅した私はデルフィノに会った。ジャワ島のジョグジャカルタの学校に進学することになったという手紙もジャカルタの私に届いた。

九九年の一年間に、私は五回も東ティモールを訪れたが、ディリから車で一日かかるロスパロスには残念ながら一度も行けなかった。

独立の是非を問う住民投票が実施された八月三〇日前後、ディリで私は朝日新聞の取材を手伝っていた。独立に反対する民兵がインドネシア国軍の支援を得て、「独立したいならゼロからやり直せ。インドネシア時代のものはすべて壊す」と主張し、東ティモール全土で略奪や放火、破壊を始めた。

九月四日朝、住民投票の結果が発表され、八割近い得票でインドネシアからの独立が決まった。しかしその直後から騒乱が拡がり、私たち日本のメディアで取材する者のほとんどは、飛行機をチャーターし、ディリを脱出した。

▲99年９月の騒乱で民兵や国軍に焼かれた国連の車（99年10月写す）

ジャカルタに戻ると、独立派が多く、それまで比較的安全だったロスパロスなど東部地方でも暴動が起き、死傷者が出たというニュースが伝わってきた。ディリに残っている友人だけでなく、ロスパロスのデルフィノたちのことも心配になった。

九月中旬、東ティモールの騒乱から逃れた人たちの取材のため、私は朝日新聞の記者やカメラマンと一緒に西ティモールに行った。ディリからの船や飛行機が到着するクパンの町は何万という避難民で混乱していた。難民キャンプは赤ん坊の泣き声が止まず、騒然としていた。車を東に走らすと東ティモールから略奪してきた家財道具が満載された何十台ものトラックとすれ違った。国軍の小銃を肩に担いだ民兵が乗っていた。「ＵＮ」と書かれた国連の車も略奪され、インドネシアの国旗を付けて走っていた。

東ティモールに近い、西ティモールの町アタンブアは治安が悪化していた。民兵が外国人狩りをしていると言われ、ホテルでは宿泊を断られた。警察はまったく機能していなかった。私たちは取材を早々に切り上げ、ジャカルタに戻った。

多国籍軍「東ティモール国際軍（International Forces in East Timor　略してＩＮＴＥＲＦＥＴ＝インターフェット）」が展開し騒乱が治まった直後の一〇月、私はカメラマンに同行し再び東ティモールに向った。何度も歩いた町が真っ黒焦げになっていた。ガラスの破片がいたるところに散らばっていた。

朝日新聞の臨時支局として借りていた民家も焼け、冷蔵庫、テレビ、電話、ファックスなどあらゆる電気製品や家具、食器までも略奪されていた。手を付けられていなかったのは、ボンカレーなどの日本食と日本酒だけだった。私たちにとってジャカルタから持ち込んだ貴重な食糧だったが、略奪して行った者にとっては価値がなかったのだろう。それらの焼けたパッケージが台所跡に転がっていた。

焼け残った修道院でなんとか泊めてもらえた。部屋の鍵は壊されていた。布団が奪われたベッドの木枠にマラリアよけの蚊帳を取り付け、寝袋に入って寝た。食事は多国籍軍のキャンプでとることができた。そこにはオーストラリア製のビールが山積みされていた。私たち外国人は利用できても、財産を失った東ティモールの人たちには手が出ない。廃墟の中で活動を続けるNGOの人たちにも頭が下がる思いだった。

二〇〇〇年八月、「住民投票から一年」という番組をNHKで制作することになり、私はまた東ティモールに行った。取材の合間に消息のつかめない友人たちを捜した。幸いディリの友人はみな無事だった。国連やNGO関連の仕事をしている者、外国人相手の運転手をしている者、西ティモールやバリなどで新しい生活を始めた者もいた。

▲紛争後、東部の町ロスパロスからディリに移ったデルフィノ

私はデルフィノのことが気になっていた。ディリでたまたまデルフィノと同郷のロスパロス出身の女性と知り合った。なんと彼女はデルフィノの友人で、今ディリで住んでいる家も近所だという。デルフィノの手がかりをやっと得ることができた。彼女の案内で私はデルフィノに会いに

行った。デルフィノは突然私が目の前に現れたので、「信じられない」と驚いた。騒乱を経て四年ぶりの再会だった。

私はデルフィノから、この一年、自分の身に起こったショッキングな話を聞かされた。

住民投票前、国軍が独立に反対する民兵を使って独立派狩りをしていた。多くの独立派の住民が殺された。

その中には私がロスパロスで泊まった宿のショーン・コネリーに似た主人も含まれていた。八月二二日、民兵に射殺されたという。昔、独立派組織東ティモール独立革命戦線（フレティリン）の司令官だった彼は、住民投票前、独立運動を再開し、独立派の地方幹部として活躍していたため、狙われたという。私が世話になった人が殺された。

危険は住民投票後、デルフィノの身にも迫った。

九月五日から国軍と民兵によるロスパロスの破壊が始まった。彼らは役所や民家のガラスを割り、電気製品や衣類や貴金属品を盗み、ガソリンをまき、火をつけた。

九月八日、隠れているところを民兵に見つかり、デルフィノたち女性ばかりが後ろ手に縛られ、連行された。「助けて」と泣き叫んでいるところを顔見知りの警官が見つけ、「その娘はやめろ」と何とか助け出してくれた。他の女性たちはそのまま国軍の施設に連行された。その中には強姦され、殺された女性もいたという。

「強姦されたら、自殺しようと決めていた」と、デルフィノは私に言った。

九月一〇日、山間部の教会に避難し、二週間難民生活をした。ロスパロスに戻ると、自宅の家財道具は略奪され、何も残っていなかった。知り合いの家に居候していたが、二〇〇〇年二月からディリで兄と一緒に暮らし始めた。楽しみにしていたジョグジャカルタの学校に進むことは諦め、ディリの学校で英語とポルトガル語の勉強を始めた。

姉は子どもとロスパロスに残っている。デルフィノの一〇年来の恋人だったジャワ人は、家族と西ティモールに逃げて行った。殺されてはいないだろうが、未だに消息がつかめない。

その後デルフィノはディリで東ティモール警察に就職し、二〇〇二年五月の東ティモール独立後、職場結婚した。

インドネシア領の西ティモールに囲まれたオエクシという東ティモールの飛び地がある。なぜこの飛び地が東ティモールなのか。オエクシのリファン浜には「一五一五年八月一八日　ポルトガルがここに上陸した」と書かれた記念碑が建っている。ティモール島で最初に上陸し、カトリック教を伝えた土地がオエクシで、一九世紀にオランダやイギリスと領有問題で争ったときも、ポルトガルは記念の土地を手放そうとしなかっただからだという。

だが飛び地だったため発展から取り残され、メインストリートも海岸通りも一日中ほとんど車が走らない。オエクシは何世紀も時間が止まってしまったような、静かな町だ。東ティモールで内戦が続いていた七〇年代半ば、二万人の避難民がこの町へ来たという。それも、ずっとオエクシが平和だったからだ。都会とは対極の魅力があるオエクシを、私は三度旅をしている。

二度目に行った九八年六月、スハルト政権が崩壊した直後、ディリなどでは若者たちがバイクやトラックに乗って走り回り、東ティモール独立の気運を盛り上げていた。だがやはり、そんな時もオエクシは静かだった。

昼は海を眺め、涼しくなる夕方に子どもたちとバスケットボールをして遊んだ。その中にオリビオ君とシルフィアという兄妹がいて、家に招待された。夜は「アネカジャヤ」という宿のテレビに集まってくる人たちと、フランスで開催中のサッカーワールドカップを見た。彼らにとって「スハルト退陣」も、「東ティモール独立」も、ワールドカップほど熱中できる事ではなかった。

しかしそんなオエクシでも、九九年八月の住民投票後の騒乱で一〇〇人近い虐殺があった。まわりはインドネシア領なので、独立に反対するインドネシア国軍と民兵勢力が強かったうえ、国連が派遣した多国籍軍の展開がディリなどより、ひと月も遅れたからだ。私がオエクシで知り合った人たちは無事に逃げただろうか。気掛かりだった。

二〇〇〇年八月、ディリの船上ホテル「オリンピア」に泊まった。そのフロントで働く青年に声をかけられた。

「覚えていますか。オエクシで毎日、僕と一緒にバスケットボールをして遊んだことを」

確かにあのときのオリビオ君だった。

「オリビオ君、なぜここにいるの。無事でよかった。妹のシルフィアは元気ですか」

「妹も家族もみな元気です。会いに行ってください。シルフィアが喜びます」

私はオリビオ君に住所を聞き、すぐに会いに行った。家族は私を覚えていた。シルフィアは、はにかみながら部屋から出てきて、どうやってディリに逃げてきたのかを話してくれた。

住民投票前の八月二八日、独立反対派の民兵集団「ベシメラプティ（紅白の鉄）」が二〇台のトラックに乗ってオエクシに来て、独立派の家を次々と焼いた。民兵は男も女も手に銃を持っていた。投票の準備をしていた国連職員は無防備なので抵抗できなかった。

投票後の九月四日、家族と西ティモールのケファに逃げることに決めていた。

ラジオで投票結果が発表され、独立派が勝ったことを知ったが、オエクシに残ることは考えなかった。オエクシの民兵とケファから来た私服の軍人が手榴弾を投げ、役所や家にガソリンをかけ放火が始まっていたからだ。知り合いの軍人に金を払って車のガードをしてもらい、衣類と金を持って昼前に家を出発した。

「怖くて悲しかった。もう家に帰れない、友だちにも会えないと思うと涙が止まらなかった」

でも友だちの多くは家族と一緒にケファに逃げてきた。「アネカジャヤ」一家も自家用トラックで九月七日にケファに来た。

シルフィアの一家の難民生活が始まった。しかし難民キャンプには暴力をふるう民兵がたくさんいたので、物資の支援を受けながら、ケファの親

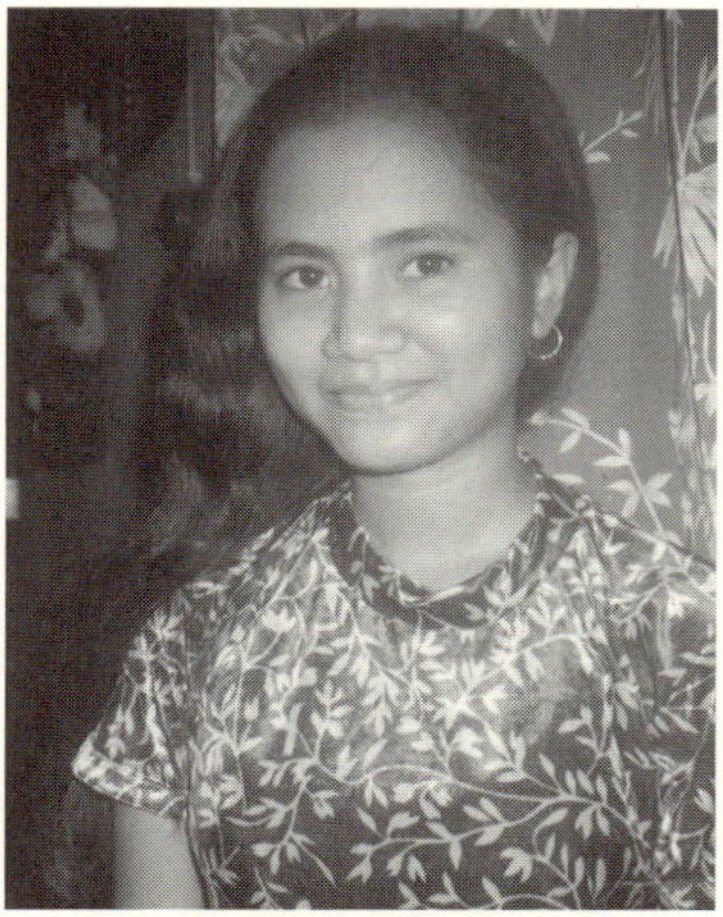
▲民兵と私服の軍人に家を焼かれオエクシから家族と脱出したシルフィア

戚宅に移った。

独立してもこれから先、インドネシアにまわりを囲まれた飛び地のオエクシで暮らすよりは、ディリで新しい生活を始める方がいいと家族会議で決まった。

二〇〇〇年三月六日、国連の車でディリに向けて出発した。国境で厳しい荷物検査があった。武器はもちろん、インドネシアの国旗を持っていても没収されてしまう。シルフィアも国連職員から質問を受け、ドキドキした。

ディリでオリビオ君はすぐ「オリンピア」で働けることになった。シルフィアも学校に通えるようになった。お父さんも国連関係の仕事が見つかった。知人宅に居候していたが、二〇〇一年から家族だけで住める家での暮らしが始まった。

シルフィアの話を聞き終わるころ、私は胸が熱くなっていた。とにかく無事でよかった。

帰還民兵との和解

九九年九月の東ティモール騒乱時、二〇万人以上の住民がインドネシアの西ティモールなどに逃げだした。一年後、約一〇万人が東ティモールに帰還した。しかしまだ一〇万人以上がインドネシアで暮らしている。その多くは元国軍兵士、警官や民兵とその家族など独立に反対した者や、民兵の脅迫などで帰還を妨害されている人たちだ。

独立派の統一政治組織・東ティモール民族抵抗評議会（CNRT＝チェーエンエルテー）は帰還してくる元民兵とも和解して受け入れ、結束して新しい国を作ろうと呼びかけている。しかし、現実には以前のように暮らすのは難しい。

騒乱でディリの家族を失った独立派のオリベイラさんは吐き捨てるように言った。

「和解などできるか。今ここに現れたら殺してやる。独立に反対だった国軍は、東ティモール人を買収して民兵組織を作り、東ティモールをめちゃくちゃにしたんだ」

元インドネシア国軍兵士で東ティモール人のOさんは、八六年から陸軍特殊部隊（コパスス＝KOPASSUS）の下で独立派ゲリラの掃討作戦に加担していた。人を殺したことはないが、国軍に引き渡した住民を拷問にかけたことはあったと告白する。住民投票前から国軍の命令で、民兵を指揮し、東部の町の破壊にも加担した。その後、国連多国籍軍が展開してくると東ティモールから西ティモールに逃げ、難民キャンプで一〇カ月暮らしていたという。

二〇〇〇年七月末、Oさんは家族と共に難民輸送船でディリに戻り、国連高等弁務官事務所（UNHCR）の職員に連れられ故郷の村に帰ろうとした。しかし村で独立派の住民たちに囲まれ、「殺してやる。村人の財産を奪った人殺しを許すわけにはいかない」と脅され、車から降りることもできず、ディリに引き返した。ディリにも村出身の人間がいて、外に出るのが怖く、タバコも子どもに買いに行かせているという。

そんな帰還してくる元民兵と住民との和解を進めるという大きな問題に取り組んでいる、木原愛さんという若い日本人女性がいる。

「両者とも犠牲者なんです。悪いことをした人を許せない気持ちはよく分かります。でもそれだけでは新しい国をつくれません」と、木原さんは言う。

学生時代からインドネシアに関心があった木原さんはイギリス留学時、東ティモールの独立の是非を問う住民投票の国連ボランティアに応募した。九九年七月ディリに入り、住民に投票の重要性を説明し、有権者登録を進める仕事から始めた。

「字が書けない人にサインしてもらうのには苦労しました」

民兵に銃口を向けられたこともある。夜中に銃声が止まず、心細い思いもした。

投票日、午前四時に起き投票所に行ったら、有権者の長い行列ができていた。大勢集まった日本のマスコミの取材を受け、写真と記事が新聞に大きく載った。

投票後混乱が広がり、日本政府の避難勧告を受けて、九月五日、東ティモールを後に日本へ帰国した。

「一緒に働いた通訳の家が焼かれました。親切にしてくれた人たちのために残ることも真剣に考えました。東ティモールの人たちを残して、外国人だけが逃げたんです。後ろ髪を引かれる思いで一杯でした」

早く戻りたかったので、栃木県の実家には一週間しかいなかった。治安が悪化していた東ティモールではなく、西ティモールのクパンやケファなどに行って、東ティモールからの避難民に騒乱時の聞き取り調査をした。近くでは国軍と民兵が銃の訓練をしていた。そして九月末、多国籍軍が東ティモールに入り、国連ボランティアとしてディリに戻れることになると、まず友人の安否を確かめた。

「みんなの無事がわかり、ほっとしました」

一二月に訪れた東ティモールの飛び地、オエクシはゴーストタウンだった。多国籍軍の展開がディリよりひと月遅れたため、破壊規模が大きかったからだ。缶詰だけを食べ、テント生活をした。雨季なのでテントが水浸しになったり、マラリア蚊もいた。

「でもオエクシはいい所でした。大変な虐殺事件が起きた所なのに人々は素朴で、助けてもらいました」

二〇〇〇年一月からは東ティモール西部のリキサ県に移り、国連ボランティアの人権担当官として、帰還してくる避難民の受け入れや国軍や民兵の犯罪調査をしている。虐殺で犠牲になった六〇

▲インドネシアから帰還してくる避難民の世話をする木原愛さんとドミニクさん

体以上の遺体が一度に発見された。ときどき「井戸掘り部隊」というチームに同行し、井戸の中から見つかった遺体の検死に立ち会わなければならなかった。

「国連職員はもっと村に入って活動して欲しい。居心地の良いディリの冷房の効いた事務所で働いている人が多すぎます。国連職員のポケットには金が入るが、地方の復興に使われていません。日本政府はもっと国連に口を出して欲しい。多額の資金援助をしている日本の金も有効に使われているか疑問です」

その後、イギリス留学中に知り合った地域開発を学んだドミニクさんと結婚した。休日には自分で車を運転して、ディリで買い物したり、海に泳ぎに行ったりする。二人とも地元のテトゥン語ができるのでリキサの生活に溶け込んでいた。

「冷蔵庫を買ったら、東ティモール人も外国人も使わせてと言って遊びに来るんです」

住民投票までは「独立」という大きな目標があったので、死の恐怖があっても、団結して一緒にやっていた気がする。それが達成され、安心したせいか、東ティモール人の気持ちがバラバラになってしまったと木原さんは感じる。

「これからが大変です。住民との和解が難しい大物の民兵や元国軍兵士が帰還して来るんですから」

木原さんは、二〇〇二年二月まで通算二年半東ティモールに滞在した。その後ドミニクさんと世界を回る旅に出た。次は違う大陸で働いてみたいと言っていたが、二〇〇三年からアフガニスタンで活動を始めた。

国境ができた

ジャカルタから東ティモールのディリへは、インドネシア時代と同じメルパティ航空のボーイング737型機が、バリを経由して四時間足らずで飛んでいる。しかし、国際線になったので、バリの空港で外に出て国際線のターミナルまで歩き、ディリ行きの搭乗手続をしなければならなくなった。五万ルピア(現在一〇万ルピア)の空港税と一〇〇万ルピアの出国税(インドネシア在住者のみ)も払う。

国連東ティモール暫定統治機構(UNTAET＝ウンタエット)は、二〇〇〇年九月から東ティモール時間を設け、バリや西ティモールとは一時間の時差ができた。そのため日本との時差はなくなった。機内では入国兼税関審査カードが配られる。メルパティ機はディリですぐバリに折り返すが、スチュワーデスはパスポートを携帯しているという。もう東ティモールはポルトガル植民地でもなく、インドネシア領でもない。

二〇〇〇年暮れ、私は西ティモールに近い、東ティモール南西部の町コバリマ県スアイに一〇日余り滞在した。このスアイでは、九九年九月の騒乱で最大規模の七〇人を超える死者がでた。インドネシアとの国境に接しているので、この時も一五〇〇人のPKF(国連平和維持軍)が、侵入して来る民兵やインドネシア国軍に対する警備についていた。しかし、町も村も国境も平穏だったので、その数は私にはとても多く感じられた。

スアイに滞在中、私は二つの国境を訪れた。サレレはスアイから車で四〇分、小さな川が国境だ。橋を渡った所にはインドネシア国軍のキャンプがあった。Tシャツ、短パン姿の男がいたので、聞いてみるとジャワ出身の兵士だった。こちらのフィジー人の国連軍兵士と親しそうに話を始めた。

数日後、避難民が西から東に帰って来るというので見に行ったが、そのときも双方の兵士は丸腰で緊張感はまったくなかった。インドネシア時代には、人は自由に行き来でき、トラックが物資を運んでいた。しかし、国境ができてから、一般人が通行するのは難しく、許可が必要になった。

一組のインドネシア人老夫婦に出合った。スアイに嫁いだ娘さんを訪ねるため、西ティモールのアタンブアで三日間だけ東ティモールに入れる許可を取り、バスで三時間かけてサレレまでやってきた。騒乱で治安が悪化していたし、国境で東西

▲国境警備をする半ズボン姿のインドネシア兵と国連 PKF 兵士

が分断されたので会うのは二年ぶりだという。だが、国境を越えたものの、東ティモールでは路線バスの運行が止まり、国連の車には一般人は乗せてくれず、スアイまでの車がなかった。だから私たちの車で娘さんの家まで送ってあげた。親子は顔を見た瞬間涙を流し、抱き合い、再会を喜びあっていた（現在はサレレ―スアイ間の乗り合いバスが復活している）。

もう一つのファトメア国境まではスアイから車で二時間かかった。雨季になると山道は四輪駆動のジープでしか走れない。西ティモール側の町へは歩いて行ける距離だが、国境ができてから行けなくなった。以前は西ティモールから物資が入って来たが、今はそれがストップしたので国連の援助物資に頼る町になってしまった。

「独立が達成できてよかった。国連には感謝する。でも生活は苦しくなった」と、ファトメアの農民グスマオさんは言う。

東ティモールの政党が国連への要望を住民に聞く集会が村役場で開かれていた。今、住民にとって最大の懸案は、国境を越えて行く牛の問題だという。

「放牧している牛は簡単に丘を越える。そこはもう西ティモールだ。牛を連れ戻しに行くと、インドネシア国軍がいて、国境を越え牛泥棒に来たと言って殴られる。こっちに来た牛は西に返しているのに、不公平だ。ＰＫＦに言っても国境を越えるなと言われ、取り合ってくれない」

「地元の政党を通じＵＮＴＡＥＴに伝えても、国境に壁を造るには莫大な金がかかる、そんな金はないと言われた。ファトメアの住民は壁を造ってくれと言っているのではない。国連は我々の問題を理解しようとしない」

「牛の問題で政党の意見が分かれているとか対立しているとか、国連は言っているが、違う。大事な財産である牛が国境を越えて行き、取り返せないのが困ると言っているんだ」

「国境ができても牛のように自由に行き来したい。恐ろしい民兵も国軍もいるが、インドネシアには親戚も友だちもいる」

ボーダーレスの時代などとも言われるが、ティモール島にはヨーロッパ植民地時代に引かれた国境線が復活した。

コバリマ県の副知事アリピオさんは言う。

「国連は東ティモールの文化や習慣はインドネシアに近いことがわかっていない。インドネシア政府がやってきたことを否定し、先進国のやり方を押し付けるきらいがある。ティモール島に国境ができた。しかし時差まで作ってしまう必要はなかったのではないか」

国連の横暴

独立の是非を問う住民投票の前後の混乱から二年になる東ティモールを、二〇〇一年六月と八月、NHKの取材などに同行し訪れた。

「メルカドラマ」と呼ばれ、親しまれていたディリの中央市場が六月末、UNTAETによって閉鎖された（メルカドはポルトガル語で市場、ラマはインドネシア語で古いという意味）。

この中央市場はポルトガル時代にでき、インドネシア時代も東ティモール最大の市場だった。独立の是非を問う九九年八月の住民投票前後は、武装した独立反対派の民兵が徘徊していた。当時、そこで取材していた私は、突然刀を振りかざされ、「外国人は帰れ」と怒鳴られ、全力で走って逃げたことがある。

私にとっては怖い記憶が残る場所だが、暴動を鎮圧するため東ティモールに多国籍軍が派遣され、インドネシア国軍と民兵が撤退して治安が落ち着き始めた九九年一〇月、中央市場は再開した。キャベツ、ニンジン、バナナなどがリヤカーで運ばれ、避難民たちがそれを取り囲んだ。そして、細い木の柱と日よけシートだけの簡素な店に、徐々に野菜以外の商品も並ぶようになった。

商店街が焼き払われてしまったので、あらゆる

▲歴史のあるディリの中央市場は国連に閉鎖された。現在は展示場になっている

店が中央市場に集まってきた。インドネシア時代、会社員や公務員など職のあった人が失業し、日銭を稼ぐために開いた店も多い。

その後、ディリとジャワやスラウェシなどとの貨物船の航路が復活し、安いインドネシア製品がどんどん入って来るようになり、割高なオーストラリア製品が淘汰された。中央市場にはインドネシアの煙草グダンガラムもビンタンビールも所狭しと並んでいた。

市場があれば国家などいらない。国軍や民兵の恐怖から解放された人々の安堵の気持ちと生命力の強さを、私は中央市場で感じた。

その中央市場を国連が閉鎖した理由は、市場が大きくなりすぎ、周辺の治安が悪化したからだという。値段をめぐる交渉から喧嘩が増え、放置すると、市場を仕切るボスが麻薬の売買に手を出す恐れもあったという。衛生状態も悪化していたということも理由の一つにあげられた。

しかし、それなら市場を整備し管理する人を置けばいいし、治安の悪化は警察が取り締まるべき問題だ。中央市場で店を開いていた人、買い物をしていた人の失うものが大きすぎる。

国連は中央市場を閉鎖した後、ディリの三カ所の市場に店を分散させた。

中央市場で食堂を経営していて、タイベシ市場に移されたエルタビナさんはこぼす。

「この市場は住宅地にあるので食堂を利用する人がほとんどいない。売上が五分の一に落ちました」

薬屋のシルバさんは息巻いた。

「国連は横暴だ。インドネシア時代にもなかった強制撤去を強行した。ディリの中央から市場がなくなったことでみんなが不便になった。喜んでいる人は一人もいない」

東ティモールでは騒乱後もインドネシアのルピアが使われていた。しかし国連は二〇〇一年八月二〇日以降、米ドル以外を使うと罰金を科すと発表した。インドネシアの中央銀行からルピアを回収する要望があったためだ。

遠く離れた地方はもちろん、ディリでも米ドルなど見たことのない人がたくさんいる。一〇〇〇ルピアで売られていた野菜が米ドルでいくらなのか分からないし。慣れたルピアを使い続けたいという声は高かった。

外国人が利用するレストランやスーパーは、八月二〇日前に米ドル表示に切り替わったが、ふつうの店や市場では二〇日以降もルピアが使われていた。両替商も健在だ。

「米ドルの客しか相手にしなくなったら商売ができなくなる。仕入れもルピアだし、ルピアを持った客が一番の客だ」と、雑貨屋を経営するアグストさんは言う。

ティモールロロサエ大学教授のレナトさんは語る。

「先進国の頭でしか考えることができないのが国連だ。独善的なやり方と金の無駄使いには、ついて行けない。治安がいいのに装甲車が町を走り回っている。でも道路や橋などのインフラは整備されない。外国人が利用するホテルやレストランだけが増えていく。国連は早く出て行くべきだ。しばらく経済は落ち込むだろうが、住民の依頼心が自立心や向上心に変わっていくだろう。国連なしの方が、健全な国づくりができる」

バトゥガデ国境

ディリから西へ、インドネシア国境に向かって車を走らせた。

吸い込まれてしまいそうな青い海、透きとおった空、扇を広げたような椰子の濃い緑の葉、道ばたに咲く赤いハイビスカス、原色の自然を満喫できる。

二年前（九九年九月）の騒乱で、東ティモールの独立に反対した民兵やインドネシア国軍に焼かれたり、壊されたままの家も数多く残っている。インドネシア時代に比べ、対向車線を走る車の数は減った。すれ違う車のほとんどは「ＵＮ」と車体に書かれた国連関係者の車だ。とくに庶民の足、路線バスが激減している。しかし農村では米づくりが始まり、天日で乾燥させる伝統の塩づくりも見られる。平和な暮らしが少しずつ戻っていた。

二時間あまりで国境のバトゥガデに着いた。二年前に騒乱で民兵に焼かれた海岸の村がなくなっていた。その代わり、国境の検問所ができていた。国連旗がはためく東ティモール側には、武装したオーストラリア兵が駐留し、装甲車が走っている。インドネシア側には国旗は見えるが、国軍の姿は肉眼では見えない。

二週間ほど前、南部の国境でニュージランド兵が私服のインドネシア兵を射殺したという事件が起きた。しかし遠く離れたバトゥガデ国境は、子どもが自転車で遊ぶほど落ち着いていた。武装した多くの兵士と走り回る装甲車は、どう見ても過剰警備だ。

インドネシア側から国境を越えるため数人の男が歩いて来た。「Welcome to East Timor」と書かれた検問所で、彼らはインドネシアのパスポートを出した。

「渡航目的は? 滞在期間は?」と、東ティモール人の係官はインドネシア語で質問した。

「家族訪問です。二週間くらい」とインドネシア人の一人Jさんは答えた。

「選挙が近づいています。混乱があるといけないので、八月二五日までにインドネシアに戻って下さい。バトゥガデから入るインドネシア人は選挙前に出国して欲しいと、国連が決めたんです」と、係官は言い、八月二五日まで有効の入国スタンプをパスポートに押した。

その日は八月一三日だった。八月三〇日には東ティモールの憲法を制定する議会議員を選ぶ選挙がある。そのため滞在日数を短縮されたJさんだが、仕方ないという顔で納得していた。

国連をよく思わないインドネシア人が工作員を東ティモールに送り込み、選挙を妨害するという噂はディリでも流れていた。それを警戒して国連はインドネシア人の入国を制限したのだろう。

その後、Jさんは鞄の中を調べられた。衣類に混じって、たくさんの時計、電池、薬などがあった。販売目的なのは明らかだ。

しかし係官は、「武器は持っていないですね」と言っただけで、鞄のチャックを閉めた。

「ディリに住んでいる家族をときどき訪問しています。その度にこうやって時計などを持ち込み、ディリで売ります。鞄に入るくらいなら、見逃してくれます。税金も払わなくていいんです」と、Jさんは私に話してくれた。

東ティモール側の出国検査所には女性がトウモロコシをさげて立っていた。車で三〇分、西ティモールのアタンブアに戻るという。

「二年前まではパスポートなどなくても、東ティモールの親戚を訪ねることができたのに、面倒になりました」と私に言って、インドネシア側へ歩いて行った。

そこには少年たちが待ち構えていて、五〇〇メートルほど離れたバス乗り場まで荷物を運ぶ。新しいかつぎ屋の商売が生まれていた。

係官の話では、一日に一〇〇人くらいの人がこのバトゥガデ国境を往来するという。インドネシア時代、バトゥガデの東に住む人も、西に住む人も、自由に通行できた。しかし今は、国境線が引かれて、通行が制限され、時差までできてしまった。

しばらくして、西ティモールから難民を乗せたトラックがバトゥガデ国境に到着した。国連とインドネシア政府が協力し、二年前の騒乱時に西側に避難した東ティモール人を帰還させている。

▲東ティモールに帰還する避難民。故郷に戻っても生活のあてはない

「二年もの難民キャンプ生活は大変だった」「東ティモールの治安がよくなったと聞き、故郷に帰る決心をした」「帰っても家が焼かれているので、しばらくは親戚の家で暮らす」などと話す人たちは、故郷に戻っても、生活の当てがなく不安がいっぱいだろう。

九九年八月の住民投票前後、独立賛成派と反対派が激しく対立し、騒乱が起き、多くの犠牲者がでた。そのことで、東ティモール人の中には選挙に対する恐怖心が消えない人も多い。選挙が平穏に終われば、東ティモールに帰還する人たちが増えるとも言われていた。

二〇〇一年八月三〇日、憲法を制定する議会議員の選挙が東ティモール各地で行なわれた。インドネシアからの独立を決めた住民投票からちょうど二年。投票が始まる二時間以上も前から並んだ人もいた。投票所で話を聞いた。

「朝二時に起き、三時に家を出て、二時間かけて歩いてきた。二年前は銃で脅かされながらの投票だったが、今日は自由だ」

「一番乗りしたかった。暑くならないうちに投票を済ませたかったが、始まりが一時間以上遅れた」

「どんな結果が出ても、政党間の対立を押さえて、団結して新しい国をつくって欲しい。選挙前は党の対立を心配していたが、無事に終わってよかった」

「新しい議員には庶民や弱者のために働いて欲しい」

「この二年、収入は減ったのに物価は上がった。経済を良くし、物価を下げて欲しい」

「インドネシアとの関係を良くし、別れ別れになっている家族を戻して欲しい」

投票は大きな混乱なく終わり、四半世紀にわたり独立闘争を戦ってきたフレティリン（東ティモール独立革命戦線）が予想どおり第一党になり、翌月、書記長のマリ・アルカテリが首相に選出された。

選挙後、インドネシアから東ティモールに帰還する人たちが増えた。しかし独立した二〇〇二年五月の段階でも、まだ五万人の難民がインドネシアに残っていた。そして、インドネシア政府は財政難を理由に、難民の支援を打ち切ると発表した。

サッカーに熱中

独立をめぐる混乱が治まると、東ティモールで一番人気のあるスポーツ、サッカーが各地で復活した。ポルトガル時代もインドネシア時代も、サッカーは町でも村でも最大の娯楽だった。騒乱で家を捨て、避難しなければならなくなったときも、大切なサッカーボールは持って逃げたという話も聞いたほどだ。

東ティモールに来て国連やNGO関係などで働く外国人が頭を抱える。

「東ティモール人は新しい国づくりよりも、サッカーに熱心だ。他にも闘鶏や博打に熱中し、彼らのいなくなった事務所で私たちだけが残って仕事をしている」

国連暫定統治下では、ブラジルやポルトガルといったサッカー大国の国連職員やPKF（国連平和維持軍）の兵士たちと一緒に練習できるという環境にも恵まれた。

毎日涼しくなる夕方には、サッカー場に様々な人が集まってくる。高給取りから定職に就かない人まで一緒に一つのボールを追い回す。技術的に優れている人もいるが、激しい当たりはない。反則もほとんどない。サッカーシューズを履いているが、ユニフォームが揃わないので練習試合では片方のチームが上半身裸になる。声援を送るファンには老人も女性も混じっている。空き地では大人をまねて子どもたちがボールを追いかけている。そばでは牛が草を食べているのどかな風景だ。

しかし、サッカーの試合を見ていたファンの熱が上がり、ゴールを決めた選手に相手側のサポーターが怒って、客席からピッチに降り、その選手ともう一人の選手を殴ってけがを負わせるという事件が起きた。警備員がいなかったので止めることができなかったという。インドネシア時代はそんなことがあると警官隊が棍棒でめった打ちにしていたので、ファンどうしの喧嘩はあっても、サポーターが選手を襲うということはなかった。

インドネシアという重しが取れて自由を得たが、法律やルールが整わず、住民のモラルが確立されていない現在の東ティモールを象徴する出来事だ。

インドネシア時代には東ティモールの何人もの選手がインドネシアのリーグで活躍した。ナショナルチームに選ばれインドネシア代表として海外遠征した者もいる。

スラウェシ島の強豪チームPSM（マカッサルサッカー協会）のエースストライカー、ミロ・バルド・ベントもその一人だ。ミロは七五年六月四日東ティモールのディリに生まれた。それから半年後の一二月七日、インドネシア軍が首都ディリを侵攻した。

父親はポルトガル時代末期にディリのチーム、ベンフィカで活躍したサッカー選手だった。ミロは八歳からディリの少年チームの選手になった。東ティモールのサッカー界で頭角を現したミロは九三年、ジャカルタの名門チーム、プルシジャにスカウトされプロの道に進んだ。そしてジュニアチームでプレーしながら高校に通い、半年後に正選手になり、エースストライカーへの道をのぼっていった。九五年、病気で父を失った。母と七人の兄弟には仕送りを続けながら、九八年、念願のインドネシア代表チームに選ばれた。インドネシア人として国際試合に出場することになる。予選敗退でワールドカップ・フランス大会には出られなかったが、サッカーを通じてナショナリズムが高まった年だ。

しかし一方でスハルト政権が崩壊し、東ティモールに独立の機運が高まった。ジャカルタ、スマラン、ジョグジャカルタなどジャワ島に住む東ティモール人に対する嫌がらせもあった。

そのためミロはプルシジャからスラウェシ島マカッサルの名門チームPSMに移籍した。独立の是非を問う九九年八月の住民投票はディリに戻って、「独立」に入れた。投票直後、国軍に支援された独立反対派民兵が東ティモール各地で騒乱を起こした。ミロはディリを脱出、家族は船で西ティモールのクパンに避難した。投票結果は独立支持派の圧勝で、東ティモールはインドネシアから独立することに決まった。ミロがそれを知ったのはマカッサルに戻ってからだった。

二〇〇〇年、ベトナムで開催されたタイガーカップ（東南アジア大会）で、ミロはインドネシア代表として五試合に出場し、七得点して得点王に輝いた。ＰＳＭはミロの活躍によりインドネシアリーグで二〇〇〇年優勝、二〇〇一年は準優勝した。マカッサルに来た日本のジュビロ磐田とも戦った。

練習や試合を欠かさず見に来ていた北スラウェシのマナド人のファンの女性と結婚したミロは、弟をマカッサルに呼び、英語とコンピューターの学校に通わせている。

二〇〇二年五月初め、ミロはマカッサルを訪問したシャナナ・グスマン（現大統領）に会った。

「政治には興味ないが、シャナナは僕にとって英雄だ」と、ミロは言う。

シャナナは元サッカー選手で、有名なゴールキーパーだった。今でもサッカーが好きで、ディリの競技場で試合をよく見ている。

「君は東ティモール人の誇りだ。君の働きは東ティモール人に自信を与えている。多くの東ティモール人が君を目標にしている。私の息子も君のようなサッカー選手に育てたい。インドネシアでサッカーを続け、がんばれ！」と、シャナナに声を掛けられた。

「とてもうれしかった。五月二〇日、東ティモールは独立する。試合があって東ティモールには戻れず、一緒に祝うことができないのが残念だ」ミロは言った。

▲インドネシアで活躍する東ティモール人ストライカー、ミロ・バルド・ベント

私はマカッサルから独立記念式典のあるディリに行った。

「ミロは僕たちのヒーローだ」

サッカー選手は口をそろえて言う。インドネシアでもどこでも、サッカーで金を稼げる選手になることが夢だという。

ディリで聞いてみると、サッカーに限らず、出稼ぎ希望者が大勢いる。産業の発達が遅れ就職先が少ない。物価も上昇している。国連やNGO関連の外国人が減ると、もっと働き口が減る。早く外国人のつてを得て、出稼ぎのチャンスをつかみたいと願っている人は多い。ふつうの人にとっても、外国で稼いで、家族に仕送りするミロのような東ティモール人になるのが夢なのだろう。世界には出稼ぎ者の仕送りで成り立っている国はたくさんある。

ミロは独立を祖国東ティモールで祝うことはできなかったが、その前後に開催中だったインドネシア・バンクマンデリリーグで四試合連続得点と好調で、PSMを四強に導いた。二〇〇三年からはバリ島のチーム、プレセデンに移籍し活躍している。インドネシアのサッカーファンはミロへの声援を送り続けている。

独立後、東ティモールサッカー協会は、アジアサッカー連盟に正式加盟した。ワールドカップやオリンピック予選出場に向かって期待が高まっている。

東ティモール独立

ポルトガル、インドネシア時代を経て、国連の暫定統治下にあった東ティモールが、二〇〇二年五月二〇日独立した。

私は一〇年以上かけて旅をした東ティモールが、新しい国として誕生する瞬間を見たかった。五月一六日からディリを訪れた。

一九日夜から二〇日未明まで続いた独立式典には、アナン国連事務総長、サンパイオ・ポルトガル大統領、ハワード豪首相、クリントン前米大統領ら九〇カ国以上からの要人が出席した。

インドネシアのメガワティ大統領も参加したが、わずか四時間、それも夜一〇時から二時までという真夜中の訪問だった。なぜなら、東ティモール独立に不快感を持つインドネシア国軍などの勢力が大統領に圧力をかけたからだ。彼らはぎりぎりまで訪問に反対だった。訪問が決まった後も、二隻の軍艦をディリ沖に停泊させ、インドネシアからの独立を苦々しく思っていることを示した。一七日夕方には、大統領用の防弾車などを降ろすという名目で、その一隻がディリに入港した。

私はディリの港に行ってみた。見物人が大勢いた。船上には短パン姿の国軍兵士の姿が見えた。武器を担いでいるわけではないし、緊迫した雰囲気はない。しかし住民たちには、インドネシア時

▲独立直前、インドネシアの軍艦がディリに入港。住民に騒乱の記憶が蘇った

代に繰り返された国軍の横暴と騒乱の記憶が蘇っていた。話を聞いた。

「国軍は大嫌いだ。独立に対する嫌がらせだ」

「イブメガ（メガワティ大統領）の訪問は大歓迎だが、国軍は東ティモールの土を踏むな」

「イブメガに暴力をふるう東ティモール人は一人もいない。クリントンさんだって普通の車に乗っているんだから、防弾車などいらない」

東ティモール側の退去の求めに応じ、翌日、沖合いに移動させたが、その後もインドネシア国軍は周辺に六隻の軍艦を停泊させた。

インドネシアで追悼され英雄扱いされるのは、戦闘で死傷した国軍兵士だけだ。メガワティ大統領は独立式典に参加する前、東ティモールで戦死した国軍兵士の英雄墓地に参拝した。インドネシア政府の要請で、墓地の周辺は一九日朝から多国籍軍による厳しい警備がしかれた。警察犬も数匹いた。夜になってからはだれも墓地に近づけなかった。私は墓地から少し離れた所でメガワティ大統領の到着を待った。

「国軍の犠牲者は我々東ティモール人だ」「イブメガ、東ティモール人の犠牲者も追悼しろ」「東ティモール人の犠牲者こそ、独立の英雄だ」と横断幕を掲げ抗議するグループも集まっていた。

夜一〇時四〇分、真っ暗闇の道をメガワティ大統領が乗った防弾車と一〇台以上の車列が英雄墓地に到着した。深夜の墓参りは異様な風景だった。インドネシアのメディアだけが同行取材を許されていた。

その後、私は独立記念式典が開かれているディリ郊外のタシトルに向かった。式典はクライマックスを迎えていた。五月二〇日午前零時の独立の瞬間を見るために、朝からずっと待っていた人も大勢いた。舞台では民族衣装のタイス（絣織物）などで着飾った数千人が、歌や踊りを披露した。

国連旗が降ろされ、新しい東ティモールの国旗が掲揚された。大統領に就任したシャナナ・グスマンが「東ティモール民主共和国」の独立を宣言した。独立の是非を問う住民投票を実施し暫定統治した国連のアナン事務総長、旧宗主国のポルトガルとインドネシアの両大統領に記念品が渡された。ずっと歓声が上がっていた。何十発もの打ち上げ花火が上がった。花火を見つめる人たちの目はみな輝いていた。私は新しい国旗を振り歓喜する人たちと独立を祝った。胸が熱くなった。

翌日は朝からディリ市内で住民が輪になり、歌い踊った。背中に国旗をペイントした若者のグループもあった。前夜、式典会場に行けなかった人も行った人も町に繰り出し、新しい国のスタートを祝った。

ポルトガル東ティモール総督府、インドネシア東ティモール州庁舎、国連東ティモール暫定統治機構本部と移り変わった建物は、東ティモール民主共和国府になり、巨大な国旗が揚がっていた。新政府閣僚就任式が行なわれ、各国の要人がグスマン大統領を訪問し会談した。

メガワティ大統領は真夜中に帰国した。それを知った東ティモール人は落胆した。日本の杉浦正健外務副大臣は滞在中、グスマン大統領に会わなかった。「お忙しそうだったから遠慮しました」と言っていたが、「独立、おめでとう」の一言くらいは直接言って欲しかった。日本を代表してはるばるお祝いに来たのだから。

ディリ滞在中、私は友人の家を何軒も回って、「独立、おめでとう」と固い握手を交わした。

スアイの悲劇

独立から二カ月たった東ティモールを二〇〇二年七月に旅した。

東ティモールはインドネシアからの独立を勝ち取る過程で、住民が紛争に巻き込まれ、多くの犠牲者を出した。独立派と独立反対派に分かれて闘った三年前の記憶は、ほとんどすべての住民に鮮明に残っている。独立したことで住民の気持ちに変化が起きただろうか。独立後、人々に平穏な日々が訪れているのだろうか。私は以前知り合った人たちを訪ね、話を聞いてみたくなった。

ディリに着いた翌日、一年半前に訪ねた東ティモール西南部にあるスアイに向け出発した。

ディリは暑くてほこりっぽいが、山間部は緑が豊かで涼しい。曲がりくねった山道沿いに、コーヒー畑も見える。私にとってはさわやかで心地よい気候だが、気温が二〇℃くらいまで下がると農民にとっては寒いらしい。ちょうどコーヒーの収穫期だったが、風邪をひくのであまり農作業には出たがらないという。独立したのだから、もっとがんばって働いてほしいと考えるのは、私が外国人だからだろうか。

東ティモールの南側は、乾燥している北側と違い、緑が多くしっとりしている。山道を下り、スアイに近づくと美しい水田が広がる。野菜や果物も栽培している。

ディリからスアイまでバスだと八時間以上かかる。バスは一日四本しかない。屋根の上まで荷物を満載し、いつもぎゅうぎゅう詰めだ。そんなバスの乗客に景色を楽しむゆとりはない。目を閉じ、時間が過ぎ去るのを耐えしのぶ。バスに乗ることを諦め、ひたすら歩いて目的地へ向かう人もいる。馬にまたがり移動している人も見かける。車が増え、渋滞まで起きるようになったディリとは大違いだ。

「ディリ―スアイ間の道路を整備する」と書かれた、日本政府が立てた大きな看板を何枚か見かけた。途中のマウベシやアイナロで聞いたが、看板は目立つが工事を見たという人は一人もいなかった。

東西ティモールの行き来が自由だったインドネシア時代、スアイの町は活気があった。しかし国境ができ、住民はパスポートとビザがないと通行できなくなってしまった今、西ティモールへの移動は制限された。ただでさえ隣町との交通が不便なスアイは東ティモールの辺境の町になってしまった。

スアイは今、過疎化が進んでいる。職を求め、他の町に出稼ぎに行く人が増えている。

独立の是非を問う住民投票の実施が決まった九九年初頭からスアイでは、独立後、インドネシアとの関係が薄れることを嫌った地元の知事や役人などの勢力を、インドネシア国軍が支援し、強力な独立反対派民兵組織を育てた。

国連の支援で住民投票の準備が始まるにつれ、住民に対する民兵の脅迫は増していった。住民の多くは山間部に避難したり、国連の施設に保護を求めた。

八月三〇日の住民投票は高い投票率で実施されたが、国軍と民兵の暴力は止まらなかった。

九月六日、国軍と民兵は騒乱を恐れキリスト教会に避難していた住民を襲撃し、神父を含む七〇人以上を殺害し、数百人を西ティモールに連れ去った。その後も国連多国籍軍の受け入れをインドネシア政府が渋々決定し、スアイに展開されるまでに、民家の九割以上が破壊された。スアイの虐殺と騒乱は、住民投票後に東ティモール各地で起きた中では、最大のものと言われている。

イレネ・アマラルさんは、六人の子どもとスアイの教会に避難していた。修道女を夢見て教会に住み込んで学んでいた、長女フラシアさんも一緒だった。夫のマリオさんは住民投票後、山間部に逃げていた。国連関連の仕事をしていたので、民兵から独立派と見なされ、身の危険を感じていたからだ。

夫が不在でも母親として子どもたちを守らなければならない。家族にとって神様に一番近い場所である教会で、身を寄せていたかった。イレネさん一家のような人たちが押し寄せ、教会には約四〇〇〇人の住民が避難し、寝泊まりしていた。独立に反対の民兵たちも以前は同じ教会のミサで祈っていた信徒なので、避難していた住民たちは、教会だけは安全だと思っていた。しかしそうではなかった。

インドネシア国軍や警察はそこを虐殺の場所に選んだ。それに支援された民兵がスアイの教会を襲撃した。国軍兵士らは神父や修道女も無惨に殺した。教会に手榴弾を投げ入れ、ガソリンをまいて放火した。遺体にもガソリンをかけて焼いた。

イレネさんの長女フラシアさんも銃殺された。その後イレネさん母子は国軍のトラックに乗せられ、西ティモールのアタンブアに連行された。教会に避難していた多くの住民が拉致、強制連行されたが、途中で殺され、川や山中に捨てられた人も多数いた。イレネさんはアタンブアの難民キャンプで、民兵に脅される毎日が続いた。

二カ月余りたって、国連の車でスアイに戻って来ることができた。先に戻っていた夫のマリオさんに、フラシアさんが殺されたときの様子を話した。アタンブアにいたときよりも、スアイに戻って来てからの方が、悲しみで頭がおかしくなりそうになった。マリオさんは家にこもりがちなイレネさんのために、市場で店を開き、雑貨を売りながら客と話をさせて、気分を紛らわしそうとした。

それから一年ほど経つとスアイに民兵が帰ってくるようになった。独立運動の指導者シャナナ・グスマン（現大統領）は、「同じ東ティモール人として、元民兵といえども受け入れ、住民同士の和解を進めよ」と唱えた。犯罪者は法で裁かなければならないが、新しい国づくりのためには、住民同士の和解の方が大切だというムードも広がってきた。最近やっとジャカルタの法廷でも、民兵の司令官や知事、国軍幹部らが裁かれるようになった。

マリオさんは一年前まで国連の運転手の職があったが、国連が去って失業し、イレネさんと市場の店番をしている。マリオさんはインドネシアの裁判はおかしいと言う。

「国軍幹部は責任をとるどころか、昇進している。民兵の司令官は逮捕されずに、優雅な暮らしをしている。何百人も殺したり、殺す命令を下した犯罪者なのに、国際社会も国連も見逃している。

▲長女フランシアさんを虐殺されたアマラルさん夫妻「政府にも国連にも失望している。殺された娘は浮かばれない」

新しい東ティモール政府もインドネシアには弱腰だ。あれでは殺された娘は浮かばれない」

いつもは穏やかなマリオさんだが、私に大きな声でまくしたてた。

「政府にも国連にも失望している。あれだけ大きな騒乱を引き起こした犯罪者が公正に裁かれなければ、独立の過程で命を失った人たちの家族は、元民兵を許し、和解を受け入れる気持ちにはなれない」

イレネさんは私とマリオさんとの会話を、涙を浮かべながら聞いていた。

これまでジャカルタの人権特別法廷では、住民虐殺事件の人権侵害罪に問われていた被告ら五人に有罪判決が出ているが、人権裁判法に規定された求刑を大きく下回る禁固三～一〇年という軽いものだ。虐殺事件を指揮したとされる国軍幹部の多くが無罪となり、当時の国軍司令官ウィラント氏は不起訴となっている。また国連人権高等弁務官事務所（ＵＮＨＣＲ）は二〇〇三年四月、二〇〇四年以降虐殺事件の調査そのものを打ち切ることを発表した。

国際社会はインドネシアに甘く、東ティモールの犠牲者に冷たい。

「おれの女房にする」

ドミンゴス・サンタムジナさんの三女ロラさんは民兵に連れ去られた。九九年九月六日、スアイで虐殺と騒乱が起きた日のことだ。

独立反対派の民兵組織ラクサウルの幹部マネックは、ドミンゴスさんに自動小銃を突きつけ、当時一八歳だったロラさんを奪って行った。マネックはスアイでも有名なプレイボーイで、それまでに少なくとも二人の女性と結婚していた。インドネシア国軍はマネックに目を付け、買収して、民兵幹部に仕立てあげた。

ロラさんが連れ去られ後、ドミンゴスさんはスアイで何度か、マネックの運転する車の助手席に座っているロラさんを見かけた。ロラさんが悲しそうな顔でドミンゴスさんに手を振ると、マネックも勝ち誇ったような笑みを浮かべ、「おかあさーん」と、ドミンゴスさんに手を振った。

住民投票を実施した国連関係者が撤退したあとのスアイは無法地帯になった。国軍と民兵は商店や民家に押し入って、電気製品など家財道具を略奪し、ガソリンをかけて焼き払っていった。ドミンゴスさん一家は九月一三日、スアイを脱出、インドネシア領西ティモールのアタンブアの難民キャンプに避難した。もう二度とロラさんに会えないと覚悟した。九月二〇日、国連多国籍軍がスアイに展開されることを知ると、国軍と民兵は西ティモールに大急ぎで逃走した。ドミンゴスさん一家は四〇日間、アタンブアで民兵に脅かされながら暮らした。その間一度だけ、キャンプに現れたマネックを見かけた。ロラさんの手を引いていた。しかし、怖くて声は掛けられなかった。

スアイに戻ってから三年たとうとしている。ＮＧＯなどの支援で、精神的なショックからは何とか立ち直れた。ロラさんから二度手紙が届いた。二〇〇〇年八月、男の子が生まれたという。カルロス・ヘラクレスという名前だ。

「お母さん、夫と三人で元気に暮らしています。私のことは忘れて下さい」

凶悪な民兵を夫と呼んでいることで、ドミンゴスさんは少し安心したという。ＮＧＯに頼んで、孫のヘラクレスにおもちゃや服を送った。

ドミンゴスさんは今、民兵の幹部だったマネックがロラとヘラクレスを連れて、スアイへ帰って来ることを願っている。犯罪者は法の裁きは受けなければならないが、生きているなら娘や孫の元気な姿を見たい。家族で一緒に暮らしたいという思いが、憎悪を上回ったという。

しかし仲介してくれていたNGOの活動が独立を機に低調になってしまった。ドミンゴスさん一家の願いが叶えられるまでには、まだ時間がかかりそうだ。

衝突があった村で

スアイ滞在中、カッサという村で住民同士の衝突があったという話を聞き、寄ってみることにした。カッサはディリへ戻る街道沿いにある農村で、インドネシア時代はのどかな水田が広がる稲作の盛んなところだった。当時は住民が独立派と反対派に分かれて争うこともなく、平穏な暮らしが続いていた。

スアイから一時間半、カッサの村長宅に着いた。数人の警官が警備をしていた。村長はカッサには五つの集落があり、人口は二六六五人だと切り出した。東ティモールでこんなに正確な数字を答えられる人は、村長といえどもめったにいない。

昨年（二〇〇一年）一〇月、独立反対派の民兵組織マヒディの元副司令官ネメジオ・ロペス・デ・カルラリオがカッサに大勢の部下を連れ帰ってきた。それ以来、元民兵が家族を連れて、どんどん帰還してくる。もともと独立反対派が多かった村なので、今では住民の八割以上が元民兵とその家族になってしまった。

「罪を犯した元民兵幹部が裁判にかけられていないことが西ティモールに伝わり、安心して帰還してくるのだろう。我々少数派の独立派住民は元民兵に包囲され、びくびくしながら暮らしている」

と村長は言う。

「七月一七日、元民兵のレオニトゥ・ビアントロもカッサに戻って来た。そして私の所へ住民登録に来た。九九年の騒乱時、私のいとこがレオニトゥに殺された。私はなぜ殺したんだと問いただした。レオニトゥはそんなことは警察に聞け、おれの仕事ではないと言って帰って行った。一九日夜、鎌や槍などで武装した一〇〇人以上の元民兵が攻めて来た。死者は出なかったが、数十人がけがを負った。私も額と腹をけがした」

警察が到着したのは何時間も経ってからだった

▲故郷の村に戻ってきた独立反対派の元民兵幹部ネメジオさん「新しい国づくりに協力したいのに、まともな職に就けない」

という。レオニトゥら一〇人以上が逮捕された。それ以来村長宅は、警官と鎌で武装した住民が警備を続けている。

村長の家から五〇〇メートルほど離れた所に住む、元民兵副指令官ネメジオさんにも会って話を聞いた。

「シャナナ・グスマン（現大統領）じきじきに国境で私の帰還を歓迎してくれた。そのときも、『独立賛成派も反対派もない、民兵はいなくなった。ネメジオは故国東ティモールの発展のために大切な人だ』と、言ってくれた」

「確かに私は元民兵だったが、今はふつうの住民だ。人を殺したとか、略奪したという証拠があれば裁判を受ける気はある。しかし、村で一方的に犯罪者だと決めつけられるのは耐えられない。対立をやめ、昔のように協力し、助け合って農業をしたいと思い故郷に帰ってきたのに、それができない。みじめな気持ちで暮らすのが嫌で、村を出て行く者が増えている。住民同士の和解という名目で、デイリからNGOがやって来て集会を開いたことがあった。吊るし上げを喰い、皆に謝罪しろと迫られた。住民が忘れたいことを思い出させ、対立を煽った。あの集会から雰囲気が悪くなった。以来そのNGOはカッサに来なくなった。でもそのNGOに日本政府はまだ多額の資金を援助しているし、メディアは持ち上げている。おかしいと思わないか。村長は職権を利用して、帰還難民を尋問する。あんな村長の下で、一緒に農作業をする気になれない。村長の家にだけ警官がいる。不公平だ。襲撃はこちらだって怖い。あの日は俺も逃げた。今、村の女性は井戸に水を汲みに行くのも怖くなり、畑へも男に守られて行くようになった。警察は騒乱が起きてもすぐ駆けつけない。外国人警官なしでは何もできない腰抜けだ」

ネメジオさんは、新政府や村の行政の対応の遅れに苛立っている。たまっている住民の不満が解消されないので、カッサだけでなく、各地で衝突が起きている。新政府は早く経済を建て直し、失業者を減らさないと、暴動に加担する群衆が増え続けるだろう。

ネメジオさんの大きな話し声を聞きつけ、鎌を手にした部下が集まってきた。私がいることで対立を煽ってはまずい。引き上げることにした。

憎しみを忘れ去ることは難しいだろうが、いつまでも独立派や独立反対派とレッテルを貼っていては、和解して一緒に暮らすことはできないだろう。

亡命した東ティモール人

東ティモール問題が国際社会に知られることになったのは、九一年一一月のディリのサンタクルス事件だ。国軍の発砲で一〇〇人以上の死者が出た。その映像が世界中で放送された。その後東ティモールからの脱出者が急増し、欧米諸国に保護を求めた。旧宗主国ポルトガルは一五〇〇人の政治亡命者を受け入れた。

彼らのことが気になっていたので、私は九八年秋ポルトガルを旅し、リスボンで彼らの寮を訪ねて話を聞いた。

その一人、クレメンティノ・ファリアさん（当時32歳）はブラジルのストライカー、ロナウドを真似て頭を剃っていた。その夏フランスで開かれたワールドカップでは、東ティモールと同じポルトガルの植民地だったブラジルを応援していた。

東ティモールがポルトガル植民地だった頃、学校教育を受けられる子どもは少なかった。サッカー少年だったクレメンティノさんもそうだった。学校に通えるようになったのは、一二歳になってからだった。インドネシアがディリに建てた学校だった。学校に毎日行けることはとても楽しかった。先生は東ティモール人とポルトガル人の混血で、ジャカルタで教育を受けた若くてきれいな女性だった。五歳の子どもから、六〇代のおばあさんまで混じったクラスだった。インドネシア語の授業では、大人より子どもの方が上達が早かった。帰宅したら学校で習ったインドネシア語を家族に教えた。一七歳で卒業したが、定職に就けなかった。友人と一緒に反インドネシア運動に関わった。インドネシアが嫌いというよりは、何かのグループに属したかったからだ。

九一年一一月、独立闘争で殺された青年の追悼ミサがあり、そのあと青年が埋葬されているサンタクルス墓地までデモ行進した。警備をしていたはずのインドネシア国軍が、行進を待ち構えていたように、いきなり発砲してきた。

「ガタガタ震えながら墓石に隠れていたが、パンパンパンと軍人が発砲しながら走って追って来たので、墓石から飛び出し、必死に走って逃げた。多くの友人が死に、行方不明になった」

そのサンタクルス事件の後、秘密警察に追われるようになり、フランシスと名を変え、九二年四月、バスで西ティモールのクパンに逃げた。三カ月、身を潜めていたが、牛や羊を運ぶ船に乗り込み、ジャワ島のスラバヤへ向かった。

「警官が船に乗っていた。血の気が引いた。しかしクパンの人だったので、同じ島の人間だと見逃してくれた」

スラバヤから夜行列車でジャカルタへ。駅近くのスネン市場でひと月野宿した。独立運動の支援者と連絡が取れて保護され、彼の家で一年暮らした。

「ジャカルタの街は大きく、潜伏するにはよかったが、ディリのような青空がない、汚い街だった」

九三年六月、スウェーデンとフィンランド大使館が入っているビルに駆け込み、ポルトガルに亡命したいと訴えた。両大使が理解を示し、許可を取ってくれた。渡航費はポルトガル政府が出してくれた。しかし手続きに半年もかかった。

一二月三〇日、リスボンに到着した。空港には大勢の記者が待ち構えていた。七人の仲間のうち、ポルトガル語で質問に答えられる者は一人もいなかった。気温三〇℃のジャカルタから、冬のポルトガルに飛んで来たので寒かった。早く記者会見が終わってほしかった。

翌朝、街を見て驚いた。西欧で一番遅れた国だと聞いていたのに、リスボンは進んだ街だった。ポルトガルは四〇〇年も植民地にした東ティモールに、何も残さなかった。インドネシアは町をつくり、教育を与え、医者をジャワから呼んだりした。

「急にディリが懐かしくなり、戻りたくなった。誰でも自分の故郷は好きでしょう。でもその気持ちを乗り越え、インドネシアに対し、新しい闘いをこのリスボンで始めなければならないと決意した」

クレメンティノさんたちは、修道院内の寮で暮らしながら、学校に通っていた。学費や食費の他、交通費や書籍代として月七万エスクード（約五万五〇〇〇円）が支給される。ポルトガルで経済的に困っている東ティモール人はいないという。

「自動車修理工場や公園の草刈りのアルバイトをすれば、通貨危機の故郷に送金もできる」

「東ティモールやインドネシアにいてはわからなかった国際政治をここで学んだ。政治には駆け引きが重要だ。今、急いで独立することがいいのか。インドネシアが去った後、どうするのか。外国の援助に頼っていいのか。共通の言語はどうするのか。東ティモールで生計を立てているインドネシア人はどうなるのか。数え切れない問題を抱えている。デモに参加している人たちは考えているのだろうか」

遠いポルトガルにいても、インドネシア政変の

▲ポルトガルに亡命したクレメンティノさん（98年9月リスボンで）

ニュースは大量に入ってきた。だからより望郷の念が募った。自分たちがポルトガルから動けないでいることに苛立っていた。

「長居する所ではないという気持ちがある。だからポルトガル語の勉強には熱が入らない。ガールフレンドをつくる気にもなれなかった。東ティモールに帰れるのはいつになるんだろう」

私たちが話をしている前を掃除のおばさんが、ほうきをバトンのようにくるくる回し、歌を歌いながら、「ボンディア（こんにちは）」と挨拶をして、歩いて行った。クレメンティノさんにその明るさはなかった。

「東ティモールに行くことがあれば、ぜひ私のディリの家族に会って下さい」と、クレメンティノさんは私に言った。

夢は描けるか

半年後の九九年三月、私はポルトガルで会ったクレメンティノさんのディリの実家を訪ねた。独立派の多く住む地区に実家はあった。

父親のジャイニ・ファリアさんは病床から起きてきたが、伯父のジョン・ラマユさんが代わりに話をしてくれた。

ジョンさんはポルトガル時代、建設省の役人だった。インドネシア時代も続けて仕事ができた。退職して年金をもらうようになっても、ずっと一人で一家を養ってきた。

「高校まで行かせた甥のクレメンティノが秘密警察に追われ、家にも捜査が及ぶようになった。家族を巻き込んでほしくなかった。しかし多くの仲間が殺されたのに、ポルトガルで生き延びているので、今は安心している」

「国連のおかげで八月には住民投票ができ、東ティモールは独立するだろう。独立したらクレメンティノはポルトガル人と結婚して帰って来るだろう」

父親のジャイニさんは、私が撮ったクレメンティノさんの写真をずっと握りしめていた。

住民投票前後の騒乱では、ジョンさん一家も例に漏れず、民兵に財産を略奪され、家を焼かれた。しかし皆生き延びた。

二〇〇二年三月、再びジョンさんを訪ねた。クレメンティノから、「五月の独立には帰りたい」

▲独立した日、若者たちは体に東ティモール国旗をペイントしていたが…

という手紙が届いたという。家族は一〇年振りの再会をとても楽しみにしていた。しかし帰って来なかった。

七月末、またジョンさんを訪ねた。

一家はまだだれも定職に就いていない。ジョンさんの年金に頼って生活している。物価はインドネシア時代の三倍に上がっている。国軍や民兵の恐怖は去ったが、生活は一向に楽にならない。

「一部の政治家、国連やNGOなどで働いている者はどんどん金持ちになっていく。しかしほとんどの国民は貧しく、貧富の差が開く一方だ。外国からの多額の援助はどこへ消えていくんだ。これではインドネシアと同じではないか」

「独立おめでとう」という、クレメンティノさんからの手紙が届いていた。イギリスに移ったというが、理由は書かれていなかった。写真が添えられていて、四年前のようなロナウドに真似て剃った頭でなく、黒髪をのばしていた。六月のサッカーワールドカップはイギリスで見たのだろうか。

「亡命帰りでも幹部は政治家になったり、偉くなれるが、クレメンティノのような下っ端は無理だろう。独立という夢を抱いてここまで来たが、これからの夢が描けない今の東ティモールなら、イギリスで暮らす方がいい。クレメンティノが帰りたくない気持ちはよく理解できる」と、ジョンさんは言った。

自衛隊のPKO活動

二〇〇二年三月から日本の自衛隊が東ティモールで国連平和維持活動（PKO）を開始した。六八〇名の部隊はディリのほか、国境に近いマリアナ、スアイ、飛び地のオエクシの四カ所で道路や橋の補修などの作業をする。四部隊が半年ずつ二年間東ティモールで任務に就く予定だ。

「太平洋戦争中の占領に対する謝罪と補償が終わっていない」と抗議集会を開いたNGOもあった。独立運動の英雄シャナナ・グスマン（現大統領）は、「自衛隊は戦争でなく、新しい国づくりの支援に来てくれた」と歓迎している。

大きな産業がなく失業者があふれている東ティモールでは、外国人が落とす外貨と雇用が重大な関心事だ。自衛隊が来ることで何らかの職に就けるかもしれないと期待した人たちも多かった。

私は朝日新聞に同行し、スアイで荷揚げをする自衛隊を取材した。早朝から海岸には大勢の住民が集まっていた。その中に私に近寄り、話しかけてくる人が数人いた。

「日本語も英語もできないので、代わりにあの日本の兵隊に聞いて欲しい。どんな仕事でもやるから雇ってもらいたい」と言われた。日当五ドル（約六〇〇円）でもいいともいう。

東ティモールでは、働き盛りの男性の八割以上が定職に就いていないと言われる。彼らにとっては、職を得て、家族や一族のために働き、収入を得る喜びを味わい、努力次第で技術も身につくいいチャンスだったが、自衛隊は政府の紹介した人以外は雇えないという。とても残念なことだ。

スアイ近郊でオーストラリアの建設会社が道路工事をしていた。パワーショベルで大きな岩を崩している横で、東ティモールの人たちが石運びをしていた。聞いてみると、日当六ドルの求人募集は大人気なので、毎朝長い列ができるという。

日本の建設会社も数社は東ティモールで道路や橋、学校や役所などインフラ整備を請け負い、自衛隊が派遣される前から工事を進めていた。そして東ティモール人を雇い、できる仕事は任せている。高い技術を蓄積している日本の建設会社なら好感を持って受け入れられるだろう。日本の民間人と東ティモールの人たちが一緒に働くことこそが本当の国際貢献と言える。

しかし、日本政府は東ティモールで日本の都合を優先させた。国連や国際社会に金だけでなく自衛隊も出しているということをアピールした。中谷防衛庁長官（当時）に続き、小泉首相が東ティモールを訪問し激励したのは、国づくりの主役で

▲輸送用ホーバークラフトで南西部のスアイの海岸に上陸した自衛隊

あるはずの東ティモール人でも、廃墟になった騒乱時から献身的な活動をしている日本人でもなく、来たばかりでまだ本格的な作業が手についていない自衛隊だった。日本のメディアもそれに追随した。

自衛隊の海外派遣をするかどうかについては、憲法や有事立法の改正や解釈問題があり、これから議論を繰り返さなければならない。しかし、カンボジアや東ティモールなどにPKO活動と称して自衛隊を派遣したという既成事実を積み重ね、有事の海外派兵への道づくりをしているのではないか。ほんとうに自衛隊が必要なのか、どんな活動をしているのかという肝心なことが議論されていない。そしてそのことに東ティモールが利用されている。

しかし、個々の自衛隊員は並外れた体力と根性で、四〇℃にもなる炎天下で任務を遂行していた。当初、隊員らは砂浜にテントを張り野営していた。「夜、サソリがいて大騒ぎになりました」とある隊員が話してくれた。マラリアやデング熱を媒介する蚊も脅威だ。

工事はキャンプ内の整備や周辺の工事が優先されていた。そのため通行量の多い幹線道路の修復は後回しにされ、本格的作業に取り掛かるまで時間がかかった。

九月末、第一次隊の北海道北部方面隊六八〇人が半年の任務を終えて帰国した。私も日本に帰国中だったので、東ティモールで広報担当だった屋代律夫三佐に電話で話を聞いた。

「せっかく仕事にも環境にも慣れた頃に、次の部隊に交代しました。しかし他国のPKOも半年で交代します。六カ月が限度ではないでしょうか。でも二〜三カ月したらまた行きたいと言っている隊員も多いんです。懐かしいし、東ティモールのことがとても気になります」

「五月の独立以降、自衛隊の活動を取材に来た日本のメディアはほとんどありません。国民の税金で大部隊を派遣しているのだから、もっと報道してもいいのではないでしょうか。もちろん活動を評価されたいのですが、それよりも国民も知る権利があるし、我々も知らせる義務があります。まだ一年半活動は続くし、その後も東ティモールに対し、日本は支援を続けていくわけですから」

それから半年たった二〇〇三年二月、朝日新聞記者と東ティモールを旅した。一年経った自衛隊のＰＫＯ活動について、ディリで第二次隊の隊長大坪義彦一等陸佐に話を聞いた。

「日本の自衛隊は、海外での武力の行使は憲法で禁じているため、後方支援活動だけで、外敵と向かい合うことはできません。オーストラリア軍や韓国軍などに守ってもらい、道路や橋の補修をします。第一次隊のおかげで生活環境は整ったので、本来の業務に専念できました。雨季に入るまでが勝負だと思ったので、昨年末まではペースを上げて働きました。しかし雨季に入り、残念ながら山間部では道路が崩れたりしています」

「自衛隊が去った後、全ての作業を東ティモール人だけでやらなければなりません。東ティモールの人たちに自衛隊の技術を伝えたいのですが、時間が足りません。政府から紹介された地元の人に、ブルドーザーなどの操縦方法は教えましたが、修理の技術は短時間では無理です。費用もかかります。今は国連から資材が支給されますが、国連が撤退した後はどうなるか分かりません。道路は補修しないと必ず壊れます。その技術もまだ教えきれていません」

東部の町ロスパロスでは自衛隊が架けた橋が住民に喜ばれていた。若い隊員たちも海外で地元の人に喜んでもらえたと胸を張っていた。韓国軍はオエクシで住民とピクニックしたり、東ティモール防衛軍（ＦＤＴＬ）にテコンドーを教えていた。タイ軍は農業技術を教え、診療所を開いた。ポルトガル軍はカトリックを布教している。軍の活動がＮＧＯや協力隊に近づいているようだ。

「活動を通して住民に信頼されようと各国が知恵を絞っているのを見て、日本は遅れていると思いました。インドネシア国軍が撤退し治安が回復した東ティモールでは、各国軍が武装して治安を維持するより、インフラ整備、医療、農業指導のような活動の方が喜ばれます。こちらに来る前から自国内でプランを考え、現地では軍・企業・ＮＧＯが一体となって活動して喜ばれている韓国を見て、うらやましく思いました。日本は自衛隊を海外に出すかどうかの議論が中心になっています。東ティモールという新しい国づくりのために、何をやるかということまでの議論はありません。ですから今回の任務で学んだ経験は伝えていかなければなりません。ＰＫＦは外交活動と言ってもいいです。自衛隊としてどこまでできるのか、ＮＧＯや民間企業とどう連携して日本がどんな支援をするのか、戦略を立てて臨まないと他国に負けます。国民には税金の無駄使いだと思われます」

二〇〇二年五月の東ティモール支援国会議で国際社会は、中期的・持続的開発のために総額三億六〇〇〇万ドルの支援を決めた。日本はこれまでの独立に向けた三年間で一億二〇〇〇万ドルを支援したのに加え、その後の三年間で最大六〇〇〇万ドルを出せる最大支援国だ。

ただし、ディリと地方の格差が拡がっている。援助の重点が貧困撲滅や地域開発に置かれることを望みたい。インドネシアのように、援助が豊かな首都に集中し、汚職を生む構造を作ってはいけない。

どうなる東ティモール

失業率が八割を超えるという。人口は八〇万くらいだと言われている。二〇歳以下が半数を占め、非識字率も半数に上り、国民の四割が貧困世帯だと言われる。平均寿命や就学率もはっきりしない。すべての統計数字があてにならない。誰も、どこの役所も調査をしていないからだ。「国連暫定統治機構（UNTAET）は何をしていたんだ」という気持ちになってしまう。

独立後UNTAETは撤退し、東ティモール新政府に行政の権限は移った。しかしまだ国連東ティモール支援団（UNMISET）が政府をサポートしているので、国連職員はPKFを含めると五〇〇〇人に上る。民間企業やNGOなどで働く人を加えると、一万人以上の外国人が東ティモールに駐在している（この数字は二〇〇三年二月のUNMISETの調査に基づいている）。大きな産業のない東ティモールでは、外国人が落とす外貨と、外国人が雇用する東ティモール人に払う賃金と、復興のための支援が国の財政を支えている。とはいえ、UNMISETの任期が終わる二〇〇四年六月に向け、外国人の数は減少していく。

市場を覗いてみると、生活必需品は豊富にあるが、国産品は農作物と肉と魚くらいで、ほとんどがインドネシア製だ。九九年の住民投票前、「マッチ一本作れないで独立ができるのか」と言っていた人のことを思い出した。物価は高騰したままだ。輸入品には高い税が課せられるうえ、少数の流通業者が価格をコントロールしているからだ。

煙草一箱が一ドルで売られていた。インドネシアの三倍以上の値段だ。米は二倍以上、Tシャツは四倍以上していた。それでも今まで以上にディリの市場は店が増えていた。地方から移ってきた人や職を失った人が市場で露店を始めたからだという。しかし、独立達成まであまり聞かれなかった「インドネシア時代の方がよかった」という声が漏れてくるようになった。

東ティモール独自の通貨はまだなく、インドネシアルピアが回収された後、米ドルだけが使われるようになり、地方まで米セントのコインが流通するようになった。しかし住民の多くは、一〇米セントを一〇〇〇ルピアと言って使っている。

インドネシア語を話す住民が半数以上と言われるが、国民の五%しか理解できないポルトガル語が、ディリで使われている地元のテトゥン語と共に公用語として採用された。新政府の実権を握った政治家がポルトガル植民地時代に学んだり、海外亡命時に覚えたのがポルトガル語だからだ。

ディリでは日常会話はテトゥン語、ラジオやテレビはインドネシア語とテトゥン語、新聞はインドネシア語と英語が使われている。しかしインドネシア語と英語は公式の席では使われない。独立したとはいえ、せっかく覚えたインドネシア語を使わないというのはもったいない。現在公立校ではインドネシアから教師を招いている。語学学校では英語教育が盛んだ。言葉の問題は教育や人材育成に影響し、新しい国づくりをしていく上で重要だ。一部のエリートしか使えないポルトガル語に固執している場合ではない。ボタンの掛け違いは早く直さなければならない。しかしそれには、若い世代が政界入りするまで待たなければならないのか。

地方はどうなっているのか。時間が経つにつれ、地方の町はどこも活気がなくなっていっている。インドネシア時代の末期、地方では農業が盛んになっていた。自給できないにしても、地域社会が助け合っていた。しかし独立派と反独立派に分かれて抗争したため、共同体の力が衰え、農業生産が落ち込んだ。生活が苦しくなったうえ、物価が高騰した。そのため国連景気に沸くディリに職を求め、出稼ぎに行く農民が増えた。その結果、働き手が減った地方は活力を失っていった。ディリに行っても職があるわけではない。職に就けない人が多いことは、暴動に加わる群衆の予備軍を抱えるという社会不安を招いている。

西部の町マリアナは、騒乱で破壊されたままの建物が修復されず、商店はシャッターを閉めたままだ。市場はインドネシア時代とは比べものにならないほど、寂れていた。

「インドネシア時代はいつも賑やかな市場だっ

▲住民がみな大工になり、助け合って家を建てていく。こんな共同体が各地で復活することが、国づくりの第一歩だ

た。そして何でも安かった」「一万ルピアは大金だった。今、一ドルはすぐ消えていく」と、主婦の人たちはこぼした。

医師が不足していることも深刻な問題だ。独立後、国連やPKFが去った東部の町ロスパロスでは、外国人の医者が減った。日本のNGO団体、東ティモール医療友の会（AFMET）が運営する診療所には、一日に二五〇人の患者が訪れるようになった。それを四〜五人の医師で診察する。

「国連が撤退していった。新政府の保健省では問題が解決できない。地方が切捨てられている」と、AFMETで二年間看護婦として働く江村美保さんは打ち明けた。蛇に噛まれたという患者が来た。江村さんは食事の途中で診察室へ駆け出して行った。

独立後、たまった住民の不満が衝突や暴動に発展し、次第に治安が悪化してきた。

二〇〇二年一二月四日、ディリで数千人規模の暴動が起きた。授業料値下げ要求の学生デモが、その翌日、独立後最大規模の暴動に発展した。中心部の商店やホテルが襲われ、放火され、略奪された。マリ・アルカテリ首相宅も焼き討ちにあった。もちろん自然に暴動が拡大したわけではない。首相の政敵が暴動を煽ったという。

そして年明け、二〇〇三年一月四日、エルメラ県アッサベで一〇数人の武装集団が二つの村を襲い、村長ら五人を殺害する事件が起きた。東ティモールに帰還した独立反対派の元民兵の犯行だとも言われているが、はっきりしない。独立派内の勢力が元民兵らを煽動したとも言われている。

独立という共通の目的を達成したあと、失業問題、物価高、不誠実な政治家や役人、騒乱時の犯罪者に対する裁きなど、住民に重くのしかかる問題が山積している限り、騒乱は今後も再発する可能性は十分ある。

ディリの暴動で標的になったオーストラリア資本のスーパー「ハローミスター」は、復興する東ティモールの象徴的な店だった。UNTAET本部の裏にあったこともあり、外国人なら誰でも利用した。当初はオーストラリアドルとインドネシアルピアや米ドルで買い物ができた。冷房の効いた店内にはオーストラリアからの豊富な商品が並んでいた。インドネシア時代には考えられなかった品揃えだった。そして米ドルを稼いだ東ティモール人も利用するようになっていた。しかし国連景気の恩恵を受けなかった住民にとっては、嫉《そね》みの対象だったに違いない。

事件後「ハローミスター」はバーゲンセールで商品を売った後、店を閉じて、撤退していった。オーナーはオーストラリアに戻ったという。暴動で襲われなかった店やホテルの中にも撤退したものがあった。他の外国資本の店も、二〇〇四年六月に予定されているUNMISETの任期切れを機に、撤退を考えている。復興の象徴だった「ハローミスター」は、今度は衰退の象徴になりかねない。

第二章　パプア

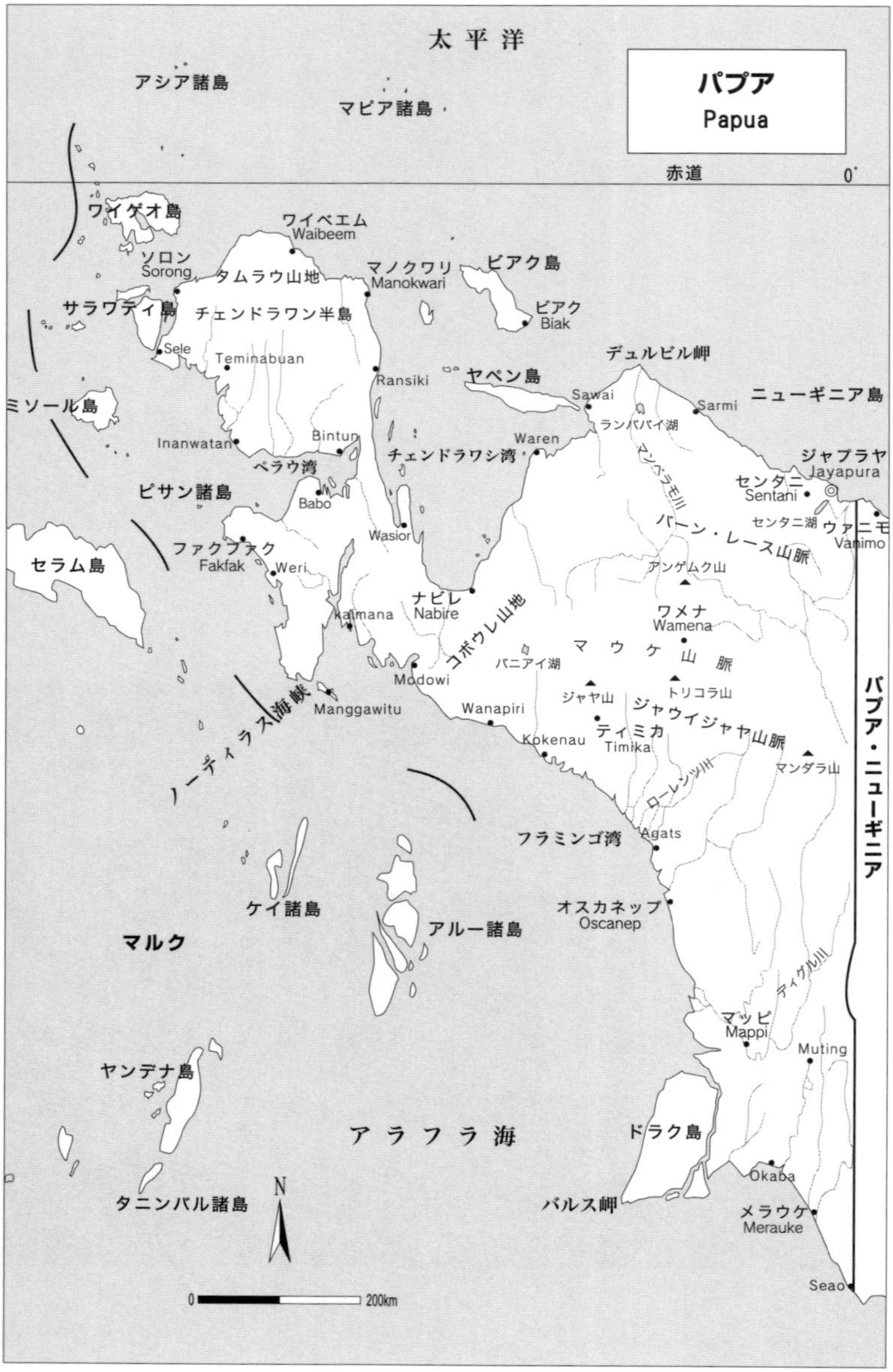

パプア
Papua
太平洋
アシア諸島
マピア諸島
赤道
0°
ワイゲオ島
ワイベエム
Waibeem
ソロン
Sorong
タムラウ山地
マノクワリ
Manokwari
ビアク島
ビアク
Biak
サラワティ島
チェンドラワン半島
Sele
Teminabuan
Ransiki
ヤペン島
デュルビル岬
ミソール島
Sawai
Sarmi
ニューギニア島
ランバイ湖
Inanwatan
Bintuni
Waren
ベラウ湾
チェンドラワシ湾
ジャヤプラ
Jayapura
センタニ
Sentani
ピサン諸島
Babo
マンベラモ川
センタニ湖
バーン・レース山脈
ウァニモ
Vanimo
Wasior
セラム島
ファクファク
Fakfak
Weri
アンゲムク山
ナビレ
Nabire
Kaimana
コボウレ山地
ワメナ
Wamena
マウケ山脈
パニアイ湖
Modowi
ジャヤ山
トリコラ山
Manggawitu
Wanapiri
ジャウイジャヤ山脈
ティミカ
Timika
Kokenau
マンダラ山
ノーティラス海峡
ローレンツ川
フラミンゴ湾
Agats
パプア・ニューギニア
オスカネップ
Oscanep
ケイ諸島
アルー諸島
マルク
ディグル川
マッピ
Mappi
Muting
ヤンデナ島
ドラク島
アラフラ海
Okaba
N
タニンバル諸島
バルス岬
メラウケ
Merauke
Seao
0
200km

パプアをめぐる動き

一九六一年　オランダがニューギニア島西部の植民地「西パプア（インドネシア名西イリアン）」の独立旗や国歌を制定し独立を支援

インドネシアとオランダが領有をめぐり衝突

一九六三年　国連がインドネシアに行政権を移管

一九六九年　インドネシアが一部の住民投票を実施して併合を決め、各地から開拓民が移住

一九七三年　「イリアンジャヤ州」に改称。国軍などによる先住民に対する弾圧が増加する

一九九九年　一〇月、ハビビ大統領がイリアンジャヤ州を三州に分割する案を提案

一一月、アブドゥルラフマンワヒド大統領が就任後、「住民投票は住民の権利」と発言

一二月、各地で大規模な住民決起集会

二〇〇〇年　五月、州都ジャヤプラでインドネシアからの独立を訴える住民集会開催

六月、ジャヤプラで「パプア会議」が開かれ、独立旗の掲揚を呼びかけて、一二月一日までに独立を目指す決議を採択

アブドゥルラフマンワヒド大統領は独立要求を拒否、自治拡大を提案

一〇月、中部の高原町ワメナで独立旗の掲揚をめぐり先住民と警官隊が衝突。死者三〇人以上

一一月、独立指導者テイス・エルアイ氏を国家転覆容疑で逮捕

一二月、ジャヤプラで「独立三九周年を祝う式典」の開催後、警官隊が独立旗を強引に撤去

南部の町メラウケで先住民と警官隊が衝突。死者六人

二〇〇一年　五月、テイス・エルアイ氏初公判

一一月、国軍兵士がジャヤプラ郊外でテイス・エルアイ氏を暗殺

テイス・エルアイ氏の葬儀で独立派組織パプア評議会が国軍の撤退や住民投票を要求

二〇〇二年　一月、州名が「イリアンジャヤ」から「パプア」に変更

八月、中部の町ティミカでアメリカ人二人とインドネシア人一人が武装集団に襲撃され死亡

二〇〇三年　八月、ティミカで政府のパプア州分割政策をめぐり、先住民同士が衝突

石器時代の暮らしが残る

ワメナは理屈抜きにおもしろい町だ。

私はインドネシア最東端に位置するパプア（二〇〇〇年まではイリアンジャヤ）州のワメナをこれまで何度も旅をした。

最初に訪れた九〇年四月、飛行機を降りて空港のロビーまで行くと、数人の裸の男たちに囲まれた。大人はひょうたんのようなペニスケース（コテカ）を付けていたが、子どもはフルチンだった。はっきりとしたインドネシア語ではなかったが、「荷物はありますか？」と私に言い寄ってきた。彼らは空港専属のポーターだったのだ。私はそれまで色々な国の、たくさんの空港に降りたが、こんなタイムスリップしたような、異様な雰囲気の空港はワメナが初めてだった。強いカルチャーショックを受けた。

空港を出てコテカを付けた少年たちと一緒に、中央市場までの道を五～六分歩いた。何人もの裸の男女とすれ違った。女性たちは垂れ下がった巨大なおっぱいを露出し、腰蓑《こしみの》をひらひらさせ歩いていた。男も女も裸を見られても恥ずかしそうなそぶりはまったく見せず、いやらしさはなく、胸を張った姿はみなかっこよかった。

そのナヤック市場はワメナの町の中心地にあった。入口には裸の男女がしゃがんでいた。そばではコテカを付けた老人たちが薪《まき》を売っていた。市場の中は臭かったが、鯉のような淡水魚、さつまいもなどの野菜、バナナなどの果物や煙草などが豊富だった。現金も使っているが、物々交換もしていた。

男は部族によっては、髪の毛を油で固めたり、チェンドラワシ（極楽鳥）の極彩色の羽根を頭に付けたりして、おしゃれをしている人もいる。コテカも長短太細さまざまで、大人用が長く、子供用が短いということはなく、部族によって細くて長いコテカを好んだり、太くて短いコテカを使ったりしている。だからコテカを見れば、ダニ族だとかラニ族など見分けがつくという。コテカをうまく固定するために、コテカに通した紐を腰にベルトのように巻き付けているが、その紐を尻尾のように尻から垂らしている男もいる。これは集まってくるハエを追い払うために付けている。

女性は私の見る限り、男のコテカのように、腰蓑の種類ではどこの部族か見分けはつかない。大人も子どももおっぱいは一様に垂れていて、おな

▲故障した車の修理を見守るコテカ（ペニスケース）を付けた男

かが膨れている。紐やビーズで作った首飾りを付け、草で編んだノーケンと言われる手提げ袋を頭からぶらさげている。そして中には、手の指の本数が足りない人がいる。身内が死ぬと、一本ずつ石斧で指を切り落とす風習があるからだという。最近はインドネシア政府の方針で禁じられ、その代わりに黄色い粉を体に塗って喪に服している人もいる。

あるとき私は一〇人乗りくらいの小型バスの座席に座り出発を待っていた。すると裸のカップルが乗り込んできた。私は生まれて初めての体験に一瞬のけぞった。二人は私と向かい合って座り、にこりと挨拶した。私も会釈すると、男は持っていたピサンゴレン（バナナのフライ）を「おいしいですよ」という表情で、私に差し出した。私はひとつもらい、口に入れた。甘いバナナの味が口の中に広がった。

ピサンゴレンのおかげで、同じバスの乗客として文明を超えた交流ができた気分になった。いくらかけ離れた生活スタイルでも、人を外見や容姿で判断してはいけないとも思った。男たちはこわい顔をしているが、性格は穏やかで親切な人が多い。女性もシャイで腰が低い。気候のよい土地で平穏に農耕生活を続けてきたからだろう。

ワメナはパプア州の三〇〇〇メートル級の山に囲まれたバリエム谷にある、標高一五〇〇メートルの高原町だ。涼しく乾いた風が心地よく、空気がおいしい。オランダ植民地時代、バリエム谷に最初にアメリカ人探険家が入り、「石器時代の裸族を発見した」のが一九三八年だった。

七〇年代までは、みぞれやあられがトタン屋根に音をたてて降ったこともあったという。そんな寒い土地に、数千年前の石器時代と変わらないコテカや腰蓑を付けた人たちが暮らしていた。そこに欧米人のミッションが入り、キリスト教を布教させた。そしてインドネシア政府の開発政策と各地から集まってきた移住者が持ち込んだ文明が彼らの生活を一転させた。

しかし今、ワメナを裸で歩いていた人たちが急速に減っている。私が最初に訪れた九〇年にはまだたくさんいた、腰蓑だけを巻き巨大なおっぱいを露出させて歩いていた女性たちも、コテカの男たちもそのままでいることが難しくなりつつある。無理もない。冷たい風が吹くと両腕を前で交差させ、首に巻きつけるように手のひらで両肩を押さえるだけで寒さをしのいでいた人たちが、一度服を着る暖かさを知ってしまえば、いまさら服を脱いで寒い思いをしたくはないはずだ。

教会や学校には服を着なければ来てはいけない、裸は恥ずかしい、遅れていると教えられた子どもたちが増えるにつれ、フルチンで遊んでいる男の子もあまり見かけなくなった。平均寿命が三〇歳代と短く、世代交代が早いうえに、文明化のスピードが急速なので、あと一〇年もすればワメナからコテカを付けた男がいなくなるだろう。

コテカを付けた男たちが、ハイテク時代の象徴とも言える大きなパラボラアンテナやコンピューター学校の脇を歩いていたりする。そんなミスマッチのおもしろさがワメナにはあった。まだ携帯電話は通じないし、ワルンネット（インターネットカフェ）もないが、それらが普及するのも時間の問題だろう。ワメナはふつうの町になっていく。

独立旗をめぐって

世界で二番目に大きな島、ニューギニア島の西半分を占めるパプア州は、インドネシア最大の州で、面積は四二万平方キロ、日本よりも広い。インドネシア総面積の二割以上を占めるが、人口は一五〇万ほどで全人口の一％に満たない。メラネシア系の先住民とマレー系の移住者が共存している。金や銅など豊富な鉱物資源や広大な森林が広がっている。

オランダ植民地時代や日本占領時代を経てインドネシアは独立したが、パプアはインドネシアに併合されることなく、再びオランダ領となった。六一年一二月一日、オランダは「西パプア」の独立旗や国歌「わが祖国パプア」を制定し、独立を支援した。それを認めないインドネシアとオランダは武力衝突を繰り返した。仲裁に乗りだした国連は六三年、行政権をインドネシアに移した。

当時のスハルト大統領は六九年、一部の住民だけによる投票を実施し、二六番目の州として、インドネシア併合を決め、七三年「イリアンジャヤ州」に改称した。その後、併合に抵抗する武装組織「自由パプア運動（Organisasi Pemberontakan Merdeka 略してＯＰＭ＝オーペーエム）」や独立派住民はインドネシア国軍などによる過酷な弾圧を受けてきた。スハルト政権下での犠牲者は一〇万人以上に上ると言われている。

九八年五月のスハルト退陣後、インドネシア各地で民族意識が高まり、インドネシアからの分離・独立や自治拡大の要求が出てくるようになった。東ティモールが国際社会の支援を勝ち取って独立を決めると、次は西の端のアチェや東の端のパプアの番だという機運が高まった。一九九年一一月に就任したアブドゥルラフマンワヒド大統領の無責任な「住民投票容認発言」も独立運動を活気づけた。

二〇〇〇年五月、パプア独立運動の指導者テイス・エルアイさんが州都ジャヤプラで開いた独立を訴える住民集会には数千人の先住民が集まった。集会では、「オランダ、インドネシア、国連と背後にいるアメリカは人権侵害をやめ、パプアの独立を承認するよう」訴えた。

六月にもテイスさんが議長を務める独立派組織「パプア評議会（PRESIDIUM＝プレシディウム）」はジャヤプラで「パプア会議」を開催し、六九年のパプアをインドネシア領とした国連総会の決議や、インドネシア国民協議会で採択されたパプアに関するすべての決定を無効とし、インドネシア政府による自治権拡大案を拒否すると発表した。そして八月までに国連の承認を得て、一二月一日までに独立を目指す決議を採択した。今後パプアの治安はインドネシア国軍でなく、独自に組織した警護団が責任を持ち、民族のシンボルである独立旗「明けの明星」の掲揚をパプア全土に呼びかけた。

アブドゥルラフマンワヒド大統領はジャカルタで、「パプア会議の決定を拒否し、独立は認めない」と発表したが、「イリアンジャヤをパプアと呼ぶ」、「インドネシア国旗と並べれば、明けの明星を掲揚してもよい」と認め、税収を多く配分するなどの自治拡大を提案した。

一〇月六日、中部のジャヤウィジャヤ県ワメナで警官隊と先住民が衝突し、一般の移住者を含む三〇人以上の死者が出るという事件が起きた。ワメナではインドネシアからの独立を支持する先住民が、

▲ジャヤプラの文化会館前にはパプア独立旗（左）とインドネシア国旗が並んで揚がっていた

民族のシンボル「明けの明星」の旗を市場などで揚げていた。しかし彼らはインドネシアにも敬意を表わし、インドネシア国旗も一緒に揚げていた。「明けの明星」を揚げ続けることに国軍や警察は反対していたが、アブドゥルラフマンワヒド大統領は目をつむっていた。ワメナだけでなく、パプア各地で「明けの明星」はまだ黙認されていた。

　私が何度も旅をしたことのある町で、多くの死者が出る衝突事件が起きた。ジャカルタでは詳しい情報が得られない。現地のことが気になり、行きたくなった。

　一〇月八日、私は朝日新聞の北郷美由紀記者とジャカルタから夜行便に乗り、ジャヤプラに向かった。スラウェシ島のマカッサルやビアク島などを経由し七時間半かかった。ひとつの国内とは思えないほどの距離だ。

　ジャヤプラの空港でワメナ行きに乗り継ごうとしたが、民間機は欠航していて乗れなかった。州政府が所有する輸送機やキリスト教団体のセスナ機をチャーターすることも交渉したが、外国人は警察からの許可がない限り、ワメナ行きには搭乗できないと言われた。

　事件のあった日に、ジャヤプラからプロペラ機で四〇分離れたワメナには数十人の外国人観光客がいたが、みなすぐに強制退去させられたという。ジャヤプラのパプア州警察本部に行ってみると、当日現場をビデオで撮影していたアメリカ人男性がビデオカメラを没収されたうえ、取り調べを受けていた。警察は都合の悪い情報が国外に伝わることに過敏になっていた。そのためジャーナリストとしてワメナに取材に行きたいという私たちの要望は、まったく受け入れられなかった。

一方で警察は、ワメナの治安は回復したと発表した。その後の記者会見では、先住民の牧師が群衆を煽動して衝突が起き、そのため警察が出動し、煽動者や暴動に加わった三五人の先住民を逮捕したと発表した。騒乱の被害を最小限に抑えたのは警察の手柄だと印象づける意図を感じた。

私たちは負傷者が運ばれたジャヤプラ市内の病院に行った。事件直後でワメナには取材規制が敷かれているのに、病院には警備がなく、許可もいらず、重傷の患者以外には自由に会うことができた。警察発表とは違い、病床の移住者も先住民も衝突の発端は「明けの明星」を警察が強行に降ろしたからだと私たちに証言した。

まず移住者に話を聞いた。

「ワメナで暮らして一六年になるが、移住者が先住民といがみ合うようなことはなかった。私たちは後からワメナに来た者として、先住民の気持ちを理解しようと努めてきた。今回の衝突は警察側にその気持ちが欠けていたからだ。警察の発砲が始まり、その後近所の家が放火された。自宅への延焼を防ぐため家の中に水をまいてから庭に出たら、先に逃げたはずの妻と二人の子どもが血だらけで倒れていた。妻は死んでいた。先住民に斧を振り下ろされ顔を切られた八歳の長男は、命は取り留め、教会のセスナ機でジャヤプラに移送されて、この病院で治療を受けることができた」（スラウェシ島マナド出身　45歳　男性）

「同じ町に一緒に暮らしていたので、先住民が襲ってくるなど考えてもみなかった。妻と友人の神父を亡くした。ワメナの移住者はみな怖くて警察の施設に避難している。しかしそこがまた先住民に襲撃される恐れもある。独立旗を強引に降ろした警察に対して、先住民が仕返しをしたことで、我々が犠牲になったのだから。これまで私はワメナで一〇年以上苦労して暮らしてきたが、もう戻ることはないだろう」（スラウェシ島マナド出身　47歳　男性）

「独立旗を降ろされたことを知り、山から斧や槍を手にした数え切れないほどの先住民がワメナに降りてきた。警官隊の発砲が始まり、先住民は商店や民家に火を放った。男よりも女性や子どもの被害者が多い。かわいそうだ」（ジャワ島バンドゥン出身　35歳　男性）

別の病室で先住民の患者に話を聞いた。

「独立旗を揚げ続けるかどうかは、州政府との間で一〇月一九日までに結論を出すと合意されていた。それを無視して警官隊が強制的に降ろしたから、先住民が仕返しをした。悪いのは警察だ」（ナリク族　26歳　男性）

「そうだ、悪いのは警察だ。一般の移住者を攻撃したのは、警官隊が民家に押し入り移住者を盾のようにして発砲してきたからだ。騒ぎの巻き添えを食って怪我をしても、移住者が優先的に治療を受けた。手当てを受けられないまま家に帰った先住民はたくさんいる」（パニアイ族　26歳　男性）

悲惨な事件の話とは対照的に、病院の庭に咲いている花の色はみな鮮やかだった。

ジャヤプラの中心地にある文化会館には、独立旗「明けの明星」とインドネシア国旗が並んではためいていた。道端では「明けの明星」が描かれたTシャツやカレンダーなどが、多くの先住民が崇拝する神であるキリスト像の描かれたものと同じように並べられ、売られていた。頭に独立旗を巻いている人も数人いた。ワメナでは死傷者が出る事件を招いた「明けの明星」が、ジャヤプラでは黙認されていた。もし警察が旗を降ろしに来たら、「死んでも阻止する」と文化会館のガードマンは言った。しかし警官の姿は見えず、緊張感はなかった。

陽が傾き、海の方から心地よい風が吹き始めると、人が増えてきた。日没時、二つの旗が降ろされるとき、先住民も移住者も道行く人全員が立ち止まり、交通も止まった。先住民は直立不動で「明けの明星」に敬礼した。写真を撮るためにうろうろしていたのは、私と北郷さんだけだったので、先住民ににらまれた。

ジャヤプラには以前とは違っていくつものスーパーができ、ホテルやレストランなどの店が増えていた。市場や商店では明るい声で値引き合戦が繰り広げられ、かき氷の屋台に群がる学校帰りの生徒たちの間では、芸能界のゴシップ話が飛び交っていた。

北郷さんはパン屋でドーナツを買った。そして、「こんなおいしいドーナツはジャカルタでも食べたことがない」と喜び、ジャカルタへの土産に買って帰った。私はめったにドーナツを食べないので、ジャヤプラのドーナツがジャカルタのよりおいしいかどうか分からないが、昔はジャヤプラでドーナツを食べられることなど、考えられなかった。いつの間にかジャヤプラの移住者は人口の半数以上を占めるようになったという。おいしいドーナツが食べられるようになったことも納得がいく。

独立運動指導者

翌日、私たちはジャヤプラ在住の日本人パプア地域研究者、津留暦子《つるあきこ》さんを誘い、独立運動の指導者テイス・エルアイ（63歳）パプア評議会議長に会った。ジャヤプラから車で一時間ほど離れたテイスさんの自宅のあるセンタニ周辺は治安が悪いわけではないのに、先住民の若い警備隊が訪問者をチェックしていた。家の前には独立旗とインドネシア国旗が揚がっていた。庭には住民と対話ができるようにテントが張られ、プラスチックの椅子がたくさん並べられ、近所の人たちが座っていた。聞いてみると、近くのセンタニの人だけでなくワメナから来たというダニ族やラニ族の人たちも混じっていた。みなコテカではなく、ふつうの服を着て、ズボンをはいていた。ジャカルタに住むインドネシア人たちでさえ、パプアの人たちはみなコテカを付けていると勘違いしている。しかしほとんどは先祖もコテカを付けたことのない人たちだ。バリエム谷周辺の高地に住む限られた人たちだけがコテカを付けている。

彼らは私たちがワメナの衝突後初めて取材に来た外国人だと言い、歓迎してくれた。インドネシア人の記者は信用できないが、外国人はみな信用できて味方だという。

しばらくしてテイスさんの部屋に通された。センタニ族の酋長でもあるテイスさんは、がっしりとした体格で貫禄がある。部屋にはインドネシアのスカルノ初代大統領の写真が何枚も飾ってあった。「六〇年代、オランダからの独立を認めず、パプアをインドネシアに併合した張本人なのに、なぜこんなに写真があるのですか」と、私はテイスさんに聞いた。

「スカルノはセンタニにもよく来てくれたし、私がジャカルタに行くと歓迎してくれたからだ」と、テイスさんは答えた。

そんなものかなあと私は思ったが、テイスさんも私たちを遠来の信頼できる客だと歓迎してくれ、機嫌がよかった。

同じ独立指導者でも対照的なのは、ノーベル平和賞受賞者の東ティモールのラモス・ホルタ氏やベロ司教だ。東ティモールは彼らの外交努力で国際世論を味方に付け、独立を勝ち取った。それまでは敵対していたインドネシア政府に対して、独立すると一転して、インドネシアは一番の友好国だと言いだした。そしてパプアやアチェの独立運動には理解を示さず、東ティモール以外は独立しなくてよいなどと、インドネシア政府が喜ぶことを言うようになった。独立指導者にそんなしたた

▲下校途中ジャヤプラの市場で買い物をしていた女性徒たち

かさがあったからこそ、東ティモールは独立できたのかも知れない。

テイスさんらパプアの人たちは人が良すぎる。言葉では過去から現在までの先住民に対するインドネシアの横暴や人権侵害などを熱く語るが、国際世論を味方につけるための作戦や戦略を彼らから聞くことができない。

「ワメナで起きた衝突は大変不幸な事件だ。罪もない移住者の死者が出たことは悲しいことだ。明日からワメナに行って調査をしてくる」とテイスさんは言った。

でも目の前にいる私たち外国人記者に、大統領が黙認した独立旗を強制的に降ろした警官隊の越権行為を、世界に伝えて欲しいなどとは一言も言わない。警察は外部に都合の悪い話が伝わらないように、情報を規制しようとしていることも指摘しない。

「インドネシアからの独立が決まった東ティモールから、パプアが学ぶことは何でしょうか」と、私は質問した。テイスさんは「アハハ」と大きな声で笑ったあと、しばらくして言った。

「パプアには資源がたくさんある。今はそれをほとんどインドネシアに奪われている。独立してすべて我々のものになれば、パプア人はみな豊かになる。資源のない東ティモールとは違う」

資源が豊富だと住人はみな豊かになるのだろうか。お金持ちはみな幸せなのだろうか。こんな甘いことを言っていて、したたかなインドネシアから独立できるのだろうか。私は疑問に思った。

ジャヤプラへの帰り道、ヘルマン・セウさんという著名なキリスト教の牧師に話を聞いた。

「我々パプアの先住民は一〇〇パーセント独立を願っています。独立運動指導者らは、独立の時期は近く、簡単だと先住民に思わせました。それは間違いです。今すぐ独立できるとは思いません。東ティモールとは違います。資源が豊富なパプアをインドネシアが簡単に手放すはずはありません。広いパプアには何百もの部族がいます。独立後、利権を巡って部族間の抗争が起きるかも知れません。豊富な資源があるからといって、それが住民に均等に分配され、みなが豊かになるという保証はどこにもありません。パプアはまだインドネシアであることを忘れてはいけません。インドネシア政府は信用できませんが、今はパプアの自治拡大を進め、段階的に時間をかけなければなりません。独立という夢をかなえるには、冷静になって長期的な戦略を立てなければなりません」

その翌日、ジャヤプラのホテルでテレビを見ていたら、ワメナの衝突事件に関連して、州警察本部長、パプア評議会幹部、ヘルマン・セウ牧師の鼎談番組を放送していた。

州警察本部長——

「アブドゥルラフマンワヒド大統領の言うとおり独立旗の掲揚を認めていたら、パプア州各地で独立派が勢いづき、治安が悪化して住民の治安が脅かされる。とくにワメナでは先住民が煽動者に煽られ、移住者の不安が高まっていた。あのまま放置すると、もっと犠牲者が出ていただろう。武器を手に集まった群衆を取り締まるのは警察の任務だ」

パプア評議会幹部——

「警察はいつも移住者だけを守る。もとからこのパプアの地に住んでいたのは誰か。人権を無視し、拷問や虐殺を繰り返してきたのは、警察や国軍だった。こんなインドネシアに住みたくないから、我々は自分の国を持ちたいのだ。これまで我々の独立運動は対話を重視し、武器は使わなかった。警察はいつも武器で我々を脅す。大統領がだめだと言っても、我々は必ず独立する」

ヘルマン・セウ牧師——

「警察もパプア評議会も落ち着いて欲しい。対話の場に着いて納得がいくまで話し合いをしなければだめです。このままだとまた衝突が起き、パプア各地に紛争が拡大します。なんでも強権と武力で解決しようとする警察は間違っています。先住民はパプアがまだインドネシアだということを忘れてはいけません」

三者の意見はどこまで行っても平行線だった。テレビを見ていた住民はどう感じていただろうか。

パプアニューギニア国境

警察からワメナの取材許可が下りそうもなかったので、ジャヤプラから東へ二時間、パプアニューギニアとの国境へ向け車を走らせた。

ジャヤプラはジャワやスラウェシなどパプア以外の外島からの移住者が多い町だが、町を抜けると広大な空き地が広がる。道路は先住民の集落を結ぶものでなく、開拓移民の移動のためにインドネシア政府が建設したものなので、先住民をめったに見かけない。道路沿いに現われるのは、移住者が開拓した農地や住宅地だ。

水田で米作りをしていた青年に話を聞いた。

「両親の故郷はスラウェシ島だが、生まれも育ちもパプアだ。スラウェシではこんなに広い土地は持てない。米以外に野菜や香辛料を作っている。両親はスラウェシよりも土壌がいいので作物がよく育つという。ときどきジャヤプラから業者がトラックで農作物を買いに来る。その金で肥料を買う。自分はジャヤプラ周辺しか知らないないので、パプアが独立するなど考えたこともない」

ジャワで生まれたという雑貨店の女性にも聞いた。

「一〇年前のこの集落の人口は五分の一だった。学校や保健所から遠く苦労したが、今は近くにできた。ジャヤプラからあらゆる商品を仕入れ、少し高くして売るが、他に店がないので、おかげで商売は楽だ。ジャワでは競争相手が多く、商売は楽ではない。先住民も何時間も歩いて店に来てくれる。もし独立しても、ジャワに戻らず、ここで商売を続けるだろう。ここがインドネシアでなくなっても関係ない」

横で聞いていた私たちの車の運転手が、俺にも一言しゃべらせろと、寄ってきた。

「スラウェシ生まれだが、兄を頼ってジャヤプラに移り住んで一〇年になる。先住民の友だちや運転手仲間もいるが、奴らに独立なんて無理だ。のんびりしすぎていて競争心がない。店員であることに満足し、店を経営している人は少ない。僕は自分の車を持ちたいという夢をかなえるため、頑張って金をため、一年前に中古車を買った。先住民で自分の車を持っている運転手は二人だけだ。だから今の奴らに絶対独立はできない」

私も今すぐパプアは独立できないと思うが、東ティモールの例もある。インドネシアでは起こりえないことが国際政治の力学で起こることもある。スハルト大統領が退陣して、一年余りで東ティモールの独立が決まるなど、シャナナ・グスマン（現大統領）でさえ予想していなかった。

国境に近づくにつれ、国軍の監視所が増えてきた。運転手は監視所に届けなければならないと言った。スラウェシ出身の二人の若い兵士が私たちのパスポートを見て、パプアニューギニアのビザがないと言った。国境を見に行くのが目的で、パプアニューギニアに入国するわけではないので、ビザは取っていないと私は言った。国境に行っても何もないのに日本人は変な奴だ、ここで話でもしようと二人は言った。自動小銃はそばに置いてあるが、使ったことはないという。昼間は怖くないが、夜は真っ暗になり色々な動物の鳴き声がやまず、不安で気が狂いそうになるという。その気持ちはよく分かるが、今ここで兵士の暇つぶしに付き合う時間はない。

▲インドネシア側の入国管理事務所。行けと手を振った

一〇分ほど走って、インドネシア側の国境に着いた。私服の男が車の中の私たちに向かって、行けと手を振った。出入国管理の役人だったようだ。何もしなくていいのかと思っているうちに、国境の門に着いた。今度はパプアニューギニア側から、来いと手招きされた。

私は自分で門を開け、歩いて国境を越えた。ビザがなくても越えられるのどかな国境だ。パプアニューギニア側の役人はカッターシャツの制服を着ていた。一人しかいない役人に一〇人くらいの男が群がっていた。女性は国境を越えないのだろうか。見かけはインドネシア側の先住民と同じだが、みな英語を喋っていた。とても流暢なので、私はほとんど聞き取れなかった。彼らの中にはインドネシア語を理解できる人は一人もいなかった。だからパプアに行ったらインドネシア語でなく、先住民の言葉で会話するという。

彼らは国境から車で一時間半の町、ファニモから来たという。インドネシアの方が物価の安いので、ときどきジャヤプラに買い出しに行くという。英語が上手なのは、地元の言葉のほかに、六歳から小学校で英語とフィジー語の勉強をしているからだと言った。

出入国管理の役人もインドネシア語は分からないと言ったが、制服を脱いで普段着とサンダル履きで仕事をしているインドネシア側の役人とは雰囲気が違った。国境を越えるのは、ほとんどがジャヤプラに買い物に行くパプアニューギニア人だという。パプアニューギニアには何もないから、インドネシア人はこちらには来ないと話した。

何もないかどうか国境の先を見たかった。本当はビザが必要だが、歩いて行けるところまでなら行っていいと役人は言った。少し歩き、高台から海岸を見下ろした。真っ青な美しい太平洋が広がっていた。集落もあり、海水浴もできそうだ。ただし歩いて海岸まで下り戻ってくるのは大変そうなので引き返した。小型トラックの運転手がファニモまで乗って行くかと私たちを誘った。断り、インドネシア側に戻った。

出入国管理の役人に話を聞きたかったが、どこかへ行ったきり帰って来なかった。運転手は車の中で熟睡していた。彼にとって何もないパプアニューギニアに行くよりは、寝て待っていた方がよかったのだろうが、私は国境を越え、きれいな海を見ることができ満足した。いつかビザを取って正式にパプアニューギニアを旅してみたい。

ジャヤプラ滞在中、警察からワメナの渡航許可は出なかった。衝突事件の現場取材は諦め、ジャカルタに戻ることにした。

独立記念式典

独立旗「明けの明星」の掲揚問題については、その後も独立派の先住民と警察との間で確執が続いていた。パプアの独立派は、六一年一二月一日「明けの明星」を揚げ、オランダからの独立を宣言した。この日をもってパプアは独立したと主張している。そのため「独立記念日」の二〇〇〇年一二月一日に各地で大がかりな集会を予定していた。

州警察は、「一二月一日の式典が終了後、全州に揚がっている独立旗、『明けの明星』を降ろせ」という勧告を出していた。これに対し、独立運動の指導者でパプア評議会議長のテイスさんらは「独立運動のシンボルである旗を揚げ続けよ、アブドゥルラフマンワヒド大統領も許可している」と抵抗していた。そのため州警察は一一月二九日、テイスさんらパプア評議会指導部四人をいきなり国家転覆容疑で逮捕した。

私は共同通信の米元文秋さんとジャカルタからその日の夜行便に乗った。八時間かかってジャヤプラに着くと、すぐに州警本部に行き、テイスさんとの面会を求めたが、近親者以外の面会は許可しないと断られた。収監されているテイスさんに食事や衣類を届けている家族の人に、テイスさんの言い分を代弁してもらった。

「ずっと非武装で穏健に独立運動を続けてきたのに逮捕された。大統領は昔からの友人だから我々に理解を示してくれ、独立旗掲揚も許可している。それなのに独立記念式典がある一二月一日

▲式典で集まった群衆の前で神への祈りをささげる司会者

以前に警察に逮捕された。納得がいかない」

ジャヤプラ中心地の文化会館には前回一〇月に訪れたときと同じく、独立旗とインドネシア国旗が並んで揚がっていた。一二月一日の「独立から三九周年を祝う式典」を翌日に控え、会館前には極楽鳥の羽根を頭に付けた人やコテカを付けた独立派の男たちが集まっていた。彼らは口を揃えて、「命をかけて独立旗を守る。絶対降ろさせない」と息巻いていた。

会館周辺には武装した警官隊が配置されていた。インドネシア国軍も精鋭の陸軍戦略予備軍（コストラッド＝KOSTRAD）三個大隊をジャヤプラに送り込み、軍艦も派遣していた。ほとんどの商店がシャッターを下ろし、独立旗が描かれたTシャツやカレンダーはもう売られていなかった。外に出ている移住者は少なかった。しかし今回は外国人記者がたくさん取材に来ていたため、中心部のホテルはみな満室だった。日没時にいつも行なわれる、独立旗に向かって敬礼する儀式は、大勢の先住民が集まり無事終わった。独立旗は降ろされることなく、空が暗くなっても海からの風に翻っていた。

翌朝早くから、文化会館前には多くの先住民が集まってきた。極楽鳥の羽を付けたりコテカを付けた男たちの数も増えていた。「よく来てくれました」と裸の男が私に声をかけてきた。よく見ると昨日会ったときは服を着ていた独立派の幹部だった。主催者であるパプア評議会のメンバーが仮設舞台に上がると、大きなバンドの音が響き渡って、「独立から三九周年を祝う式典」が始まった。司会者の呼びかけで神への祈りをささげ、聖歌や歌謡曲を歌い、踊りが続いた。武装した警官隊は遠巻きに式典を見ていた。

午後になって、招待客として州警本部長が舞台に上がり、「式典が混乱なく進んでいることを歓迎する」と挨拶した。そして神からの祝福を祈った。集まった三〇〇〇人の先住民も一緒に祈った。

「これからも家族が無事でありますように。そして州警本部長にも幸福が訪れますように」と、私のそばにいた先住民の男性は祈っていた。なんと心の美しい人だ。しかしこれまでこんな心の美しいパプアの人たちをたくさん殺してきたのは誰なんだ。

集まった人みんなで独立旗に直立不動で敬礼し、式典は平穏に終わった。「明けの明星」は日没後も降ろされることなく風に翻っていた。しかし数時間後には州警察が独立旗の掲揚を許した一二月一日が終わる。集まっていた先住民が減り、警官隊の配列が戻ってくるにつれ、緊張が高まっていった。

それからのことは、あまりにもあっけなかった。二二時前、武装した警官隊は文化会館内にいた独立派を拘束し、独立旗を降ろした。先住民の怒号や泣き声は上がったが、誰も抵抗しなかった。「命をかけて独立旗を守る」と言っていた人も、その他の人も、誰もケガひとつしなかった。各地で衝突が起きていることからすると、州都ジャヤプラで一摘の血も流れなかったのは意外とも言えた。

しかし、その後、州警察は三日までに、独立を祝う式典に参加した一三〇人の先住民を拘束した。「式典が混乱なく進んでいることを歓迎する」と舞台で挨拶した州警本部長は沈黙した。ジャカルタのアブドゥルラフマンワヒド大統領も沈黙を通したことで、インドネシア政府は平和的な独立運動も容認しない態度を示した。

インドネシア最東部の町で

一二月二日、パプア東南部のメラウケでは、独立旗を強引に降ろした警官隊に対抗して、独立派の先住民が官庁などのインドネシア国旗を降ろし、警察が先住民を射殺するという事件が起きた。

「サバンからメラウケまで」と言う。西はスマトラ島アチェ州の町サバンから、東はパプア州の町メラウケまで東西の長さが五〇〇〇キロ以上あるインドネシアの両端の町を旅したかった私は、九〇年に一度メラウケを訪れたことがある。日中はホテルから出られないほど暑い町だった記憶がある。

翌三日、ジャヤプラから一時間のメラウケに飛んだ。独立記念式典の取材でジャヤプラに集まっていた外国人記者はみなジャカルタなどに戻り、メラウケに取材に向かった外国人は私たちだけだった。

メラウケの空港に一七時前に着いた。空港では警官や国軍兵士が乗客を一人一人チェックしていた。警官が私たちにメラウケへの渡航目的を聞いた。正直に昨日の衝突事件の取材と答えた。どのような目的であれ昨日から外国人の渡航を許していない、ホテルにチェックインしたら県警本部に行くようにと言われた。そして明朝のフライトでジャヤプラに帰るようにとも言われた。

私たちはそうなることをある程度予測していた。でも限られた時間内にできるだけの取材をしようと決めていた。まず日が暮れる前に現場に行くことにした。移住者でなく先住民の運転する車を雇った。メディアでは伝わってきていない地元メラウケの先住民の話が聞けるからだ。しかし車の中で話を聞こうとしたが、運転手はあまり話したがらない。外国人と接触していることで、彼が疑いの目で見られることは私たちも理解できた。しかし彼は私たちの要求する、衝突事件の現場や負傷者が治療を受けている病院などには連れて行ってくれた。

メラウケの一番大きい広場で衝突は起きた。旗を掲揚するポールは折られたままになっていた。ここには前日までインドネシア国旗が揚がっていたのだ。周辺には移住者の家しかないから、かなり遠い所から独立派の先住民が集まってきたのだろう。見渡しても人影はなかった。涼しくなる夕方なのに、住民は外出を控えているのか。

衝突で負傷した人の話を聞こうと病院に行った。しかし警官や国軍兵士の警備が厳しくて病室に近づけず、これまでの死者が六人ということしかわからなかった。仕方なく引き上げ、県警本部に行ったが署長が不在だったので、ホテルに行き、チェックインした。

ホテルで話を聞こうとしても、移住者はみな口を閉ざした。いつもはもてなし上手のインドネシア人だが、こんなときは愛想が悪くなる。スハルト時代から続く密告を恐れて、外国人記者などにはかかわりたくないのだろう。

私たちが食事をしていると、先住民が一人だけ寄って来て話をしてくれた。

「衝突は独立記念日に警官隊に独立旗を降ろされたことに先住民が怒り、翌日、弓矢などで武装した独立支持者が広場や役所のインドネシア国旗を引きずり降ろしたことから起きた。警察は無抵抗の先住民を射殺した。でもこんな残酷なことは昔からいくらでも繰り返されている。我々は動物以下の扱いを受けてきた」

翌朝、また事件が起きた広場に行った。昨日と同じく人影がなかった。その足で空港に行き、ジャヤプラ行きの飛行機に乗った。

パプア独立軍

メラウケからジャヤプラに戻った私たちは車で二時間半、独立派武装組織「自由パプア運動（OPM）」の拠点に向かった。

いくつもの森を抜けた所にある拠点には、独立旗「明けの明星」が翻り、「祝・西パプア独立三九周年」と書かれた横断幕も掲げてあった。私たちは一〇〇人ほどの兵士に迎えられた。彼らはTシャツ、短パン、サンダル履きというういでたちで、みな弓矢や竹槍を手に怖そうな顔をしていた。

彼らは私たちの車を追尾してきた二人の警官のオートバイを取り囲んだ。

「何しに来た。帰らないと殺すぞ。帰れ」

激しい怒号を浴び、警官は一目散に逃走した。それを見ていた先住民でない私たちの運転手は、固まってしまった。

パトロールから戻ってきたOPMのヨウェニ司令官が現れた。迷彩服姿で精悍な顔をしている。五八歳だという。帽子と胸には「明けの明星」が縫い付けられている。民家を改造した作戦本部に通された。ここにも何本もの「明けの明星」があった。細かく地名と兵士の配置先が壁に貼られていた。お茶を出され、話が始まった。

「我々ＯＰＭは西パプア全体で一万三〇〇〇人の兵士がいる。各地でインドネシア国軍と戦闘を続けている。パプア評議会の連中やテイス議長もよく知っているが、彼らの穏健なやり方では独立できない。インドネシア政府に妥協してはだめだ。国軍兵士や警官は一人ずつ殺していかなければならない」

ジャヤプラの独立三九周年を祝った式典について聞いた。

「大変残念だ。式典で挨拶した州警本部長を、みんなの見ているあの場で殺さなければならなかった。パプア評議会は警察に騙されたんだ。そうでないとすれば、政府と評議会が談合し、みんなの前で旗を降ろし独立を諦めるよう仕向けた演出だ。インドネシアに繰り返し騙されてきた苦い教訓が生きていない」

インドネシアのどんなところが信用できないのか。

▲竹槍を手にした「自由パプア運動（OPM）」の戦士たち。サンダル履きや裸足が多い

「全部だ。奴らはパプアの資源が欲しいだけだ。ジャカルタの高層ビルや豊かな生活は、パプアから奪った資源で築いた。これからも奪い続けるためにパプアを独立させず、インドネシアの植民地のままにしておきたいのだ。自治拡大などという餌に騙されてはいけない」

どうしたら独立ができると思うか。

「オランダから独立を勝ち取ったインドネシアが、パプアがインドネシアから独立することを認めないというのはおかしい。武装闘争を続ける一方で、東ティモールのように外交戦術で国際社会の理解を得たい。マレー系の民族とではなく、メラネシア系のパプアニューギニアと統一国家をつくりたい」

広いうえに通信や交通の未発達なパプアでＯＰＭ相互の連絡や統制は取れているのか。

「インドネシア国軍から奪った無線がある。ＯＰＭ兵士は山を歩かせたら何日でも歩く。根性のない国軍兵士とは違う。何人もの指令官がいても、独立に対する気持ちは統一されている」

ヨウェニ司令官の話は理解できるが、ＯＰＭの武器が戦国時代のような弓矢や竹槍の部隊では、インドネシア国軍に勝てない。国際社会の共感を得るような外交戦術の中身についての説明も全くなかった。

インドネシアのための裁判

独立運動のシンボルである独立旗「明けの明星」を揚げ続けたことで、二〇〇〇年一一月から国家転覆罪容疑で逮捕されていたパプア評議会のテイス議長は、拘置所内で体調を崩して保釈され、自宅軟禁の身になっていた。治療の名目でジャヤプラとジャカルタを往復し、アブドゥルラフマンワヒド大統領とも面会を重ねた。二〇〇一年五月、ジャヤプラの地裁でテイスさんら独立運動指導者の初公判が開かれることになった。

初公判の前日、私は米元さんとセンタニの自宅にテイスさんを訪ねた。自宅前には独立旗「明けの明星」がインドネシア国旗と並んで掲げられていた。テイスさんは独立旗と自分の顔がプリントされたTシャツを着ていた。貫禄は相変わらずだが、前回会ったときよりは痩せてすっきりとして

▲「インドネシアは40年で10万人の住民を殺した」初公判でテイスさん（右）は訴えた

いた。

「拘置所内で体を壊したので、体重が一二四キロから九六キロに減った。私は非暴力で平和的に独立運動を進めてきた。明日の裁判には多くの独立支持者が集まり、伝統の踊りや歌を繰り広げるだろう。それさえもインドネシアは危険だと言っている。踊りや歌は我々パプア民族の文化であり習慣だ。危ないわけがない。五人が裁判にかけられるが、それは全パプア人がかけられるということだ。五人の考えや気持ちは全パプア人と同じだ。ムルデカ（独立）！　ムルデカ！」

支持者から拍手が起こった。テイスさんは集まった支持者や外国人記者に、腰蓑を巻いた男女のパプアの踊りや歌を披露してくれた。そして大声で笑い、はしゃいでいた。

「インドネシアのもとで四〇年が過ぎた。その間一〇万人の住民が殺された。私の身にどんな判決が下りようとも、パプアの地は神が見守ってくれる。勝つ。勝つことを信じる」

支持者の間からすすり泣きが聞こえた。

翌五月一四日朝、ジャヤプラ地裁周辺には大勢の支持者が集まった。腰蓑を巻いた男女が太鼓を叩き、パプアの踊りが披露された。しかしジャヤプラやセンタニから地裁のあるアベプラまでの沿道には、多くの警官が配置され、先住民に対し荷物検査をしていた。ハサミを没収された人もいた。

テイスさんは赤いジャケットにネクタイ姿で公判に臨んだ。首には花輪がかけられていた。

公判が始まり、裁判長が質問した。

「国籍は？」

「パプアだ」と、テイスさんは答えた。

「パプアという国籍などない、身分証は何だ?」と裁判長は聞き返した。

「パプア人だが、身分証はインドネシアだ」と、テイスさんは躊躇《ちゅうちょ》しながら答えた。

「それなら国籍はインドネシアだ」と、裁判長は言った。

裁判長から罪状が述べられる長い間、テイスさんは何度も席を立った。体調を崩してから、すぐにトイレに行かなければならない体になったという。

「これはインドネシアによるインドネシアのための裁判だ。裁判官の中に一人もパプア人がいない。インドネシアは四〇年で、一〇万人の先住民を殺した。私は一人も殺していない。インドネシアは大嘘つきだ。オランダのハーグにある国際法廷でインドネシアを裁いて欲しい」

テイスさんはそう言ったあとで叫んだ。

「死ぬ覚悟もできているが、神はパプアを見捨てない。ムルデカ! ムルデカ! ムルデカ!」

初公判が終わり、テイスさんは私たちに握手を求めてきた。手には汗がべっとりとついていた。裁判所の外では、支持者たちの踊りや歌が続いていた。

ワメナ再訪

テイスさんの初公判取材の後、五月一五日から米元さんとワメナを旅した。二〇〇〇年一〇月ここで、独立旗「明けの明星」をめぐり先住民と警察の間で衝突事件が起き、死傷者が出た。そのときは外部に都合の悪い情報が伝わることを恐れ、外国人の渡航が許可されなかった。

蒸し暑い雨季のジャカルタに比べると、標高一五〇〇メートルの高原町ワメナは、空気がさわやかで心地よい。慢性的な大気汚染のジャカルタがここのように空気がおいしければ住みやすいのにと、米元さんと二人でぼやいた。

初めてワメナを訪れた米元さんは「裸の男がおるおる」と驚き、カルチャーショックを受けていたが、何度も訪れている私は逆だった。四年ぶりにワメナに来て、裸の人が一段と減っていることに対しての驚きだった。このペースではあと数年でコテカを付けた男たちがワメナからいなくなってしまうだろう。

そして中心地にあったナヤック市場が空き地になっていたことも、大きな変化だった。二年前に地方政府が強制的に市場を閉鎖し、町の外に移転させたという。私はナヤック市場が好きでよく通

▲ワメナでは豚が財産。服を着る人が増えコテカを付けた男は激減した

っていたが、それができなくなった。それでも市場跡の周辺にはまだ店が残り、人もベチャも多く、活気が残っていた。先住民にも移住者にとってもナヤック市場は忘れがたい所なのだろう。

ワメナはナヤック市場を中心に栄えてきた。移住者と先住民が、支配者と非支配者という関係はあったにせよ、日常生活では助け合い、協調し合い、商売も穏やかに営まれていた。先住民の民族意識が高まり、インドネシアからの独立を唱える人が増えても、ナヤック市場は、地元民にも、移住者にも、コテカを付けた男にも、腰蓑を付けた女にも、服を着た人にも、欠かすことのできない重要な生活の場だった。

この市場の跡地が二〇〇〇年一〇月に起きた衝突の現場だった。旗竿が立っていたという場所で、事件に遭遇したという人たちに話を聞いた。

当時ワメナではまだ集会所や市場、民家など各地に独立旗「明けの明星」が揚がっていた。警察は先住民に対し、「早く独立旗を撤去せよ」と勧告を出していた。それに対し先住民らは「インドネシア国旗と並べて揚げ、アブドゥルラフマンワヒド大統領も許可しているのに、なぜワメナだけがだめなのか」と反発していたという。

「ナヤック市場の独立旗だけは命がけで守る。もし撤去されたらインドネシア国旗も引きずりおろしてやる」と先住民らは言っていた。

ワメナに暮らす人たちにとって他のどこよりもナヤック市場は、重要な地だったからこそ、警察にはそこに立つ独立旗を力ずくでも降ろす必要があったのだろう。

六日朝、武装した警官隊を従えた警察署長はナヤック市場で自ら、独立旗を引き降ろし、旗竿を撤去した。そのとき先住民の群衆が、ウォーという掛け声と共に、警官隊に襲いかかった。白い砂煙が舞い、その中からパンパンパンと銃声が響き、続いて悲鳴が飛び交い、蜘蛛の子を散らすように群衆は退散した。この衝突では六人の先住民が死んだ。

午後になって、南のクリマ村などから、斧や弓矢や槍で武装した数千人の先住民の群衆が、ワメナを目指して集まって来た。ワメナの町外れ、ウォマのウェ川に架かる橋を隔てて、群衆と警官隊が対峙した。警官隊は移住者の民家に隠れ、窓越しに群衆めがけて発砲を繰り返した。群衆は民家やモスクに投石し、放火し、斧や槍で襲いかかった。警官隊は移住者を守るどころか、盾のように前に立たせ、陰に隠れて群衆に発砲した。

だから先住民の群衆は警官隊を攻撃するために移住者をも襲った。斧や槍で女性や子どもにまでも切りつけた。警察に代わり、国軍が騒ぎを鎮圧したのは深夜だった。その日朝からの死者は、先住民六人、移住者二四人、警官一五人にのぼった。

私たちはベチャに乗って一〇分のウォマに行った。それまで移住者が経営していた店は焼けてなくなり、先住民だけが集まって野菜や雑貨が売られていた。移住者の民家が並んでいたところは焼け、空き地に変わっていた。穏やかさは戻っているが、移住者はだれひとり戻って来ていなかった。

先住民に話を聞いた。

「移住者を先住民が襲ったというニュースが世界中に広まりました。女性や子どもを含む死者が出たことは悲しく残念なことです。でもあれは仕返しです。仕返しはここの文化です。レイプもあったと言いますが、言いがかりです。レイプはここの文化ではありません。インドネシアこそパプアでレイプを繰り返してきました。インドネシアに支配されて四〇年、先住民を動物のように虐殺した数は、今回の数百倍です」

「略奪や人権侵害は今も続いています。そんな話はまったく報道されません。ワメナの警察署長は処罰を受けず、我々の仲間だけが刑務所に入っています。不公平だと思いませんか？　署長が何もしなかったら、何も起きなかったんですよ」

衝突事件から半年たった二〇〇一年五月、ワメナには以前のような平和が戻っていた。日本人には一人しか会わなかったが、欧米人旅行者は個人も団体もたくさん見かけた。ガイドを雇ってトレッキングに出かけて行ったグループもいた。世界一おもしろい町、秘境ワメナに少しずつ観光客が戻ってきた。

独立指導者暗殺

独立運動指導者テイス・エルアイ・パプア評議会議長が、二〇〇一年一一月一〇日夜、ジャヤプラの郊外で誘拐され、一一日午後、三〇キロほど離れたパプアニューギニア国境の山中で死体となって発見された。六四歳だった。

パプアの有力な部族、センタニ族の酋長だったテイスさんは、前にも述べたように、背が高く、がっしりとした体格の親分肌の人物だった。存在自体が独立派のシンボルで、カリスマ性のある指導者だった。私はセンタニやジャカルタで何度もテイスさんに会っている。何をした人というより、知り合った人が残酷に殺されたことが残念でならない。最後に会ったのは半年前の五月、ジャヤプラの裁判所で国家転覆罪に問われていた初公判を取材したときだった。

「何度も、何度も、インドネシア政府には裏切られてきた。今も国軍は日増しに増強され、独立運動が弾圧され、パプア全土でスハルト時代のような人権侵害が復活した。インドネシアは民主化されたというが嘘だ。時代は逆戻りした。私の命も狙われている」と、テイスさんは語気荒く語っていた。

予感は的中しテイスさんは暗殺された。

家族に電話取材した『じゃかるた新聞』（インドネシアの日本語紙）によると、一一月一〇日夜、ジャヤプラの陸軍特殊部隊（コパスス）本部で開かれた晩餐会にテイスさんは出席した。午後九時半頃、「これから帰る」と電話があり、運転手のアリさんが運転するトヨタ・キジャンでセンタニの自宅に向かった。ジャヤプラとセンタニは約四〇キロ離れていて、夜は街灯もなく車の通行が少ない。三〇分ほどしてアリさんから電話がかかり、「パパ（テイスさん）がパプア人でない誰かに誘拐された」と涙声で伝え、電話が切れた。それ以来、アリさんの行方もわからなくなった。

地元の警察と家族が捜査を開始、一一日午後一時頃、パプアニューギニアとの国境、コヤ村の渓谷の崖っぷちで、五〇メートル下の谷に転落しそうになっている車の中で、血まみれのテイスさんが発見された。死体を発見した息子のメカイェルさんによると、テイスさんはうつ伏せになって倒れていた。顔は黒く変色し、舌を出し、全身にあざがあった。

遺体はジャヤプラの州立病院に運ばれ、司法解剖を受けた。センタニのテイスさんの自宅には遺族や一〇〇〇人を超す住民が集まり、死を悼み号泣する声が止まなかったという。センタニでは怒ったパプア人が暴徒化し、数カ所で道路を閉鎖し、タイヤを燃やすなど抗議の動きが広がった。

一二日、警察は司法解剖の結果を絞殺と発表した。銃痕はなし。肺などに水分はなく、水中に沈められた形跡もなかった。遺体が安置されていたジャヤプラの州議会前に住民が詰めかけた。数百台のオートバイに先導され、遺体がセンタニに運ばれた。霊柩車には独立旗「明けの明星」がかけられ、手に花を持った数千人の住民が四〇キロの道を行進した。

一七日、一万人が参列しテイスさんの葬儀がセンタニで行なわれた。棺は「明けの明星」に包まれ、家族や部族代表らの手で運ばれた。その後に数千人の葬列が続いた。「ホーホー」と口々に叫

▲支持者に囲まれてはしゃいでいたテイスさん。非暴力で独立運動を進めてきた

び、太鼓を叩き、悲しみを表現した。政府が禁止している「明けの明星」が、町のあちこちで掲げられた。

墓地は「パプア英雄墓地」と名付けられ、「私の体と血をパプア独立のために」とテイスさんの言葉で書かれた横断幕が掲げられ、独立運動の象徴の場にすることになった。

パプア評議会は、①パプア住民は国連の保護を求める。②すべての国軍兵士はパプアから撤退せよ。③国連と政府は独立の是非を問う、公正な住民投票を実施せよ――の三項目を葬儀に参列した先住民の前で訴えた。

事件は陸軍特殊部隊（コパスス）の犯行と確実視されていたが、国軍は事件との関与を否定し、穏健派パプア評議会（PRESIDIUM）と強硬派自由パプア運動（OPM）との先住民の独立派同志の内紛だと主張した。それに対しOPMのスポークスマン、サウル・ボマイ氏は、「我々はテイス氏をパプア人のリーダーとして認めていた」と述べ、事件への関与を否定した。

二〇〇二年四月、メガワティ大統領直属の調査団は、テイス議長暗殺はコパスス兵士らが関与したとする報告書を大統領に提出した。行方をくらましていた兵士ら七人が逮捕され、二〇〇三年四月、軍事法廷で禁固二年～三年半の有罪判決が下った。しかし暗殺命令が国軍上層部のどこから出ていたのかは不明で、テイスさんの家族らは中立の立場でない軍事法廷そのものに反発している。

後退する独立運動

パプア州の中部ティミカに世界最大級の鉱山がある。一九三〇年代のオランダの植民地時代、金を含む銅鉱石が巨大な山脈を形成する資源の宝庫が発見された。六九年インドネシアがパプアを併合した後、スハルト政権がアメリカ系鉱山会社フリーポート・インドネシア社と長期契約を結び、七二年から創業を開始した。

標高二〇〇〇メートル以上ある採掘地では、インドネシア各地からの出稼ぎ労働者が雇われている。外国人の住宅地には巨大なショッピングセンターや豪華ホテルなどもあり、日用品はオーストラリアからも空輸されてくる。キッシンジャー元米国務長官もフリーポート社の役員に名を連ね、アメリカとインドネシア政府の利権がからんで、インドネシアがパプアを手放せない大きな理由の

▲テイスさん宅前で独立旗「明けの明星」を掲げる支持者

ひとつになっている。

二〇〇二年八月三一日、そのフリーポート社の専用道路で、この会社と契約しているインターナショナルスクールのアメリカ人教師や、家族を乗せたランドクルーザーや、大型トラック数台が武装集団に襲撃された。アメリカ人二人とインドネシア人一人が銃撃を受けて死亡、一一人が重軽傷を負う事件が起きた。負傷者はオーストラリアとジャカルタの病院に移送された。

インドネシア国軍は自由パプア運動（ＯＰＭ）の犯行と発表した。しかし現場にはM16ライフル銃の銃弾や薬きょう五〇発が散乱しており、犯行に使用された武器が、これまでＯＰＭのゲリラが攻撃に使ってきた弓矢や竹槍など原始的な武器とはかけ離れていた。また現場は採掘現場に向かうフリーポート社の管理下にある道路で、インドネシア国軍が警備し、先住民の通行を厳しく制限していた。そのため犯行には国軍が関与した疑いが強いと見られた。

パプアで活動する人権団体「ＥＬＳＨＡＭ」は、パプアの情勢を悪化させることで治安を守る国軍の役割を強調し、アメリカ政府の国軍への軍事支援を認識させるための、国軍による自作自演の一環であると発表した。その後「ＥＬＳＨＡＭ」は当時現場にいて銃声を聞いたという人の証言や警察の調査などをもとに、コパススの兵士の犯行と結論づける調査結果を発表した。これに対し国軍は「ＥＬＳＨＡＭ」の調査結果は名誉棄損だと猛反発した。

メガワティ大統領は、父スカルノ初代大統領が築いた領土を分裂させてはならないという思いが強い。インドネシアの分離独立運動は治安の悪化を招き、地域の安定につながらないと内外に宣伝し、日本など友好国からの支援を得た。そしてＯＰＭをテロリストときめつけた。独立運動を押さえることは、テロ組織掃討の一環でもあるというのが政府の方針だ。このことはテロ組織撲滅をかかげるアメリカ政府を喜ばせ、東ティモール騒乱から制裁措置として途絶えていたアメリカとの軍事協力も、二〇〇二年八月、三年ぶりに再開された。

オーストラリアなど比較的パプア問題に関心があった国も、二〇〇一年九月の同時多発テロ事件以降、テロ対策の名目でインドネシアの軍事支配が復活していくことを黙認するようになった。

二〇〇三年八月二四日、パプア州を三分割するインドネシア政府の政策に対し、独立運動の弱体化を狙ったものだと反対する数百人の先住民が、賛成派の先住民と衝突し、死傷者が出る事件が中部の町ティミカで起きた。

パプアの部族集団の指導者で構成される独立運動は、民族のシンボルになる指導者を担ぎ出すことができず、明確な独立への戦略を提示できないまま逆風にさらされている。

二〇〇一年一一月の独立運動指導者テイス・エルアイ暗殺事件は、国軍の犯行だった。そしてインドネシアでは前例がないほどの多数のアメリカ人が殺傷されたフリーポート事件も、またコパスス兵士の関与が濃厚だ。パプアではインドネシア国軍が依然として治安や平和を脅かす存在で、スハルト時代からの人権を無視した強権体制が続いているという事実を、国際社会にもっと知らしめるべきだ。しかし、なかなかそうならない。なぜだろうか。

外国人記者が集まっているジャカルタからパプアまでは四〇〇〇キロも離れている。飛行機で五～八時間かかる。距離的に離れているだけでなく、現地からのニュースが伝わりにくい。パプアでは唯一の国営テレビは生中継の設備がない。電話のない地域が多いので、インターネットの普及も遅れている。

事件が起きると、国軍や警察が、自分たち権力側に都合のよい情報だけを発表する。それがメディアを通して、ジャカルタ経由で流される。情報操作がなされ、真実は闇のままだ。それを少しでも解消し、声なき住民に起きていることを伝えるためには、遠くても現地に足を運んで取材するしかない。

第四章　バリ

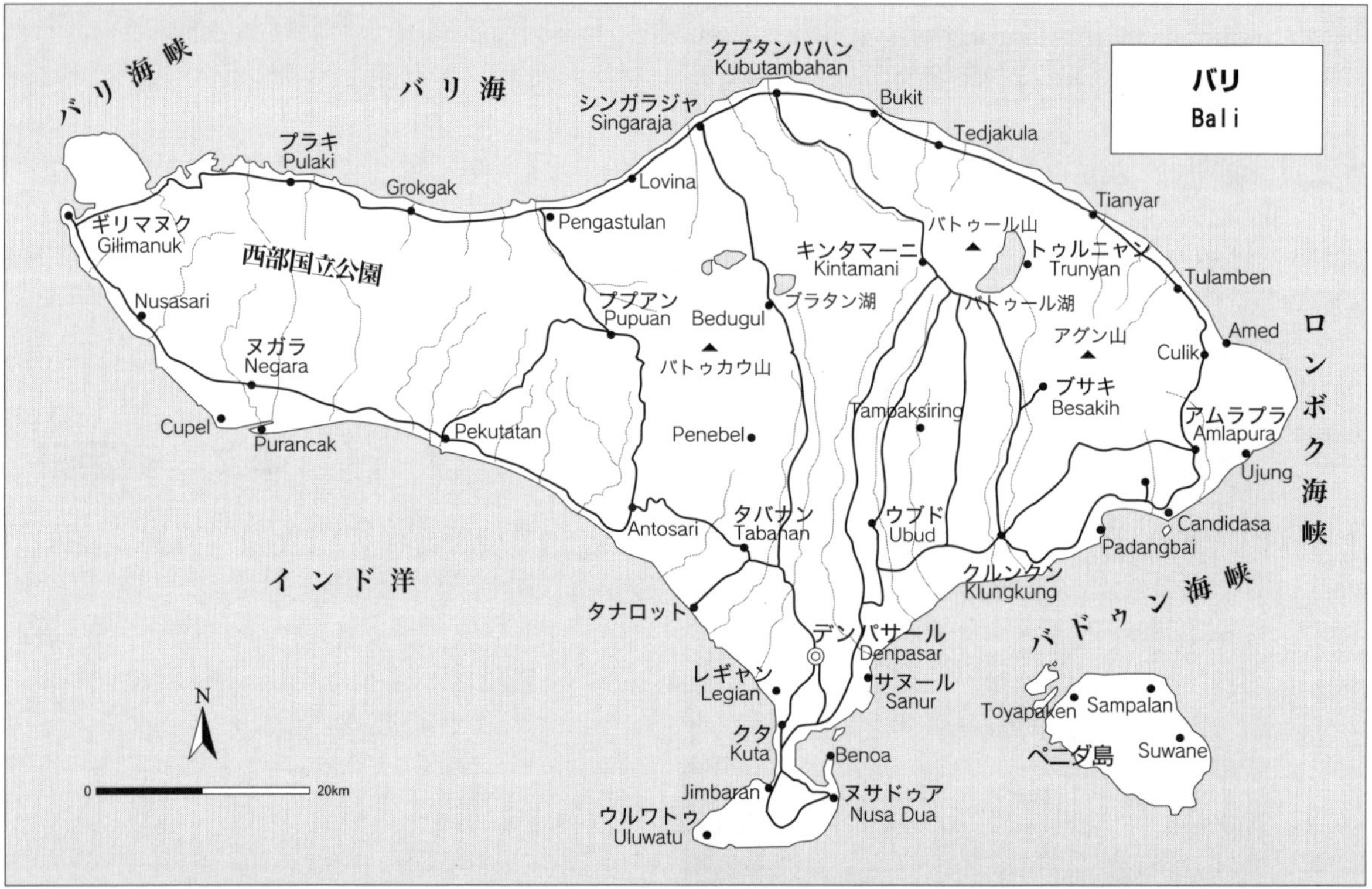
バリ
Bali
バリ海峡
バリ海
インド洋
バドゥン海峡
ロンボク海峡
西部国立公園
ギリマヌク
Gilimanuk
Nusasari
ヌガラ
Negara
Cupel
Purancak
プラキ
Pulaki
Grokgak
Pekutatan
シンガラジャ
Singaraja
Lovina
Pengastulan
ププアン
Pupuan
Bedugul
バトゥカウ山
Penebel
Antosari
タバナン
Tabanan
タナロット
ブラタン湖
クブタンバハン
Kubutambahan
Bukit
Tedjakula
Tianyar
バトゥール山
キンタマーニ
Kintamani
トゥルニャン
Trunyan
バトゥール湖
Tulamben
Amed
Culik
アグン山
ブサキ
Besakih
Tampaksiring
アムラプラ
Amlapura
Ujung
ウブド
Ubud
Candidasa
Padangbai
クルンクン
Klungkung
デンパサール
Denpasar
レギャン
Legian
サヌール
Sanur
クタ
Kuta
Benoa
Jimbaran
ヌサドゥア
Nusa Dua
ウルワトゥ
Uluwatu
Toyapaken
Sampalan
Suwane
ペニダ島
N
0
20km

楽園を襲ったテロ

インドネシアが世界に誇る観光地バリ島がテロに襲われた。

9・11同時多発テロ事件から一年余りたっていた。二〇〇人以上の死者が出たが、アメリカと違い、バリではテロリストに対する報復という声は出なかった。ヒンドゥー教徒の多いバリで、実行犯グループとされるイスラム教徒との宗教抗争も起きなかった。

観光客に人気のあるバリの舞踏バロンダンスでは、終わりのない戦いを善と悪が繰り返す。そんな芸能を見て育ったバリの人たちは、争いが始まれば終わることなくすべてが滅んでしまうと信じているのだということを、多くのバリ人から聞いた。彼らはテロ事件の現実を受け入れる一方、隣人同士が協力して被害の拡大を防いだ。そして平和が戻ることをひたすら神に祈った。事件後にバリを訪れ話を聞きながら、私はバリの人たちの信仰心と地域社会の絆の強さを改めて認識した。そんな魅力に取り付かれた人はバリを楽園と呼ぶ。

事件が起きた二〇〇二年一〇月一二日、私は日本にいた。テレビのニュースで事件を知り、すぐバリに飛んで行きたかったが出来なかった。爆弾が仕掛けられたクタの中心地レギャン通りは、私が何度も歩いたことのある道だし、裏手にはよく泊まっていた宿がある。知人が犠牲になっているかも知れない。

爆破されたディスコ「サリクラブ」周辺はレストラン、商店、安宿の密集地だ。サーファーが集まるクタビーチからは歩いて一〇分と近い。欧米からの客に混じって、日本や中国、韓国など、アジアからの観光客も多い。クタをジャランジャラン（散策）する人なら、誰でも通るメインストリートでもある。

爆発が起きた土曜日の夜、大勢の観光客とインドネシア人がいたことは間違いない。ディスコで遊んでいたオーストラリア人の死者が一〇〇人以上とニュースは伝えたが、従業員や周辺にいたのはインドネシア人のはずだ。テレビの映像で見ると、爆破後の火事が広い範囲に拡がったことが分かる。黒焦げになった車の残骸が何台も映っていたことからは、ディスコ内だけでなく、道路を通行中だった人や、飲食中、宿泊していた人も被害に遭遇したことも想像できる。

遺体は、ほとんどが識別のつかない焼死体だという。バリ島を管轄するスラバヤ日本総領事館は、確認された日本人の死者は二人と発表したが、私は一〇人くらいいても不思議ではないと思った。

友人のテレビ・リポートを見たり知人が書く新聞記事を読むと、私はいても立ってもいられない気持ちになった。

爆弾テロから二カ月たった二〇〇二年一二月、私はバリ島を訪れた。

私はバリに着くと空港からまず爆弾テロの現場に直行し、鞄を担いで、炎天下の焼け跡を歩いた。空港からクタまでは四キロほどある。高いタクシーでなく、ベモと呼ばれる乗り合いのミニバスに乗った。乗客は私とバリ人のおばさんの二人だけだった。テロの影響でベモに乗る人も少なくなったのだろうか。

五分ほどでクタに着き、一〇〇〇ルピア（約一四円）払って降りた。「サリクラブ」までの道、レギャン通りをゆっくり一五分くらいかけて歩いた。クタにきれいなショーウィンドーと冷房の効いた店ができたのはここ数年のことだ。そんな店にはよく日本人がいて買い物をしていたものだが、一人も見かけなかった。ほとんどの商店やレストランはいつものように開いていたが、客はなく、店員は店の外でおしゃべりをしていた。一五年以上前の静かなクタにタイムスリップしたような感じだった。

「サリクラブ」は瓦礫が取り除かれ更地になっていて、花輪が二つ供えてあった。向かいのディスコ「パディース」も、残骸はなくなりすでに修復工事が始まっていた。隣のサーフショップ「アロハ」は建物は残っていたが、内部は破壊されたままだった。「パディース」の後ろの「パニン銀行」は建物が壊れたままで、営業できる状態ではなかった。私も利用したことのある郵便局の建物は残っていたが、別な場所で営業しているという張り紙があった。爆弾が仕掛けられたボックスカー「三菱コルトL300」を停めてあった場所は、爆発後、深さ一メートルほどの大きな穴ができていたというが、その穴は埋められていた。

「サリクラブ」周辺にはロスメンと呼ばれる安宿が軒を並べている。一泊五〇〇円以下の宿もありバックパッカーやサーファーたちがいつも大勢泊まっている。冷房も温水シャワーも付いていないが、慣れてしまうと気にならない。ロスメンの近くには一〇〇円ほどで食事ができるレストランが必ずあり、格安航空券でバリ島にやって来る長期滞在者には天国のような一帯だ。

「パニン銀行」の脇の路地を一〇〇メートルほど入ったところに、「カミニ3」というロスメンがある。友人が住んでいたこともあり、私も何度か泊まったことがある。五年間ここで働いている、プトウ・カルティカさんに話を聞いた。

「横になっていたら突然、下から突き上げるような衝撃と爆弾が落ちたような大きな音がした。耳がおかしくなり、しばらく音が聞こえなかった。まわりのガラスが全部割れていた。停電で真っ暗闇になった。外に出ると、レギャン通りの方が真っ赤な火に包まれ、黒いきのこ雲が上がっていた。走って行って見ると、悲鳴の中で近所の人たちが、大やけどを負ったり、血だらけになったけが人を運んでいた。どこを見ても割れたガラスが散乱していた。だがサンダル履きのまま、道路に血だらけになって倒れていた人たちを助け、最寄りの病院へ何十人も運んだ。〝熱い〟、〝水をくれ〟と叫んでいた人には、ペットボトルを渡した。消防が来て消火活動が始まったが、火は朝まで消えなかった。救急車はサイレンを鳴らし、けが人を病院に運んだ。警察は人命救助をせず、交通整理をしていた。黒焦げの死体は数えきれないほどあった。頭や手など体の一部が道路に散らばっていた。電線にぶら下がっていたものもあった。すごい悪臭だったので、タオルで鼻を覆って作業を続けた。

あの夜、『カミニ3』の客は七割以上日本人だった。一〇万ルピア（約一四〇〇円）の冷房付きの部屋も五万ルピアの冷房なしの部屋も、半分くらい客がいた。外に出ていた客はみな無事だった。風向きが逆だったら、ここも火事で焼けていただろう。翌日から客は他の宿に移ったり、帰国したりして行った。それから客はほとんどゼロのままだ。日本人は別のロスメンに固まっているようだ。

不思議なことがある。あれだけの爆発と火事があったのに、『パディース』などのサンガ（バリヒンドゥーのお供えを置く祠）が燃えずに残っている。それと、多くのバリ人が死んだのに、地元のクタの人は一人も死んでいない」

プトゥさんの話を聞いたあと、爆弾テロ事件の現場に戻ってみると、確かにサンガが残っていた。建物は爆破されたり、焼けたりしているのに、私が見つけただけでも三カ所のサンガが燃えずに残っていた。神の力なのか、奇跡なのか、とても不思議なことだ。

ジャワからの客

レギャン通りはいつもと違い人通りが少ないが、車の通行量は多かった。車のナンバープレートはバリよりも、スラバヤやジャカルタなどジャワ島からのものが多い。なぜなら、ひと月続いたイスラム教の断食（プァサ）が明け、インドネシアは大型連休の最中で、観光客が大挙押し寄せて

▲焼け残ったサンガ（ヒンドゥー教のお供えを置く祠）。神の力なのか、奇跡なのか

来たためだ。

　バリ島には一日に五〇〇〇人から七〇〇〇人の観光客が訪れていたが、テロ事件の影響で海外からの観光客は一〇〇〇人以下に減ってしまった。観光収入の減少を恐れる政府は、大型連休を設定し、インドネシア人のバリ旅行を促した。バリのホテルは軒並み宿泊料金を半額以下に下げた。これまでも断食明けの休みは、国内からの観光客で混雑していた。それが今年は日本で言えば、年末年始の帰省客とゴールデンウィークの観光客とオフシーズンの格安旅行者が重なったようになってしまった。

　私が泊まったテロ事件の現場から五〇〇メートルほどのホテルは、部屋は満室で、駐車場は車が入りきらず、路上にまでジャワナンバーの車が止まっていた。宿泊料金は一部屋二〇〇〇〜三〇〇〇円で、爆弾テロ事件前の三分の一に下がっていた。一室をインドネシア人の家族は五〜六人で利用していた。プールからは早朝から深夜まで家族連れの声が聞こえていた。ロスメンにはプールがなく、部屋が狭いので、家族旅行には中級ホテルの方が割安で人気が高い。クタのそんなホテルはどこも満室状態が続いていた。

「同じ所は二度テロにあいませんよ」「今年は安くバリで楽しめます」などとジャワからの客は言った。

　ホテルの従業員に話を聞いた。

「爆発が起きたときは地面が揺れ、その場でうずくまった。停電したので、電気の事故かと思った。このホテルにはあのとき『サリクラブ』にいたオーストラリア人が三人いたが、小さなけがだけですんでよかった。

すぐ火事になった。男の従業員はみな現場でけが人を運び出した。ガラスの破片が刺さり、血を流している人が多かった。レギャン通りには車が立ち往生し、叫び声とクラクションでパニックになっていたので、担いで近くの病院に運んだ」（パリトスさん　フロント勤務　男性）

「あの日は一九時から二三時ごろまで、ホテルの舞台でバリダンスを踊っていた。同じホテルで働く夫がいつもの時間に帰ってこないので、心配でホテルに電話し、爆発が起きたことを知った。夫が巻き込まれて死んだと思い、泣いていたら、すすで黒くなった夫が帰ってきた。救助活動を手伝っていたから遅くなったと言った。テロ事件以降、ホテルには外人客がほとんど来ない。だからバリダンスの公演がなくなり、副収入やチップの収入がなくなった。基本給は三割減らされた」（フィアニさん　レストラン勤務　女性）

「ちょうどビール瓶をお盆に乗せて運んでいたときだった。大きな音がしたので驚いて転び、ビール瓶を落として割ってしまった。椅子に座っていた客もグラスを落として割ったので、床はガラスの破片でいっぱいになった。

『サリクラブ』はオーストラリア人客、『パディース』はアイルランド人やイギリス人の溜まり場だった。オーストラリア人は男女ともよく飲む。日本人は朝早くからツアーに出発するので夜遅くまで騒ぐ人は少ない。でも日本人女性は白人が好きなので、『サリクラブ』や『パディース』で白人と飲んでいる人もいる。

捕まった容疑者はみなジャワ人だった。誰かから金をもらって爆弾を仕掛けたのだろう。観光客がたくさん来ているバリを嫉妬して、狙ったのだろう。バリ人は平和を願う芸術家。平和だからこそ芸術も旅行もできることを知っているから、こんなひどいことをするはずがない」(グデさん　レストラン勤務　男性)

レギャン通りは夕方から深夜まで渋滞だった。多くの店は閉まり、人通りは少なくひっそりとしているのに、車だけ長い列が途切れないという異様な状態が続いていた。車に乗っていたのは爆弾テロ事件の現場を見に行くジャワからの客だ。

私は二〇〇一年一二月に訪れたニューヨークを思い出した。「9・11」から三カ月経ったあのグランドゼロと言われる貿易センター跡地のテロ現場を見に行った。市バスに乗ってマンハッタンを

▲車窓からテロ現場を見る車で、レギャン通りは渋滞していた

下り市役所の近くで降りた。警官の誘導に従い、爆心地を取り巻くいろいろな地点に移動しながら、グランドゼロを見た。クタと同じく日本人は少なかったが、子ども連れもいた。私も含め世界中から野次馬が集まっていた。

車の乗り入れが禁止されていたとはいえ、バスや地下鉄から降りひたすら歩きながら、破壊された建物の写真を撮り、テロに巻き込まれて殺された無実の人を思い、手を合わせて祈り、花を供え、寄せ書きを残し、テロ事件に自分を向きあわせていった。ある父親は息子に、「よく目に焼き付けて置け」と言っていた。それが子に対する教育だろう。野次馬とはいえ、巡礼者のようでもあった。それに対し、クタのテロ現場では見物人はほとんど歩かない。彼らは車から降りることもなく写真も車窓から撮る。

車窓から見てかわいそうと思うだけでは、犠牲者に対して失礼だ。

クタ海岸

夕日が美しいクタ海岸にも、連日ジャワからの観光客が目立った。日中の強烈な日差しと蒸し暑さが和らぎ、海からの風が心地よい。八六年に初めて訪れてから、私はバリに来ると必ずクタ海岸に立ち寄る。空港から近く少しの時間でも行けることもある。砂浜に腰を下ろし波の音を聞いていると、離着陸するジェット機の音も聞こえてくる。波と戯れるサーファーたちを見ていると、時が経つのを忘れてしまう。

バリの男たちが集まり、闘鶏が始まった。いつもはのんびりしている人たちも、戦いに向かう鶏が鶏冠《とさか》を立てると熱くなった。五万ルピア（約七〇〇円）という高額紙幣を賭ける男も多い。砂浜で大きな城をつくっている子どもがいる。サッカーボールを蹴っている少年もいる。夕焼けの写真を撮っている女の子もいる。ここから徒歩一〇分の所でテロ事件が起きたことが嘘のようだ。

しかし、いつもと違い、外国人の数が少ない。爆弾テロ事件直後、アメリカ政府は「アメリカ国民へのテロの脅威が高まった」として、インドネシア国内に滞在するすべてのアメリカ市民に国外退去するよう勧告する「旅行警戒」情報を出した。最大の死傷者を出したオーストラリア政府も追随し、「退避勧告」を出した。その他の国もバリ島を含むインドネシアへの渡航を自粛や延期するよう呼びかけた。

日本の外務省も危険度のランクを「注意喚起」から「観光旅行延期勧告」へと引き上げた。それを受け、大手旅行代理店の中には、バリ島へのパッケージ旅行を中止した会社もあった。

二〇〇一年の日本人観光客の数は9・11同時多発テロ事件の影響があったにもかかわらず、過去最高の三六万人を記録していた。その数は外国人観光客全体の約四分の一を占め第一位で、また観光客と在住者を合わせれば、バリ島には常に五〇〇〇人の日本人が滞在していたことになる。

二〇〇二年一〇月に起きたバリの爆弾テロ事件以前は七割近かったホテルの稼働率が、一カ月後には一割近くまで落ち込んだ。インドネシア政府は数カ月後に観光に携わるバリ島民約六〇万人が失業する恐れがあるという試算を出した。住民の四割が何らかの形で観光産業に従事し、観光収益はバリ州の産業収入全体の八割を占めているという。数字上では爆弾テロ事件は計り知れない損害を与えた。

日本人に人気のリゾート観光地が爆弾テロ事件にあってから二カ月、まだバリ島を訪れる日本人観光客は少なかった。とくにクタの日本人は激減していた。クタ海岸を歩きながらやっと見つけた、東京から来たという女性、美和さん（25歳）に話を聞いた。

「出発前まで親や友人に大反対された。バリ島以外にも海はあるから他に行けばいいと言われた。でもバリ島に来たかった。

日本で爆弾テロ事件を知り、親切にしてくれた人たちが心配になった。電話したらみんな無事で安心したが、声を聞いてみんなの顔を見たくなった。成田からの飛行機は半分以上空席だった。往復で四万円余り、これまでで一番安かった。

▲アジアを代表するリゾート、バリ島のクタ海岸

バリ島は四回目だが最初に来た五年前、ロスメンで働く男の子にオートバイで故郷の村に連れて行ってもらった。上半身裸で「おっぱいベロン」のおばあさんがいてびっくりした。初対面なのに村の人みんな私が来たことを歓迎してくれ、マンゴやパパイヤなどの果物をたくさんもらった。お金を出そうとするといらないと断られた。村でのことは今まで経験したことがない驚きの連続だった。

今回バリ島に一人で来て、自分の目で現場を見て、バリ人や外国人と話をして、爆弾テロのことを自分で考えることができた。来たからこそ分かったものがあった。本などの知識より他人からの刺激で自分が成長していく。ほんとうにバリ島に来てよかった」

バリ島を観光で訪れる外国人は一九二〇年代からいたが、当時は外国航路の船が着く港町があった北部のシンガラジャ周辺と、芸能が盛んな中部のウブドに限られていた。しかし六九年、南部のトゥバンに国際空港が開港してから州都がデンパサールに移り、北部から南部に行政や経済の中心が移っていった。空港に近いクタのロスメンには欧米からの旅行者が滞在し、クタ海岸がサーフィンのメッカになっていった。麻薬やマジックマッシュルームなどの覚醒剤がはびこったこともあったが、「楽園バリ」の評判はサーファーを通して日本へも伝わっていった。丁子入りの甘い煙草「グダンガラム」もバリ帰りのサーファーが広めた。

バリ州政府はデンパサールに近いサヌールに大型ホテルの誘致を進めていた。しかし八〇年代からインドネシア政府が主導となって空港の南のヌサドゥアに大規模なリゾート開発を始め、外資系ホテルや国際会議場を誘致した。日本との直行便を独占していたのは国営ガルーダ航空だが、九〇年代から日本航空などと競合するようになり、名古屋や大阪、福岡からも直行便が飛ぶようになった。それを機に日本各地からのバリ島を訪れる団体観光客が急増した。

日本人にとってバリ島がハワイやグアムと並ぶ身近な観光地になった。四国や北海道からも社員旅行や修学旅行客を乗せてチャーター便が飛ぶようになった。土地を買い、家を建て暮らす日本人も増えている。

バリ州の観光局によると、バリ島を訪れる外国人観光客は平均で一二日間滞在する。それが日本人に限ると半分の六日間で帰国する。しかし日本人観光客の多くは高級リゾートホテルに泊まり、買い物やレジャーに多額の外貨を落とす。欧米からの観光客は格安ホテルに泊まって動き回らず、プールや海でのんびり休暇を過ごす。バリ人にはそんな「節約型」観光客よりずっと日本人が歓迎されていた。

バリに観光客が増えれば、バリ島内だけでなく他の島からもインドネシア人が職を求めて集まってくる。バリのビーチボーイというが、多くはジャワ島からの出稼ぎだ。ヒンドゥー教徒の島ではあるが、イスラム教徒の数も多く、立派なモスクも増えている。華人はバリでも商売熱心で、爆弾テロで破壊された「サリクラブ」も「パディース」も華人の経営だったし、中華料理店も目立つ。バリはバリ人だけの島でなく、クタはもうクタの人だけの町ではない。移り住んできた人たちが混在して暮らす島になった。

爆弾テロの現場から入った路地裏にはバックパッカーたちがよく利用する、安いレストランが並んでいる。日本語で書かれたメニューも多く、日本人もよく利用している。二万ルピア（約三〇〇円）

も出せば、おかずとご飯に飲み物が付く。競争が激しいので味も悪くない。壁から天上まで日本語の落書きでいっぱいのイカレストランのおばさんに話を聞いた。

「バリ島北部のシンガラジャからクタに来て、九年前にレストランを開いた。娘の名〝イカ〟を店の名前にした。〝イカ〟が日本語だとは知らなかったが、日本人には覚えられ、口コミで客が増えて、ガイドブックに紹介もされた。事件の後も近所のロスメンに泊まっているなじみの客は、毎日この店に来てくれる。爆発現場の近くだったので、心配して日本から来てくれた客もいた。私も無事だし店も壊れてないので、安心したと言われた。

でも新しい客はまったく来ない。前は遅くまで開けていたが、客が少ない日は早く閉めるようになった。九年間でこんなことは初めてだ。この状態が続けば店をたたまなければならない。でもシンガラジャに帰っても仕事があるわけでなく、ここでレストランを続けながら副業を始めるかも知れない。

今はジャワからの客がいるが、あと数日で帰ってしまうだろう。よく食べ、飲んでくれる外国人はいい客だ。日本人は安くておいしいと言ってくれる一番の客だが、今は数が少ない」

バリに住まわせてもらっている身として

バリに長く住む友人やテロ事件に遭遇した日本人の話を聞いた。名前や勤務先は伏せて欲しいと言われたが、みなバリへの思いを熱く語ってくれた。

「爆弾テロが起きたことを携帯電話で知り現場に急行した。一番印象的だったことは、暗闇の中で周辺の住民、ホテルや店舗の従業員、学生たちなどインドネシア人がほとんど休まず必死で救援活動をしていたことだ。翌日からはテントを張り、行方不明者の問い合わせも受け付けていた。メガワティ大統領や閣僚らも視察に来たが、すぐジャカルタに帰って行った。どこの病院でも医者や薬が足らず困っていたのに、適切な対処をせず、自分の国が被害を受けたのに他人事のような態度だった。

私は二日かけ客の安全を確認したが、中には、テロなんか自分には関係ない、ツアーはキャンセルにならないだろうねと言ってくる人もいた。平和ボケした日本人だ。

日本領事館の対応はおそまつだった。一三〇〇人の在留邦人と三〇〇〇~四〇〇〇人の観光客がいたが、領事館からの安否確認の連絡を受けた人は少なかった。少人数で作業が大変なことを差し引いても、平常時から緊急事態に対する備えができていたとは思えない。今回の事で領事館や外務省を当てにしてはいけないことがよくわかった。

テロ事件以降、バリ人のお祈りの回数が増えた。何を祈っているのかと聞くと、『バリが観光開発され、みんなが金儲けに走ったことに神様がストップをかけたので、今後はバリの文化を守ります』と答える。バリ人は自分のためでなく他人のために祈っている。観光客が減り、給与を減らされ首を切られる人も増えているのに、テロを憎まず、自省するバリ人には感心する。こんなバリの魅力が癒しを求めて来る世界の観光客を引きつけるのだろう」(Aさん　旅行代理店経営　男性)

「客がけがをしたので病院で家族の世話をした。病院では外国人患者が優先され、インドネシア人は後回しにされた。一般の外来患者はまたその後だった。けが人の数に対して足りない医者や薬のことを報道すれば、緊急援助が届き、ボランティアが集まって、早く治療できたはずだ。

バリにはインドネシア人と結婚して暮らす日本人女性が一〇〇〇人近くいるが、ほとんどが観光客の落とす円やドルをあてにしている。それが減ることは確実で、生活が苦しくなり日本に帰る人も増えるだろう。これから結婚しようと考えていた人も、諦めるのではないか。でも帰るところのないバリ人が深刻になっていない。『みんなに降りかかった災難だから大丈夫』という変な連帯感がある。実行犯が次々逮捕されているが、彼らを憎んでいない。犯人のことよりも、バリ島で暮らす自分たちが欲張りすぎたので、ばちが当たったのだととらえている。先祖伝来の大切なバリ人の土地を外国人に売ったので神様が怒っていたのだという。

日本政府は資金援助をすると言っているが、これまでも末端の貧しい人に届かなかった。バリの魅力を伝え観光客を戻すキャンペーンをすれば、職を失った人も仕事に復帰できるだろう」（Bさん　大手旅行代理店勤務　女性）

「バンジャールと言われるバリ人の地域組織が外国人と連携して、火事を消し、けが人を病院に運んでいた。いつもゴロゴロしている男たちが、目の色を変えて働いていた。略奪や暴動を防ぐため、数カ所で火を焚き、警備をしていた。ヒンドゥー教徒のバリ人とイスラム教徒のジャワ人らが対立し、マルク諸島のような宗教抗争に発展することをみんなで阻止しなければいけない。自分たちがクタを守らなければという意気込みが伝わってきた。

イタリア人やフランス人らが携帯電話で連絡を取りながら、病院で献血したり、薬や食糧を持ち寄った。やれることを手分けしてやろうと、バリ在住の外国人三〇〇人がビーチに集まった。被害者との通訳を買ってでる人もいた。みなバリに住まわせてもらっている身として、何かをしようとした。いつもは自分勝手なことをしている人たちが団結して働く姿を見て、日本人にはできないことだと思った。事件後一週間くらいして、疲れが出てみんな寝込んでしまった。

オーストラリア政府は数時間後に軍の緊急医療チームを乗せた空軍の大型機を飛ばし、患者をオーストラリアに輸送した。アメリカもそうだった。それに比べ日本の対応はひどかった。バリの病院で治療ができないと判断されシンガポールへ移送された患者の多額の費用は家族が支払った。治療費も個人持ちだ。自分が巻き込まれていたらどうなっただろうと不安になった。

オーストラリアやアメリカはテロに巻き込まれた自国民の命は国家が守るという体制ができていた。日本人は海外でテロや事故にあったら、自力で解決しなければならないことが分かった。領事館の対応の問題が批判されているが、国として自国民の命をどう見ているかという意識の違いだろう。対イラク戦争でアメリカに協力するより、海外にいる日本人の命を国が守って欲しい。外国人に囲まれてバリで暮らしている身として、日本人であることが恥ずかしくなった。

今回の爆弾テロ事件は大きなショックを受けたが、バリ人と外国人が関係ない人のために働く姿を見て感動し、またバリが好きになった」（Cさん　輸出業　女性）

「二〇年近くテロ事件の現場の近くに住んでいた。『パディース』がまだ『シュツュードベーカー』という名前だった頃、ビールが安くなる昼間のハッピータイムによく行っていた。でも四年前に三キロ離れたスミニャックに引っ越して、あの場所は一番バリらしくない場所だと分かった。朝まで大きな音で音楽をかけ、酔っ払いが騒ぎ、外国人が売春婦を買うというバリの慣習を無視した一帯だった。

事件直後に、『オーストラリア人のように大酒飲みじゃないから死なない』と言っていた日本人女性がいた。『日頃の行ないがいいから助かった』と笑っていた日本人もいた。『明日は我が身』という危険性もあるのに、彼らは何を考えているのだろう。そして日本人が多く集まるディスコはすぐ再開した。私はあれから怖くてあの近くに行く気がしない。

翌日から地元局バリテレビでは、現場からの

▲爆風で周辺の商店も破壊された。ビーチからも近く、安宿も多い観光のメッカだった

中継が始まった。黒焦げの死体や頭や内臓などグロテスクな映像を流し続けた。レポーターもおろおろしながら死体をクローズアップさせた。『見ていられない』という苦情が相次ぎ、数日後から死体は映さなくなった。その後は、『なぜバリでテロが起きたか』、『犯人は誰だ』といった対談番組が増えた。『事件はもう起こさない』という願いを込めて、『バリダマイ（平和なバリ）』など三曲の歌が毎日何度も放送されるようになった。

あの日からお祈りの回数が増えた。異臭が立ち込め、無数のハエが舞う現場に小学校からもお祈りに行った。今は膿みを出し、我慢するときだという気持ちで私もお祈りしている」（Dさん　主婦女性）

ウブドに暮らす日本人

クタから車で一時間走ると芸能の村ウブドに着く。バリ島で踊りを見るならウブドに限る。レゴンやバロンといった伝統の衣装をまとったきらびやかなダンス、トランス状態で演じるケチャダンスなどが毎晩いくつもの舞台で競って演じられている。歩いているとガムランを練習する音が聞こえてくる。ウブドには絵描きや彫刻家などが多く集まっていて、自然の中で独特な芸術を生み出している。観光客はウブドに来て、バリ島の魅力は海のリゾートだけでなく、奥の深い独自の文化を持つ魅惑の島だということを実感する。

私も八六年に始めてバリ島を旅したときはクタに滞在し、毎日海岸でゴロゴロしていたが、何年か経って初めてウブドに行ったときから気に入り、以来何度も足を延ばすようになった。それは文化に触れられるだけでなく、人間とさまざまな生き物と自然との距離が近く、違った空気が感じられるからで、旅行者として行くと不思議に落ちつけるからだ。

とはいえ、水田だったところにいつのまにか店ができ、オートバイや車の数が飛躍的に増えた。銀行もあまりなかったのに、ＡＴＭがいたるところにでき、二四時間いつでも現金を引き下ろせるようになった。おいしいレストランは多いが、料金はどんどん上がっている。ウブドもクタに似てきたと言えるが、コンビニの二四時間営業は許可していないという。ウブドに暮らす日本人も増えている。二カ月経った爆弾テロ事件について話を聞くため友人たちを訪ねた。

紙すき職人の鈴木靖峯さんは、故郷の京都に厳しい暑い夏と寒い冬が訪れる間、ウブドで過ごすことにしていた。八〇年代からウブドをくまなく歩き、一〇年前に土地を手に入れて、バンガローとレストランを建てた。昼間には緑の水田でアヒルが遊び、夕刻には山に帰る鷺の群れが飛んで行き、夜は無数の星が見え、一年中蛍が集まってくる、ウブドでも最高の環境の中で暮らしている。

クタで爆弾テロ事件が起こったとき、次はウブドがやられるという噂が流れたという。クタでは自分たちが守らなければと地域のバンジャールが団結し、被害が広がることを防いだ。ウブドのバンジャールの自警団は、ウブド宮殿や市場など不審者が集まりやすい場所を寝ずの番で警備した。

「バリ人はテロから自分たちの島を守るため、しっかり働いた。日本人も多くの人がボランティアで被害者のために働いた。心配されていたヒンドゥー教徒とイスラム教徒の宗教抗争も起きなくてすんだ」と、鈴木さんは言う。

バリは毎年のように災難が起こっている。九七年は通貨危機でルピアの価値が急落した。九八年はジャカルタ暴動とスハルト退陣で治安が悪化した。九九年初めにバリから帰国した日本人のコレラ騒ぎがあった。九九年一〇月にはバリで暴動が相次いだ。二〇〇一年は同時多発テロで世界的に観光客が減った。そして今回のクタの爆弾テロが起きた。そのたびにバリ島を訪れる日本人観光客の数は落ち込んだ。

「でも日本人は忘れっぽいから、半年か一年も経つとまた戻ってくるでしょう」と、鈴木さんは悲観的ではない。

しかしテロ事件以来、バリに住んでいたアメリカ人が少しずつ帰国しているという。鈴木さんのところには、ウブドに住む二～三人のアメリカ人が、「もう住む気がしないから土地を買ってくれないか」と言ってきたという。アメリカはインドネシアの治安悪化をかなり深刻に考えているようだ。

鈴木さんは爆弾テロ事件の記事が載った新聞や雑誌の記事を集めていた。鈴木さんは私にそのスクラップを見せて言った。

「大きな被害を受けたのに、インドネシア人の死者のことがあまり載らず、オーストラリア人や日本人の死者の数は詳しく載っています。いつもインドネシア人の命の価値は低いのです」

鈴木さんをはじめウブドに住む日本人が、爆弾テロ事件の被害者らに何かの援助をしようと一〇〇人近く集まった。

「こんなに日本人がいたのか」と、ウブドで二〇年暮らす荒海とし子さんは驚いたという。

とし子さんは絵描きのご主人と「ウブドラヤ」というレストランと民宿を経営している。犯人はヒンドゥー教徒のバリ人でなくイスラム教徒だと言われてから、ジャワ人でイスラム教徒のご主人は、最初の犯人が捕まるまであまり外に出たがらなかった。事件の直後はクタから逃れてきた観光客がいたが、彼らが帰ってからは急激に客が減った。

「このままでは大変だ。レストランの客がなくなってしまう」

とし子さんは、メニューを観光客向けでなく、クタに住む日本人向けに変え、値段も大幅に下げた。外国にいると食べたくなるどんぶりものに、味噌汁を付けた。薄利多売だが、客には喜ばれ、毎日来てくれる人もいる。近所の店の中には、客

▲いつもゴロゴロしている男たちがテロの被害が広がらないようにしっかり働いた

が来ないので、従業員に休暇を出したり、閉店したところもあった。

「うちもそうなるかも知れませんでした。なによりリストラの危機を免れた従業員の表情が明るくなってよかった。ピンチにならないと新しいことはできないんですね」

心配してくれた日本の友人たちから電話が相次いだ。日本では不景気で夜遅くまで残業しているという話を聞いた。

「日本よりいいんじゃないですか。一人で悩むより、お祈りをして神に頼ったり、家族が助けてくれるという安心感があるバリの方が。よく働いているので少し痩せました」と、とし子さんはこの二カ月を振り返った。

バリ人と結婚してウブドに暮らす山上千夏さんは、自宅内のサンガ（祠）へ自分で作ったお供えものを供え、お祈りを欠かさない。ヒンドゥー教徒の義務でもある。しかし爆弾テロ事件後、ヒンドゥー寺院での儀式がどんどん豪華になっているという。神にお供えする果物の量も増えている。オダラン（お寺の創立記念日）のお祈りも信者がたくさん集まるし、クタで行なわれたひと月後の慰霊祭（ウパチャラアベン）の日、ウブドでは見たこともないほど豪華なペンジョール（お祭りや儀式のときの道端の飾り）を吊るしていた。

「今後失業者が増え経済的に苦しくなることで、子どもに飲ますミルクが買えない、高い薬は飲めないなどといった人が出てくるが、それでもバリ人は儀式にお金をかけ続けるのだろうか」と千夏さんは首をかしげた。

動物との会話

バリでは今、不思議な話が絶えない。毎晩のように死者の霊がクタからウブドまで来て、「暑い、水をくれ」、「助けてくれ」、「生き返りたい」、「ビールをもう一杯くれ」などと訴えるという。多くはオーストラリア人の霊だが、英語でなくインドネシア語を使ったという。

クタでもそんな話は聞いた。ナシゴレン（焼き飯）を注文したはずの客が消えて椅子が濡れていた、壊れている車なのにエンジンがかかる音がした、タクシーを拾おうとしたオーストラリア人が突然消えた、停電しているのに電気がついた、電話のベルの音がした、首やヘルメットがひらひら飛んでいたなどという怖い話だ。

気候や動物など自然にも変化は現れているという。爆弾テロ事件後、いつもは涼しいウブドで猛暑が続き、まったく雨が降らなかった。ひと月がたちクタで慰霊祭があってからは、毎日雨が降り続いた。多くの人が異変だと話題にしていたのは、直径二〇センチくらいの巨大なヤドカリがクタ海岸に出たと地元紙『バリポスト』に写真付きで載っていたことだ。爆弾テロで燃えた人間の体液が海にしみ込み、ヤドカリに影響を与えたという説もあるそうだ。

ピアノの先生をしている西沢朋子さんは、「無数のツバメが電線にとまるようになったり、白鷺が飛んで行く方向が山から海へと変わったりもした。ウブドで一〇年以上暮らしているが、不思議なことが続いた」と言う。

自宅で犬や猫をたくさん飼っている奥田しおりさんは、「遠吠えする野犬の数が増えている。犬は人間よりデリケートな動物なので、何かの変化を感じているのかもしれません」と言う。

私がクタで会ったインドネシア人の友人アムリさんは、「事件後客が減り、夜早く店が閉まるようになってから、人通りが減り、野犬の数が増えた。そして吠え方が変わった。バリの人たちも、あれは死者の霊が犬に乗り移ったからだと言っている」と話してくれた。


自然と人間との距離が近いウブドには、動物との会話ができる人がいるという。友人に紹介してもらい、その人クトゥット・アスラナさん（41歳）を自宅に訪ねた。

本業は三代続く有名なマッサージ師だ。オウムなどの鳥を飼い、蘭などの花を庭に植えている。ウブドだけでなくバリには自然と対話できる人がたくさんいると、アスラナさんは言う。

アスラナさんの話によると、死者の数や失った財産はこれまでになく多いが、自然への影響も計り知れない。自然のエネルギーが変わったから、死んだ動物もいれば異常に繁殖した動物もいる。自然のエネルギーを元のように回復させるためには、何年もかかる。その間、動植物に不思議な現象が現れるだろう。気候の変化やクタの海岸で見つかった巨大なヤドカリもそれが原因だ。分からない人には何も分からないが、バリの自然を愛し、身近に感じている人なら分かる。ウブドに住む外国人のお客さんの中にも不思議な体験を話してくれた人が何人もいたという。

一一月一五日のウパチャラアベン（慰霊祭）まで、多くの霊が納得のいかない死に方をしたので、悲しんでいた。死体と霊が分かれた状態にあったので、幽霊となって爆弾テロの現場や病院などに降りてきていた。ヒンドゥー教では清められた死体と霊は海へ戻る。ウパチャラアベンが盛大に行なわれて死体と霊は清められ、一緒に海へ戻った。異教徒の死体と霊もヒンドゥー教の儀式で清められた。殺された動物や植物も清められた。もう悲しんでいる霊はいない。

ウパチャラアベンは一部の人や地域だけでなく、バリ島全体を清めた。悪の神が退き、善の神が戻ってきたとバリの人は信じている。みんなが安心して生活できるようになったことに感謝している。爆弾テロ事件が起きてから、バリ人はお祈りを繰り返した。犯人と言われる男たちを憎まず、彼らの将来を祈ったから、宗教抗争に発展しなかった。暴動になったら観光客が来なくなり、自分たちが犠牲者になることを分かっているので、自制心を働かせ祈り続けた。

「ところでアスラナさん、爆弾テロ事件について動物は何か言っていましたか」と、私は質問し

▲動物との会話ができるアスラナさん。「いろんなこと言ってましたよ」

た。

「いろいろなことを言っていましたよ。でもそれをふつうの人にお話しすることはできません。自然のエネルギーを変えることになるからです。あなたも修行を積めば動物と会話ができるようになります。バリにはそんな外国人もいますよ」と、アスラナさんは答えた。


バリの芸術家は爆弾テロ事件についてどう思っているのだろうか。

バリ島民の半数は芸術家とも言われているが、東部のヌガラで竹ガムラン「ジェゴク」を再興し、今やバリを代表する楽団「スアル・アグン(偉大な光)」に発展させたイ・クトゥット・スウェントラさんと日本人の奥さん和子さんに話を聞きたかった。「スアル・アグン」は毎年のように日本など海外で公演もしている。しかしヌガラの練習場で聞いた「ジェゴク」は迫力があった。大きな竹にまたがり大きなばちで力を込めて叩くと、地響きがし、重低音が水田と木々に囲まれた自然の中に溶け込んでいった。自然との対話の中から生まれてきた演奏だと思った。

スウェントラさん夫妻に連絡を取ると、デンパサールの自宅からわざわざウブドに来てくれた。豊かな自然に囲まれたウブドは落ち着いて話ができるという。とはいえスウェントラさんの話はいつも最初が難解だ。

「バリではカルマと言って善と悪とが共存します。悪がずっと続くことはありません。でも悪を拒絶せず、受け入れなければいけません。プラスとマイナスがあって電気が灯るように、悪の後には必ず善が巡ってきます。それがバリ人の考えです。爆弾テロ事件は運命だったのです。ですから逆らってはいけません。今バリの人が祈っているのは、人間のエゴや欲が事件を生んだと反省し、悲劇をそのまま受け入れようとしているからです。

クタはバリであってバリではありませんでした。明け方まで酒を飲んで騒ぐのはバリの慣習に反していました。外貨に目がくらみ、慣習が崩れていたのです。経済的な豊かさを優先し、家族や隣人を思う気持ちが薄くなっていました。観光の島になってからバリ本来のよさが失われました。お祈りが足らなかったのです。神はバリ人に反省の機会を与えました。事件をひとつのチャンスとして、昔のバリに戻ればいいのです。

爆弾テロ事件直後、ヒンドゥー教徒のバリ人とイスラム教徒のジャワ人が対立し、宗教抗争に発展すると言われました。でも起きなかった。マルク諸島のようにプロポカトール（煽動者）がバリにも来ていましたが、バリ人は平和になることを祈り、煽動されませんでした。争いが始まれば、カルマパーラ（因果応報）といって、限りなく戦いが繰り返され、滅びていくことが分かっているからです。

一年前、アメリカはテロに対する報復だと武力攻撃を始めたけれど、戦争に終わりはありません。

イスラム教はすばらしい宗教です。でもどの宗教でも自分に都合のいいように解釈し、宗教を利用する人がいます。人を殺してもいいと言っているイスラム教徒が増えていますが、宗教の本筋から外れています。お祈りを繰り返している多くの真面目なイスラム教徒とは違います。

バリでは儀式がどんどん豪華になっています。見栄と欲の犠牲でファッションショーのようになってしまいました。この機会にシンプルなものに戻らないと、お金の負担が重くなります。その代わり、お祈りの回数を増やせばいいのです」

「ここからは芸術家の勘だが」と、スウェントラさんは言って話を続けた。

「容疑者グループが捕まっていますが、一番上は捕まりません。それがインドネシアです。この国の警察が優秀でないことは誰でも分かっています。あんなに多くの容疑者が次々と捕まるのはおかしい。一番上は軍人か、政治家か、スハルトファミリーのような金持ちかは、永久に分かりません。だからバリ人はあの容疑者グループを憎んでいません。あの容疑者たちのことにはあまり関心がないのです。

一一月一五日のウパチャラアベン（慰霊祭）でバリの人の気持ちは安心感に変わりました。それまでは怪奇な現象が続いたり、バリ人は不安がいっぱいでした。もう大丈夫です。爆弾テロ事件を機にバリをよくしましょう」

▲事件からひと月、クタで慰霊祭が開かれ住民の気持ちは落ち着いた（佐藤水無さん写す）

誰が何のために

アメリカは9・11同時多発テロ事件の後、イスラムテロ組織アルカーイダを実行犯とみなし、ウサーマ・ビンラーディン氏を首謀者と断定した。アルカーイダに基地を提供しウサーマ・ビンラーディン氏をかくまっていたアフガニスタンのタリバーン政権に対し報復攻撃を開始した。

米英軍による大規模な空爆が断続的に始まり、ほぼアフガニスタン全土が対テロ戦争の危機にさらされた。巻き添えになって死んでしまったアフガニスタンの民間人の数は、少なくとも四〇〇〇人を越えたという。その数は同時多発テロ事件の死者を上回っている。

タリバーン政権は崩壊したが、ウサーマ・ビンラーディン氏は逃亡を続けているようだ。そして世界は安全になったかというと逆で、テロの危険性は高くなっている。

同時多発テロから一年余りたち、インドネシアで同じ日に三カ所で連続爆弾テロ事件が起きた。一〇月一二日一九時頃、スラウェシ島の北部の都市マナドのフィリピン領事館付近で爆発が起こった。そして二三時頃バリ島のクタで大小三回爆発が起こり、直後に州都デンパサールにあるアメリカ総領事館近くの公園で爆発が起きた。

クタ以外では死傷者はなかったが、外国人と外国を標的にしたテロだ。日本でニュースを見ていた私は、最悪の場合、「インドネシアがアフガニスタンのように空爆される可能性もある」と思った。もしバリ島のテロ事件の真相追及がうやむやになると、アメリカはオーストラリアと合同で、テロ組織掃討の名目で報復攻撃をしかけてくるのではないか、と心配になった。そうなるとインドネシアの二億二〇〇〇万以上の国民と数万人の外国人が危機にさらされ、大変なことになる。

自国のためには他国の人の命の価値などほとんど認めていない、これまでのアメリカの姿勢を見ていると、テロ組織のアジトがある島を「怪しい島」とみなせば、攻撃の対象になる。そして世界のメディアが追随して「怪しい島」と報じるだけで、その島は攻撃を受ける前に経済や生活が暗転する。

早期に犯人が逮捕されればいいが、それはインドネシア警察には難しい。インドネシアでは大事件になるほど真相は闇の中になる。これまでジャカルタなどで起きている爆弾テロ事件でも犯人はほとんど逮捕されていない。政治家や警察幹部は、「全力で捜査し、逮捕する」と見得を切るが、ひと月もすると別の事件が起き、同じ政治家や警察幹部がまた、「全力で捜査し、逮捕する」と繰り返す。発言に責任が伴わないから、誰もお上を信じなくなる。そして「犯人は金を払えば、捕まらない」と国民に噂されるようになる。

事件の翌日バリの現場を視察した国家警察長官は記者会見で、「テロリストの犯行だ。爆弾はディスコ前に停めた車に仕掛けられていた」と述べた。素人レベルの認識に記者団は落胆した。「またか」と、私も思った。

幸い「インドネシア空爆」は、私の思い過ごしで終わった。危機がなくなった大きな要因は、インドネシア政府がテロ組織に対し捜査に乗り出し、容疑者が逮捕されたからだ。一一月五日、警察は爆弾を仕掛けた車の所持者で爆薬の調達や現場の責任者だった、東ジャワ州に住むアムロジ容疑者（40

歳）を逮捕した。その後、芋づる式に容疑者を逮捕していった。事件が起きてからひと月余りで、直接関与した五人の容疑者と逃走の手助けをした一五人を逮捕した。

一一月二一日、実行犯グループの主犯格だと認める、イマム・サムドラ容疑者（35歳）をジャワ島西部のメラク港で逮捕した。サムドラ容疑者は、二〇〇〇年のクリスマスイブに全国一八カ所で起きた（一九人の死者と、約一〇〇人のけが人を出した）連続教会爆破、翌年七月のジャカルタの二カ所の教会爆破、八月のジャカルタのショッピングセンター爆破などに関与したことも自供した。

ジャワ島で生まれたサムドラ容疑者は、マレーシアに渡って工科大学を卒業した後、爆弾製造技術や銃器の取り扱いなどをアフガニスタンで学んだ。その後マレーシアに戻り、イスラム系学校で宗教を教えながら過激な思想に傾斜していったという。また東南アジアのイスラム過激派組織「ジェマー・イスラミア（イスラム共同体。ＪＩ）」の幹部であることも認めた。

「ＪＩ」は中東が本拠地のアルカーイダの東南アジア支部としての役割を担っている。インドネシアから、フィリピン、マレーシア、シンガポール、パプアニューギニア、オーストラリアまでの広範囲を活動地域とし、既存の政府や国際秩序を破壊して、新しいイスラム共同体の国家を建設するという目的を掲げている。そして、スハルト政権下でイスラム過激派として逮捕されたこともあるアブ・バカル・バアシル氏を精神的指導者としている。

一方でインドネシアの政界や国軍との結びつきも指摘され、「ＪＩ」の工作員は宗教対立が続くマルク州やスラウェシ島のポソなどにも送り込まれて、実戦部隊としての役割も果たしていたという。これまでシンガポールやマレーシアでは治安当局が「ＪＩ」の工作員の多くを逮捕してきたが、インドネシアやフィリピンでは逮捕が遅れていた。「JI」のネットワークはフィリピン南部のイスラム武装組織「アブサヤフ」や「モロ・イスラム解放戦線」ともつながっていると言われている。

インドネシア警察がなぜ短期間に捜査を進展させ、多くの容疑者を逮捕できたのか。事件直後からオーストラリア連邦警察やアメリカ連邦捜査局（FBI）などの力を借り、合同捜査を進めたからだと、インドネシア人は口をそろえる。そして国家警察署長やバリ州警察の合同捜査本部長が一人で登場し、英雄気取りで記者会見するテレビを見ながら、「調子に乗るな」と揶揄《やゆ》する。

私は警察発表しか報道しないメディアも問題だと思う。容疑者の自供に疑問があっても質問もせず、一方的にインタビューを流すだけだ。

ジャーナリストとして恥ずかしいとは思わないのだろうか。独自の取材をしてこそ、プロの記者と言えるのではないだろうか。

カタールの衛星テレビ「アルジャジーラ」は一一月一二日、バリ島の爆弾テロ事件を賞賛するウサーマ・ビンラーディン氏の声とされる録音テープを放送した。彼はそこで、「(対イラク戦争でアメリカと同盟を組もうとする)オーストラリアの卑劣な行動に報いるテロだ」と述べた。しかし実行犯のアムロジ容疑者は、アメリカ人の多く集まるディスコ「サリクラブ」を狙ったと自供している。実際には「サリクラブ」はオーストラリア人の集まるディスコで、死傷者もオーストラリア人が多かった。アムロジ容疑者は爆弾の原料となる化学薬品や犯行に使われたライトバンなどを調達したとされている。

アムロジ容疑者は信奉するウサーマ氏の信条に反し、アメリカ人の集まる「サリクラブ」を狙ったのだろうか。「サリクラブ」をアメリカ人の集まるディスコと大きな勘違いをしていたアムロジ容疑者が、ほんとうに現場の責任者だったのだろうか。二〇〇三年六月、爆弾テロ事件の公判で検察はアムロジ被告に「テロ行為に関与したことは間違いない」として、死刑を求刑した。公判では事件への関与を認めていたアムロジ被告だが、取り調べの過程で警察から暴行を受け、犯行を認めざるを得なかったとも述べた。

サムドラ容疑者は、資金は宝石店を襲って四億ルピア（約六〇〇万円）調達したと自供している。しかし大胆な爆弾テロ事件の実行犯の主犯格が宝石店を襲うというのは不自然だし、資金もそれで足りたのかという大きな疑問も残る。

バリ島の爆弾テロ事件発生直後から、「イスラム過激派の国際テロ組織が事件を起こした」というシナリオができてしまった。これはアメリカの戦略そのものだ。メディアによって繰り返し世界に伝えられ、「ノー」と言えない空気になってしまった。

ブッシュ米大統領は事件の二日後の一〇月一四日（現地時間）、「アルカーイダの犯行だろう」との見解を示し、メガワティ大統領にテロ対策の強化を迫った。犠牲者の弔問にバリを訪れたオーストラリアのダウナー外相は一五日、「ＪＩによる犯行の可能性がある」と述べた。

アメリカやシンガポールなどから「インドネシア国内にテロ組織が存在する」と再三指摘されながら、それを認めようとせず対応を後回しにしてきたメガワティ政権は、爆弾テロ事件が起きると一転してテロ組織やイスラム過激派組織の存在を認めた。文民出身のマトリ国防相は事件直後の一四日、「アルカーイダがインドネシア国内の組織と連携して爆弾を仕掛けた」と述べた。それまでインドネシア政府は、反イスラムの戦いを続けるアメリカに反発し、国民の九割を占めるイスラム教徒の感情を考慮して、テロ組織の存在を認めていなかった。

続いて政府は、テロリストとみなせば拘束・逮捕できる「テロ対策令」を発令した。そして「ＪＩ」の精神的指導者アブ・バカル・バアシル氏を、自宅とイスラム寄宿学校（プサントレン）のある中部ジャワの古都ソロで逮捕した。バアシル氏は事件直後から、「バリ島の爆弾テロ事件はアメリカの自作自演だ」と主張していた。国際社会の目を気にするインドネシア政府としては、爆弾テロ事件とは直接関係がないとしても、バアシル氏を野放しにしておくことはできなかった。

また「ＪＩ」の工作員が含まれていたと言われるイスラム聖戦部隊（ラスカルジハード）も、マルク州などから撤退を始めたという。マルク州のキリスト教徒は敵にできても、国際社会を敵に戦う戦力もインドネシア政府の後ろ盾もなくなったからだ。

バリ島の爆弾テロ事件で「国際テロ組織の犯行」という流れができ、得をしているのはインドネシア国軍だ。事件直後、多くの新聞が「国軍組織が関係している可能性もある」という記事を載せた。過去の不可思議な事件には必ずといっていいほど国軍組織が関係しているので、少なくとも「ひとつの可能性」として考えるのが普通だ。

メガワティ大統領は一〇月二四日の産経新聞で、大塚智彦記者の質問に答え、「現時点では軍が組織として関与しているとは言えない。しかし元軍人が個人として関与した可能性はあるかもしれない」と述べている。

このインタビューは、メガワティ大統領が口を滑らせ、その後は「元軍人が怪しい」などとは発言しなくなったが、国軍の関与を匂わせている。大統領でなくても国民の多くが怪しいと感じていることだ。

私もそう思った。マルク、東ティモール、パプア、アチェなどで多くの人が殺され、町が破壊された背後には国軍があった。そして安全だと思われていたバリ島で爆弾テロ事件が起きた。インドネシアでこんなに大きな事件を起こせる組織は国軍しかないと思った。

バリ島のテロで使用された爆弾が、国軍の使用する「C4爆弾」である可能性が高いとインドネシア警察から発表された。「C4爆弾」は「RDX」という特殊な材料が使用されているため、軍

▲爆弾テロの現場（10月13日共同通信米元文秋記者写す）

関係者や外国人が介在しなければ入手が困難と言われる。アムロジ容疑者が購入した爆薬には含まれていないし、価格が高いので資金力のある組織でないと入手できない。

不可解な事件が起きるたびに「黒幕」と噂される元国軍司令官のウィラント氏や元陸軍特殊部隊(コパスス)隊長でスハルトファミリーのプラボウォ氏らはずっと沈黙している。現役の国軍幹部も発言を控えている。

現在警察に逮捕されている容疑者たちが実行犯だとしても、資金を出した「黒幕」は必ず存在すると私は思う。だが証拠をつかむことや彼らを逮捕することは困難だろう。「黒幕」はこれまでもインドネシア現代史の中で何度も存在を指摘されながら、決して姿を現さない。「黒幕」は自分が表に現われないためには、いくらでも資金を使って姿を隠す。

スハルト退陣から五年余り、インドネシア各地で万を超える人が殺された。バリ島の爆弾テロ事件では一度に二〇〇人以上が殺された。インドネシアではそれほど珍しいことではない。しかし現場が国際的観光地で、外国人の死者が多かったことで国際的に注目された。そして「テロ対策費」としてインドネシア政府は国際社会から資金援助が得られるようになった。日本政府はインドネシア政府に援助国の中では一番多い総額三二億円の巨額な支援を表明した。インドネシアでは援助が末端に届かず、必ずどこかで止まってしまう。政界や国軍とつながりのある「黒幕」はその「テロ対策費」のピンはねを狙ったのではないか。もちろんこれは私の想像だ。

しかし今インドネシアで、「国軍の裏」や「黒幕」を取材するには、命を懸けなければならない。

バリ島の爆弾テロ事件は、「国際テロ組織の犯行」という国軍にとって有利な流れができ、国内の治安問題を「テロリスト」のレッテルを貼れば、処理できる体制ができた。これで国軍に対抗する勢力は、国際社会のお墨付きを得て、国軍が合法的に抑圧できる。

テロ事件から半月後、国軍はスマトラ北部のアチェの独立派武装組織自由アチェ運動(Gerakan Aceh Merdeka 略してGAM=ガム)をテロ組織と断定した。そしてテロ組織撲滅とインドネシアの統一を守るという名目で二〇〇三年五月、戒厳令下の軍事作戦に突入した。個人に対しても「テロリスト」とみなせば、国軍の思い通りに処分できる。国軍や軍人に都合の悪いことを取材しようとするジャーナリストが現れたら、抹殺もできる。あとで「彼はジャーナリストでなくテロリスト」だったと言えばいい。

スハルト時代よりも国軍に権力が集中し、国際社会から支援が得られるようになった。しかし弱い立場の人たちが見えないところで、国軍に虫けら並みに扱われている。スハルト政権が倒れた九八年五月、国民の期待が膨らんだ。しかし、「インドネシア民主化の夢」は今どこへ行ったのだろう。

第五章　アチェ

アチェ
Aceh
ウェー島
サバン
Sabang
アンダマン海
バンダアチェ
Banda Aceh
シグリ
Sigli
ビルン
Bireuen
ロクスマウェ
Lhokseumawe
マラッカ海峡
ジャンブア岬
Meumata
Janthoe
Lammeulo
ロクスコン
Lhoksukon
パントンラブ
Pantonlabu
プエツァグ山
Lhokkruet
Blangrakal
Peureula
チャラン
Calang
タケゴン
Takengon
パテック
Patek
タワル湖
セシウワン山
ランサ
Langsa
タミアン岬
Kualasimpang
アボンガボン山
ムラボ
Meulaboh
バランケジエレン
Blangkejeren
Tanjungpura
Belawan
Genting
インド洋
バランピディ
Blangpidi
ルーセル山
クタンベ国立公園
メダン
Medan
コタチャネ
Kutacane
シンパンキリ川
タパトゥアン
Tapaktuan
バコガン
Bakongan
ブラスタギ
Brastagi
トバ湖
シメウルー島
Sinabang
Rundeng
シディカラン
Sidikalang
スブルスサラーム
Subulussalam
北スマトラ州
Singkil
バニャック諸島
N
0
60km
ニアス島
Gunungsitoli

アチェをめぐる動き

一六世紀頃　アチェ王国が繁栄
一八七三年　オランダの侵略に対する抵抗闘争（アチェ戦争）〜一九一二年
一九四五年　インドネシア独立
一九七一年　ロクスマウェ近郊で天然ガスが発見され、その後日本の援助などで精製工場を建設。液化天然ガス（LNG）生産輸出へ
一九七六年　一二月、独立派武装組織自由アチェ運動（GAM）が独立宣言
一九九〇年　スハルト大統領がアチェ北東部三県を軍事作戦地域（DOM）に指定し、独立派鎮圧作戦開始
一九九八年　五月、スハルト政権崩壊。ハビビ副大統領が大統領に就任
八月、ハビビ大統領DOM指定を停止
一九九九年　三月、ハビビ大統領州都バンダアチェを訪問し、国軍の過去の弾圧を謝罪
五月、ロクスマウェ近郊で独立派の集会に国軍が発砲。四〇人以上死亡
六月、インドネシア総選挙。アチェではボイコット
七月、GAMと国軍の戦闘が多発。三カ月で一〇〇人以上が死亡
八月、国軍がGAM掃討のため「新攻勢作戦」を開始。国軍の撤退を要求し、全州でゼネスト
一〇月、ハビビに代わりアブドゥルラフマンワヒドが大統領に就任
一一月、大統領の住民投票前向き発言で、バンダアチェで数十万人の住民投票実施求める集会
一二月、アチェ各地で「独立から二三年を祝う」式典開催。国軍が発砲し、北アチェ県などで死者
二〇〇〇年　五月、インドネシア政府とGAMが停戦協定に調印。国軍は兵力を増強し戦闘が拡大。毎月一〇〇人単位の死者
一一月、住民大会に参加する市民に治安部隊が発砲。GAMの発表では一一八人死亡
二〇〇一年　三月、国軍が「治安回復作戦」でGAM掃討を本格化。戦闘がアチェ各地に拡大
六月、中アチェ県の戦闘で中学生ら一〇人が死亡

七月、アチェ特別自治法が国会で可決
八月、東アチェ県で国軍が幼児を含む住民四〇人以上を虐殺
治安悪化で四カ月停止していた天然ガス輸出を再開
九月、メガワティ大統領就任後、初のアチェ訪問でこれまでの強権的な対応を謝罪
メガワティ大統領は9・11後、GAMをテロ組織とみなし、独立運動の鎮圧を強化

二〇〇二年　一月、政府が税制の優遇や固有文化尊重を盛り込んだ特別自治法施行
「アチェ特別州」から「ナングロアチェ州」に州名変更
アチェに国軍の軍管区を復活させ、軍事圧力を強化
一〇月、北アチェ県で国軍がGAM司令部を包囲。ヘリコプターから空爆
一二月、アチェ各地でGAM創立二六周年を祝う式典開催
政府とGAMがスイスのジュネーブで和平協定に調印
外国人の停戦監視団がアチェに展開

二〇〇三年　三月、各地で停戦監視団の事務所が襲撃され、バンダアチェに撤収
五月、治安部隊が増強される
東京での和平協議が決裂。メガワティ大統領がアチェに戒厳令を布告し、GAM掃討の軍事作戦再開
五〇〇以上の学校が放火される
六月、軍事作戦再開後ひと月で、住民・GAM・治安部隊の死者数が二〇〇人を超える
八月、三カ月で死者数が七〇〇人を超える

総選挙ボイコット

スマトラ島北端のナングロアチェ州（人口四二〇万）はパプア州（イリアンジャヤ州）と並び、天然資源が豊富な州だ。北アチェ県のロクスマウェ近郊には世界有数のアルン天然ガス田を抱え、エクソン・モービル社など外資系の液化天然ガス（ＬＮＧ）精製工場や合弁の肥料工場などが建ち並んでいる。最大の得意先は日本の電力会社で、アチェで一年間に生産されるＬＮＧ五〇〇万トンのうち、三五〇万トン以上がマラッカ海峡を通って輸出されている。

しかし利益のほとんどがジャカルタ政府に入り、地元に還元されていない。合弁会社の幹部社員や外国人は、高いフェンスに囲まれ芝生が敷きつめられた高級住宅地で暮らしている。周辺の住民の暮らしとは天と地の開きがある。

「利益が地元に還元されていれば、ブルネイやクウェートのような贅沢な暮らしができるのに」と、住民はぼやく。

もしアチェの天然資源が豊富でなかったら、独立闘争に対するインドネシア政府の対応も変わっていただろう。

マラッカ海峡の北端に位置するアチェは古くから海洋交易で栄え、一五世紀末には独立したアチェ王国としてインドやオスマン・トルコなどと密接な関係を結んでいた。スマトラ産の香料はヨーロッパへ運ばれて富をもたらし、西アジアから入ってきたイスラム文化が王国を繁栄させた。独立闘争はオランダの侵略に対する王国の抵抗から続いてきた。一八〇〇年代後半から四〇年間続いたアチェ戦争は、オランダ植民地支配に対しアチェの民族主義者たちがゲリラ戦を繰り返したものである。

インドネシアの独立戦争でもアチェ人はオランダに対し勇猛に戦い、インドネシアの独立を確実なものにした。その功績を認めたスカルノ初代大統領は、イスラムに基づくアチェ自治政府樹立の約束をした。しかしアチェは北スマトラ州に併入されてしまい、それに反発したアチェ人はイスラム共和国建設を唱えて反乱を起こした。スカルノはアチェを「特別州」として他の州と区別し、宗教などで特権を与えたが、実際には名目的なもので、自治政府樹立の約束はほごにされた。

一九七〇年代からアチェの天然ガス生産が日本の援助などで本格的に始まった。しかしインドネシア政府が利益のほとんどを奪っていくという不満から、独立闘争が再燃した。七六年にはアチェ王国の主権を継承するイスラム国家の建設を目指し、独立派武装組織自由アチェ運動（Gerakan Aceh Merdeka 略してGAM＝ガム）が独立を宣言した。だが最高指導者のハッサン・ティロ氏は治安当局の摘発を逃れ、七九年スウェーデンに亡命した。

九〇年、スハルト政権は経済開発には治安確保が必要として、北アチェ、ピディ、東アチェのアチェ北東部三県を軍事作戦地域（Daerah Operasi Militer 略してDOM＝ドム）に指定し、徹底的なGAM弾圧を開始した。以後、一般住民でもGAMに接触したと疑いをかけられただけで独立派とみなされ、命を狙われるようになった。国軍兵士らによる拷問や虐殺がアチェ各地で起き、一〇年間で五〇〇〇人以上が殺され、数千人が行方不明になった。

九九年六月、スハルト政権崩壊後初めてのインドネシアの総選挙があった。投票日前後、私はロクスマウェで朝日新聞の岡野直記者の取材を手伝っていた。四八もの政党が争い、結果が確定するまでに三カ月もかかったが、「インドネシア史上初めての民主的で公正な選挙」と言われた。しかしアチェでは大混乱の選挙だった。ロクスマウェが県都である北アチェ県では有権者の〇・五％しか投票しなかった。ピディ県、東アチェ県でもそれぞれ、二・三％、三九・三％で、アチェ州全体でも四二・五％の投票率だった。全国平均九三・五％と比べると異常に低い。当時、何が起きていたのか。

スハルトに代わり政権に就いたハビビ大統領は九八年八月、アチェでのＤＯＭ指定を停止した。そして九九年三月、州都バンダアチェを訪問し、過去の国軍による弾圧や人権侵害を謝罪し、自治拡大を約束した。

▲99年６月７日総選挙当日、ロクスマウェでは国軍の装甲車が住宅地を回り、投票を呼びかけた

東ティモールでは独立の是非を問う住民投票が九九年八月に予定されていた。アチェでも東ティモールに続けと独立の気運が盛り上がっていた。GAMは住民に総選挙のボイコットを呼びかけた。選挙を失敗させることで、アチェは中央政府の自治拡大政策には従わず、完全独立を目指すことを国際社会に訴えようとした。

日頃、資源があるのに貧しい生活から抜け出せないという不公平感に加え、肉親を国軍に殺されたことに対する復讐心を持つ北部三県の住民の中に、「独立あるのみ」というGAMを支持する者が増えていった。町角にはGAMの旗が翻り、独立や住民投票を訴える横断幕やポスターが貼られて、インドネシアならどこでも見られた総選挙の投票を呼びかける幕や政党の旗が消えていた。頭にジルバップ（イスラムのかぶりもの）を付けてGAMに入隊し、銃を手にする女性も増えていった。

GAMはインドネシアの象徴としての警察署を襲撃した。投票所を襲撃するという噂も流れた。学校や役所など政府の建物や幹線道路を走るバスが何者かに放火される事件も相次いだ。そのため政府は国軍を増派した。

五月初め、ロクスマウェ近郊で行なわれた独立派の集会で国軍が発砲し、四〇人以上の死者が出るという事件が起きた。国軍に恐怖を抱いている農村部の住民は、モスクや学校などに避難したり、アチェから脱出した。人口約九六万人の北アチェ県だけで、二万人が難民になった。

投票日が近づくと、地方議会議員候補者の立候補取り下げが相次いだ。有権者登録も二〇％にとどまった。そのため北アチェ県の選挙管理委員会は、ジャカルタの総選挙委員会本部に選挙の延期を訴えた。「殺人の元凶である国軍の増強は逆効果だ。有権者が怖がっている」と、地方政府の役人である選管幹部のブルハヌディンさんでさえそう言った。

しかしジャカルタ政府は、国際社会にも注目された「インドネシア民主化後初の総選挙の成功」を印象づけるために、スマトラ島の一部で起こったことを問題にせず、選挙を強行した。

投票日の六月七日、ほとんどの商店がシャッターを閉め、ロクスマウェの町はゴーストタウンのように人気《ひとけ》がなくなった。国軍の装甲車が音楽を流しながら住宅街を回り、マイクで「治安は確保されています。投票に行きましょう」と呼びかけたが、窓も扉も閉ざされたままだった。

国軍司令部前の広場の投票場には、投票開始から一時間で軍人と政党関係者の家族ら数十人が訪れただけだった。この日、北アチェ県では有権者の〇・四％しか投票しなかった。「あれほど投票延期をジャカルタの本部に訴えたのに」と、ブルハヌディンさんは落胆した。

北アチェ県の選管は特別に投票期間を三日に延ばしたが、焼け石に水だった。

選挙をボイコットした住民に話を聞いた。

「資源をジャワに盗まれている。独立すれば豊かになる」、「対岸のマレーシアには船で一晩で行ける。マレーシアはインドネシアよりずっと豊かになった。アチェが独立すれば、マレーシアに追いつける」、「インドネシア政府もアチェ選出の議員も嘘を繰り返してきた。選挙をする意味はない」、「初めて選挙権を得たが投票には行かなかった。独立を問う住民投票まで選挙はしない」

アチェ州北東部三県で起きたことは、インドネシア全体では大きな問題にならなかった。ジャカルタの政治家たちは、「総選挙は大成功。インドネシアは民主国家の仲間入りができた」と胸を張った。内外のメディアも、「選挙はおおむね成功」と報じた。

北アチェの村で

総選挙の取材中、岡野さんとロクスマウェから西へ車で二時間、ピディ県の村に行き、国軍の拷問を受けたというアブドゥルさん（30歳）から話を聞いた。

人口三〇〇人の村の村長だったアブドゥルさんは、ジャワ島から派遣されピディ県に駐屯していた国軍に、突然出頭を求められた。スハルト政権が倒れる直前、九八年五月初めのことだった。村の住民の中にはGAMの支持者はいるが、アブドゥルさん自身はGAMとは関わりがないと訴えた。しかし国軍兵士は、村長なら村人の誰がGAMかは知っているはずだと問い詰めた。いくら知らないと訴えても、それならお前がGAMだということにしようと言われ、拷問を受けた。

複数の兵士に棒で殴られ、刃物で切りつけられた。電気ショックをやられ、汚水に漬けられた。薬を注射されたりもした。いつも死にそうになる直前に拷問は終わった。兵士たちの残酷さは人間とは思えなかったという。ラジオからは、「スハルト政権が倒れインドネシアの民主化が始まった」とニュースが流れていたが、兵士たちの拷問はそれからもほぼ毎日続いた。

ハビビ大統領は八月七日、九〇年から北東部三県で続いていたDOM指定を停止した。それに伴い国軍の一部が撤退することになり、アブドゥルさんも三カ月ぶりに解放された。しかし一年近く経っても後遺症で両手が動かず、会話にも障害が残っていた。

アブドゥルさんに話を聞いたあと、村人に国軍が駐屯していた家屋の跡に案内してもらった。森に囲まれた集落の壁には、「ここが国軍による拷問の地だった」と赤いペンキで書かれていた。しかし家屋は国軍が去ったあと、焼かれてしまったという。証拠をなくすために撤退前に国軍が焼いたのか、GAMによって焼かれたのかは分からない。しかし拷問された人を縛り付けていた木と針金、死体を投げ入れた井戸や埋めた穴などは元のままだった。薬を注射した注射器や刃物も残っていた。村人たちは、「この事実を国際社会に訴えたい」と言った。

総選挙のひと月ほど前から、学校や役所など政府の建物が次々放火された。幹線道路を走るバスが止められ、客を降ろしてから放火される事件も相次いだ。一部は独立派組織が総選挙のボイコットを狙って起こした犯行とみられ、国軍や警察はすべてGAMの犯行と発表した。しかし総選挙後も事件は続いた。GAMに不信感を抱かせ独立派

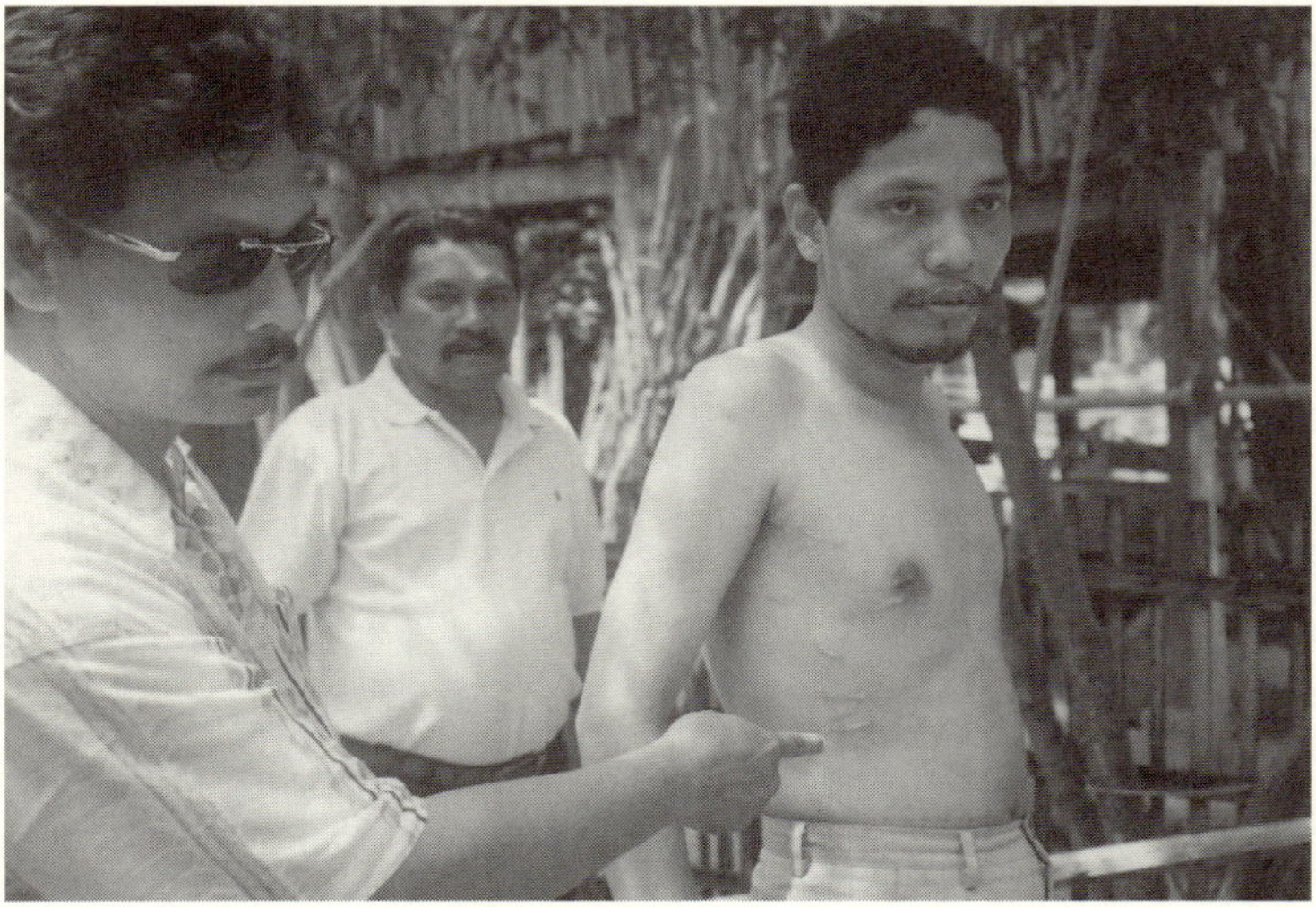

▲国軍の拷問を受けたアブドゥルさん。棒で殴られ、刃物で切りつけられ、薬を注射されもした

の影響力を殺《そ》ぐため、国軍が自作自演の事件を起こしているという見方が強い。

北アチェ県のロクスコンに行った。国立タナジャブアイ高校は、父兄の寄付で建てた図書館が全焼し、数千冊の本が灰になってしまった。翌日近くで数人の不審者を村人が捕まえた。

「みな他の土地から来た男たちで、そのうち三人が現役の軍人だった」と村人は言った。

高校に行ってみると、教室に枕を積み重ね、ガソリンをかけて火をつけた跡があった。プロの犯行のようだ。しかし、警察の現場検証はなかったという。事件当時も警察や国軍がいたのに、放火を見過ごし、犯人を逮捕しなかったという。

「真相が明らかにならないのは国軍が絡んでいたからだろう。教育が受けられなくなったアチェの子どもの将来が不安だ」と、タナジャブアイ高校の教頭は言った。

北アチェ県のパントンラブでは市場が標的になった。夜警していた住民らが協力して不審者四人を捕まえ、警察に突き出したので放火は免れた。

「アチェ語でなくインドネシア語を喋っていたので、よその土地から来た男たちだろう。GAMならアチェ語を使うだろうし、住民の生活の場である市場は焼かない。警察が何もしないから、住民は夜警を続けている」と、事件を目撃した雑貨商の女性は言った。

アチェの地元紙『スランビ』（九九年六月五〜九日付け）も「放火事件はGAMよりも国軍が関与している可能性が高い」、「学校や市場を狙うのは住民の不安をかきたてるのに都合がいいからだ」と報じていた。

私たちはGAMの報道官、イスマイル・サプトラさんに会いに行った。ロクスマウェの幹線道路から脇道に少し入ると、いたるところにGAMの旗が上がっていた。高い鉄塔の上にもGAMの旗は翻っていた。スウェーデンに亡命したGAMの最高指導者ハッサン・ティロ氏の写真がかかる民家で、サプトラさんを待った。「僕たちの写真を撮って」と、子どもたちが集まって来た。危険な感じはまったくなかった。街道から二キロほどしか離れていないが、国軍は怖くて入ってこないという。

「アチェが独立したら、次はスマトラを独立させる。ジャワ人はジャワ人の国をつくればいい」と集まった村人は勝ち誇ったように大声で言った。そして「スマトラ国」の地図を見せてくれた。

しばらくしてサプトラさんが来た。三四歳という若さだ。私が抱いていたGAMの幹部とはイメージが違った。戦士の面影はなく、学生のようだ。さっき会っていた村人の方がずっと実戦を経験している感じだった。しかしさすが報道官、よく喋るというか、口は達者だった。

「GAMが学校を次々と放火していると言うが、すべて国軍の仕業だ。子どもの教育はアチェの未来だ。GAMが放火するはずがない。しかしインドネシアの嘘を子どもに教育されては困る。よそから来た変な教師がいることは確かだ。アチェの歴史や文化をもっと学校で教えなければならない」

「GAMはスウェーデンのハッサン・ティロ最高司令官と連絡を取りながら活動している。海外にもたくさんGAMはいて、彼らの送金も闘争資金になっている。GAMとインドネシア政府、どちらが住民に頼りにされているか誰でも分かるだろう。GAMは住民の有志が集まった民兵組織だ。国軍が住民に対しどんな悪事を働いてきたか。国軍がいなかったらGAMは必要なかったはずだ。それなのにアチェ全域に日々、国軍が増強されている。日本や外国のメディアはもっとこの問題を海外に伝えて欲しい」

サプトラさんはその後、何者かに誘拐され、行方が分からなくなった。

私たちは北アチェ県の県警本部に行った。取材中、県警幹部のイスカンダルさんが言った。

「おもしろいものを見せてあげます」

机の横の鞄から出したものは、いくつもの大麻の包みだった。アチェは大麻など麻薬の栽培地としても有名で、国軍がビジネスを取り仕切っているとか、GAMの資金源になっているとか、アチェ料理の隠し味として使われているとか、いろいろな話がある。

イスカンダルさんはいきなり大麻を紙に巻き自分で吸い始めた。そして、「美味しい。吸ってみませんか」と私たちに勧めた。私は吸わなかったが、室内に独特の香りが漂った。

「これはGAMから押収したものだ」と、イスカンダルさんは言った。

その後は、「乾燥した上質のものと、乾燥が足りないものでは値段が違う」、「一キロ三〇万ルピアの大麻を北スマトラのメダンに運ぶと一〇〇万ルピア、ジャカルタだと五〇〇万ルピア、バリが一番高くて一〇〇〇万ルピア」などと、自分がビジネスをやっているのではと疑うほど詳しく説明してくれた。だいたい押収した大麻が入った鞄を自分の部屋にいくつも置き、自分で吸っている警官がいるというのがおかしい。あの大麻の包みはその後どうなったのだろう。そして岡野さんと二人でいくら考えても分からなかったのは、「警官なのになぜ私たちの目の前で大麻を吸ってみせたのか」ということだった。

独立派掃討作戦

ハビビ大統領が設置した「アチェで起きた人権侵害に関する真相調査委員会」は、DOM（軍事作戦地域）時代の九〇年から九八年八月までの八年間で、国軍を中心に、住民に対する虐殺、誘拐、強姦、拷問などの人権侵害や残虐行為が約七〇〇〇件に上り、六〇〇軒の家屋が焼き払われたと発表した。事件には多数の国軍兵士や警察官が関与していることを裏付ける証拠は十分あり、ウィラント氏ら歴代国軍司令官の責任も指摘している。

しかし総選挙後、国軍はGAMに対する掃討作戦を本格化させた。インドネシア国家警察のロスマンハディ長官は九九年八月四日、「身分が不明確な者、武器を所持している者については、発見次第発砲せよ」との命令を出すとともに、GAM掃討のため二〇〇一年一月までの六カ月にわたる「新攻勢作戦」の開始を明らかにした。作戦では、ジャカルタから機動隊三一〇〇人、国軍兵士二〇〇〇人を新たに増派、海兵隊や空軍の戦闘機も投入した。「新攻勢作戦」の背景には、GAMによる総選挙ボイコットで国軍の威信が傷つけられたので、「力の誇示」をして独立派を押さえ込み、反インドネシア機運を払拭する狙いがあった。東ティモールに続く、アチェの独立の目をつぶす目的もあった。

これに対し、四、五日の両日、学生や人権団体が国軍の撤退を要求し、ゼネストがアチェ全州で行なわれた。ほとんどの住民が同調したので、社会・経済活動が麻痺し、公共交通も運行を取りやめた。ジャカルタでは四日、オランダ大使館構内へ入った男女一三人が、アチェで人権侵害を繰り返す国軍を非難する横断幕などを掲げ、インドネシアの旧宗主国オランダに独立支援を求めて座り込みを始めた。

アチェでは国軍の「新攻勢作戦」でGAMとの抗争が各地に拡大していった。武装組織のGAMとは一線を画し、穏健路線を目指す学生団体は一般の住民が犠牲になることを阻止するために、アチェ住民投票情報センター（Sentral Informasi Refrendum Aceh 略してSIRA＝シラ）を結成し、住民投票を訴え、支持を広げていった。

その間インドネシアでは大きなニュースが相次いだ。東ティモールの住民投票と八月から九月末にかけて起きた騒乱と多国籍軍の派遣。一〇月にはインドネシアの大統領選挙が前倒しされ、不安定なジャカルタの政局や拡大するデモの報道で、アチェで起きていることを伝える内外のメディアは減った。東ティモールを撤退した国軍がアチェに転戦し、抗争が止まらず治安がどんどん悪化していったのに。

一〇月二〇日、ハビビに代わり、アブドゥルラフマンワヒドが新大統領に就任した。東アチェ県では二三日、GAMや学生らの呼びかけで住民一〇万人が集まり、独立の是非を問う住民投票の実施を大統領に要求し、「民族自決」を訴えた。一一月八日、州都バンダアチェで住民投票を求める集会が開かれ、これまでで最大規模の数十万人が集まった。会場からあふれた住民らはトラックやオートバイで市内をパレードした。集会では学生代表やイスラム指導者らが、「アチェ人のためには独立あるのみ」と訴えた。

一二月四日、GAMがアチェ各地で七六年の「独立宣言」から二三周年を祝う式典を開いた。これに呼応して独立旗を揚げるなどした住民に対し国軍が発砲し、北アチェ県や西アチェ県などで五人が死亡した。ロクスマウェ近郊では民家を治安部隊が襲って、窓ガラスを割るなどし、住民七人が行方不明になった。

アブドゥルラフマンワヒド大統領は就任直後、「アチェの住民との対話を重視したい」、「住民投票を実施してもよい」、「アチェの問題は数カ月で解決ができる」、「大多数の住民は独立を要求していない」などと述べた。しかし初めてアチェを訪問したのはそれから三カ月たってからで、州都バンダアチェには寄らず、沖合いのウェー島に行っただけだった。

その後も住民の期待を裏切る政策が続いた。アチェ問題を解決するためには不可欠な「アチェで起きた人権侵害に関する真相調査委員会」が要請した特別法廷の設置もほごになった。二〇〇〇年五月一二日、スイスのジュネーブでGAMとイン

▲国軍とGAMとの抗争を逃れ、避難所で暮らす人が急増した

ドネシア政府は停戦の合意に調印した。しかし政府は、停戦しても独立派を利するだけだと主張する国軍に屈して、駐留軍を増強したため、交戦は止まず、毎月一〇〇人単位の死者が出るという異常事態を招いた。

一一月八日、アチェ独立運動史上最悪の惨事が起きた。「平和のためのアチェ住民大会」に参加するため、アチェ各地からトラックやバスを連ね、住民数万人が州都バンダアチェに向かっていた。それに対し治安部隊は参加を阻止しようと住民への発砲や逮捕を繰り返した。GAMの発表によると一一八人が死亡した。また警察は学生団体SIRAのモハマド・ナザル代表を、住民大会を開いて暴力行為を煽動した容疑で逮捕した。政府に対するアチェ住民の不信感は増大し、一二月にアブドゥルラフマンワヒド大統領が初めてバンダアチェを訪れたときも歓迎されなかった。

二〇〇一年初頭から、資金の不正流用に関与したとして、アブドゥルラフマンワヒド大統領の弾劾問題が浮上し、メディアの関心はアチェから離れて、ジャカルタの政局へと移っていった。しかし「ほぼ毎日どこかで犠牲者が出ている」と言われるほど、アチェの紛争は拡大した。

三月、エンドリアルトノ陸軍参謀長は、GAMの拠点を制圧していく考えを明らかにし、機動隊二万人、国軍一万人以上を増派し、「治安回復作戦」と名づけて、GAM掃討作戦を本格化させた。GAMは山間部へ拠点を移したため、中アチェ県や南アチェ県など、これまで紛争が及んでいなかった地方でも犠牲者が増えていった。GAMによると、一カ月に二〇〇人以上の住民が死亡したり、行方不明になったりした。大学の学長や元州知事らが暗殺され、医療活動などをしていたNGOのほとんどがアチェから引き揚げて行った。

治安の悪化は液化天然ガス（LNG）の生産中断も招いた。ロクスマウェ近郊のアルン地区にある米国系のエクソン・モービル社が従業員の大半を避難させたため、日本向けなどのLNG生産ができなくなった。事態を重くみたインドネシア政府は、ロクスマウェ周辺に国軍を増強した。

七月末、政権に就いたメガワティ大統領は、インドネシアの統一が地域の安定に役立つと国際社会に訴え、明確にアチェの分離独立を否定した。父親のスカルノ初代大統領が建国したインドネシアの領土を守らなければという意識が強く、国民の生命が置き去りにされている。

八月、住民が国軍に虐殺される事件が起きた。SIRAの調査によると、東アチェ県のアブラヤシのプランテーションでGAMが国軍の監視所を急襲し、二〇人以上の兵士を殺害した。これに対し国軍兵士がトラック二台で送り込まれ、プランテーションの農民男性たちを上半身裸にして一列に並ばせた。中には二歳半の幼児がいた。兵士の隊長は「GAMの居場所を知っているか」と尋ねた。男性らが「知らない」と答えると、「悪いが報復しなければならない」と、一斉に乱射を始めた。虐殺された住民は四〇人を超え、女性ら数十人が連れ去られた。インドネシア政府もその事実を認めた。

九月八日、メガワティ大統領は就任後初めてバンダアチェを訪問し、これまでの政府の対応を謝罪して、平和的な手段で問題を解決したいと呼びかけた。しかしその半月後、国際的な「テロ組織撲滅」の流れに乗り、GAMをテロ組織とみなして、国軍をさらに増強し住民を監視して、独立運動の鎮圧を強化した。国軍のいいなりだ。

九月一一日の同時多発テロ事件以降、世界の目は、ウサーマ・ビンラーディン氏が潜んでいるとされる、米軍の空爆が始まったアフガニスタン情勢に釘付けになった。「インドネシアが注目されない」、

「今ならアチェのことをメディアが報道しない」、「この隙にアチェの独立運動を武力で粉砕しよう」などと国軍は考えたのだろうか。アチェの紛争は国軍の攻勢で泥沼化して行った。

二〇〇一年一〇月、私はそんなアチェを旅することにした。

アチェの辺境

同時多発テロ事件以降、イスラム教徒が新たなテロ事件を起こすかもしれないという警戒感が広まっていた。世界最大のイスラム教徒を抱えるインドネシアもアメリカ政府から「危険国」とされ、ジャカルタなどに在住するアメリカ人家族が避難するため、ジャカルタの空港に集まっていた。それを横目に私は、二〇〇一年一〇月九日メダン行きの飛行機に乗った。メダンからは陸路でアチェに入ることを考えていた。バスで各地を回りたかったからだ。まだ行ったことのないコタチャネやタケゴンという山間部の町や、九四年以来訪れていないインド洋側の西海岸の町にも行きたかった。

メダンまでは二時間の快適なフライトだった。空港の売店でアチェに行くと言うと、「戦争が続いていて危ない。ほんとうに行くのか」と、言われてしまった。メダンだけでなく、それがふつうのインドネシア人の気持ちだ。

空港からバスの乗り場に行き、東南アチェ県のコタチャネ行きのバスに乗った。バスといってもボックスカーで、一六人が詰め込まれていた。高原の避暑地ブラスタギ、スマトラ最大のトバ湖の北を通り三時間、テガビナンガンという村で休憩時間となった。北スマトラのバタック族の多くはキリスト教徒なので豚肉を食べる。アチェに入るとイスラム教徒が多くなるので、豚肉はバンダアチェなど大きな町の中華料理店くらいでしか食べられなくなる。豚肉の好きな私はバタック族の店に入り、豚肉料理バビパンガンを注文した。豚肉の食べ納めだと思うと、とてもおいしかった。そして五〇〇〇ルピア（約六〇円）と安かった。

アチェ州との州境まで二時間、カーブの多い山道を走った。州境を越えアチェ州に入っても、キリスト教会が目立った。カカオの実を干す農家やとうもろこし畑が続く景色も、コタチャネに着くまで一時間変わらなかった。

コタチャネはイスラム教を信仰するアラス族の町だが、北スマトラ州に近いのでキリスト教徒のバタック族も二割くらいいる。アチェには珍しいイスラム教徒とキリスト教徒が混在している町だ

▲アチェの辺境コタチャネは牛車が行き交うのどかな町だ

った。車で一昼夜かかるバンダアチェより、半日で行けるメダンとのつながりが深い。

キリスト教会からオルガンの音が聞こえてきたと思ったら、モスクで礼拝を終えて家路につく若い女性たちとすれ違った。このときのアチェの旅で夜九時半に若い女性を町で見たのは、コタチャネが最初で最後だった。誰に聞いても、コタチャネがアチェで一番安全だと言った。コタチャネのある東南アチェ地方には、紛争の続くアチェ州から分離して、新しい州をつくろうという動きもあるらしい。

町を歩いていると、何度も荷車を引く牛を見た。農作業にも欠かせないようだ。きれいな川では女性たちが洗濯をしていた。以前アチェを旅したときの記憶が蘇《よみがえ》った。バタック族の食堂にはテガビナガンで食べ納めだと思った豚肉料理もあった。私は今度こそ食べ納めだと、豚肉入りの焼きそばを食べた。

コタチャネから五〇キロほど北西にクタンベという国立公園がある。世界最大の花ラフレシアやオランウータンなど珍しい動植物の宝庫として世界的に知られているので、数年前まで多くの観光客が訪れていた。

「山でトレッキング、川でラフティングを楽しむ外国人も多かったが、今はゼロに近い」と、観光事務所のアリミンさんは肩を落としていた。

高原町の涼しい夜、喫茶店に集まってコーヒーを飲みながらテレビを見ている男性たちが私に言った。

「治安の良いコタチャネに外国人観光客が来なくなったのは残念だ。でも武力で独立を勝ち取ろうとするGAMと、それをどんな手を使っても阻止しようとする国軍との抗争で、アチェの他の地域の治安が悪化したのは事実だから、アチェ全体の印象が悪くなっても仕方がない」

南アチェ県のタパトゥアンから出稼ぎに来て、ホテルで働く青年は、

「故郷では二〇〇一年に国軍が増強されてから、殺し合いが続いている。帰る気になれない。家族はメダンに避難した。コタチャネからの直通バスも走らなくなった。情報の入手が困難になり何が起きているのか分からない」と不安を隠せない。

「アチェが独立したらいいかどうか、私には分かりません。大事なのは、毎日ここで仕事が続けられる、平和なコタチャネが続いて欲しいということです」と、市場で食用のコイを売っている女性アニタさんは願っている。

北スマトラ州に近くアチェの辺境でもあるコタチャネは、まだGAMと国軍との抗争に巻き込まれていない。しかし日増しに増強されているという国軍のトラックが、自動小銃を担いだ兵士を乗せ、猛スピードで走り去って行った。

国軍兵士に迷惑

「タケゴンは危ない。行かない方がよい」

コタチャネの人々は口をそろえて言った。

国軍が独立派掃討作戦を本格化させた二〇〇一年三月の「治安回復作戦」以降、GAMは都市部や

平野部から山間部に追いやられ、スハルト時代には戦闘が及ばなかった平和な村にも犠牲が広がった。タケゴンがある中部アチェ県の山間部にも紛争が飛び火した。タケゴンの赤十字によると、三月以降、中部アチェ県だけで、五〇〇人以上の死者と四五一世帯、一七三〇人の難民が出ている。政府は国軍の暴走をコントロールできなくなってしまった。

私はタケゴンを目指した。コタチャネから小型バスで四時間、バランケジェレンまでは美しい農村の風景が続く。どこの盆地でも緑の水田が広がり、牛や水牛を使って米作りをしている。

バランケジェレンは東アチェ県や南アチェ県へ抜ける街道が交わる交通の要所だった。しかし国軍が掃討作戦のため二〇〇一年五月に二つの街道を封鎖してから、コタチャネとタケゴンの間にあるふつうの町になってしまった。どちらからも四～五時間かかるので、陸の孤島のようだ。道路を牛が行き交い、川では子どもたちが泳いでいた。夕方になると大人も集まり、マンディー（水浴び）が始まった。モスクから日没のお祈りを呼びかけるアザーンが響き、西の空一面にオレンジ色の夕焼けが広がった。椰子の木のシルエットが美しかった。

「バランケジェレンの名産はコーヒーだ。タケゴンも有名だがここの方がおいしいはずだ」と、食堂で出会ったザイヌディンさんは言った。

確かにコーヒーはおいしかった。砂糖を入れずに、アイスコーヒーにすると苦い味が引き立つ。インドネシアではコーヒーは、インスタントコーヒーを飲むようにお湯を注ぎ、コーヒーの粉がカップの底に沈むのを待ち、上澄みだけを飲む。アチェではコーヒーを木綿で漉《こ》す。入れ方の違いもあるが、私はアチェのコーヒーがインドネシアで一番好きだ。アチェでの楽しみは一日に何度もおいしいコーヒーが飲めることだ。

「ここではまだＧＡＭと国軍との戦闘は起きていない。しかし駐留する国軍や機動隊の数は増える一方で、農作業に出るときに不安を感じている」とザイヌディンさんは言った。

翌朝、人気の朝食屋で卵入りの麺を食べた。なかなかの味だ。コーヒーもおいしかった。

タケゴン行きの小型バスは一軒一軒家を回り、客を迎えに行く。だからタクシーとも呼ばれている。乗客はみなアチェ人で、ホテルから乗ったのは私だけだった。バランケジェレンを出発するまで一時間かかった。のどかなバスだ。

しばらくして自動小銃を持った二人の機動隊員が乗って来た。一人は私の横に座った。車内の乗客の会話が止まってしまった。政治的な話をしているわけではない。物価がどうだ、景気がどうだという話や水牛が歳をとって働きが悪くなったなどという日常会話だ。

運転手はアチェ民謡のカセットのスイッチを切った。無言の車内にはエンジン音と乗客が持ち込んだ小鳥の鳴き声だけが響いていた。

「どこへ行くのか、どこから来たのか」と機動隊員は聞いた。

「タケゴンへ行く、ジャカルタから来た」と私は答えた。

二〇分ほどして二人の機動隊員は料金を払わず降りて行った。車内に話し声が戻った。

「あんたはジャカルタから来たのか」と乗客に聞かれた。

「ジャカルタから来た日本人です」と私は挨拶した。

「我が物顔で乗り込んでくる機動隊員や国軍兵士には迷惑している」と乗客の一人が言った。

「この前は一人一万ルピア(約一二〇円)ずつ巻き上げられた」と別の乗客が言った。

すぐ先に国軍の検問所があった。通信設備などが整っているので村役場を駐屯基地にして、検問している。役場の業務はどうなっているのだろうか。乗客は全員降ろされ、身分証の提示を求められた。私はパスポートを出した。外国人だからか厳しくなかったが、他の乗客はみな鞄を開けられた。車内や屋根の上に積んだ荷物も調べられた。

検問が終わった後、「GAMからガードをしてやる」と言い、二人の国軍兵士が乗り込んできた。逆に標的になる恐れもある。車内の会話がまた途絶えた。

三〇分ほどして、次の検問所があった。ここも村役場だった。今度は男の乗客だけが降ろされた。荷物検査はなかった。二人の兵士は降りて行った。またタダ乗りだった。

運転手は検問所の兵士に、「女性グラビアの多

▲タケゴンの市場を走り回るベチャ。昼間は活気があるが、夜は人通りが絶える

い雑誌を買って来い」と頼まれたという。

「そんな雑誌、バンダアチェかメダンにしか売ってない。手に入らなかったというと何をされるか分からない」と言って、頭を抱えた。

タケゴンに着くまでの六時間、機動隊や国軍の検問が六回あった。八九年に東ティモールをバスで移動したときよりも、はるかに厳しい検問だった。

客が来ない観光地

タケゴンは標高一二〇〇メートルにある高原町だ。涼しく空気が乾いているので心地よい。「危ないから気を付けなさい」と言われて来た町だが、中心部の市場やバスターミナル周辺は、原付きのベチャが行き交い、買い物客であふれ、危険は感じなかった。市場には色とりどりの高原野菜や果物が並んでいた。マンゴがおいしそうだったので、ホテルを決める前にたくさん買ってしまい、重いマンゴの入った袋を持って宿探しをするはめになった。

少し歩いた所に新しいホテルがあった。従業員はマンゴを抱えた外国人を暖かく迎えてくれ、「半額にします」と言ってくれた。エアコン付きで（多分使わないが）、大きなテレビがある清潔な部屋が五万ルピア（約六〇〇円）というのは安い。安い理由はすぐ分かった。客がいないからだ。従業員に話を聞いた。

「タケゴンに来る観光客がいなくなった。町は安全だが、町の外は危ない。国軍に追われたGAMが逃げて来て、山に潜んでいる。それを国軍はしらみつぶしに捜す。見つからなくても手ぶらでは帰れないから、住民に暴力をふるい、銃を撃ちまくる。そして村を焼き払って行く。タケゴンがこんなことになってしまったのは、今年（二〇〇一年）になってからだ。それまではアチェで一番の観光地だった」

タケゴンに来た人は誰でも訪れるというタワル湖を見に行った。空の青と山の緑が水面に映り美しい。大きな湖だが波がほとんどない。小舟を浮かべて、釣りをしている子どもたちがいた。小さな魚がたくさん釣れていた。その魚に串を刺し、サテ（焼き鳥）のようにして焼き、塩をかけて食べ始めた。学校が終わったら毎日釣りをして、おやつ代わりに魚を食べるという。

学校では土地の言葉、ガヨ語の他、インドネシア語、アラビア語、英語を学んでいるという。ガヨ語ができるかどうかで、土地の者かよそ者かが分かるという。アラビア語ができると、イスラム教徒だとわかるという。「じゃあ日本語のできる人は？」と私が質問すると、「それは日本人だけだ」と即答した。いなかの子どもにしては珍しく、はきはきして論理的な話ができるので感心した。

遊んでいる子どもたちに聞いてはまずいかと思いながら、「GAMは怖いか？」と質問した。

「怖いはずはない、僕たちの味方だ。僕たちの親戚にもGAMはたくさんいる。GAMだけでなくGAMでないふつうの人を殺している国軍兵士の方がずっと怖い。夜になると湖の向こうの山から銃声が聞こえ、怖くて眠れない。だからGAMの人たちから、昼間でも町の外には出るなと言われている」

「もし私がその村へ行ってＧＡＭに会うとしたら？」と聞いた。

「絶対やめた方がいい。国軍に見つかったら殺される」と、叫ぶように言った。子どもたちの忠告に従うことにした。

きれいな夕焼けを湖で見た後、市場に戻った。昼間の活気が嘘のように人気がなくなっていた。まだ七時だというのに、ほとんどの店はシャッターを閉め、ターミナルにはバスが一台もなかった。そして停電していた。数軒の食堂だけは開いていたので、夕食を食べ、コーヒーを飲むことはできた。しかし、食後に食べたいと思っていたミカンを買うことはできなかった。ホテルは自家発電があるため、停電していなかった。客はやはり少なく三人だけだった。

翌日、赤十字に寄って話を聞いた。

「中部アチェ県だけで、この半年で五〇〇〇人以上の死者と一七三〇人の難民が出ている。しかし、

▲タワル湖で釣った魚を焼いて食べる少年たち。夜になると山から銃声が聞こえてくる

実際にはもっといるはずだ。病院や赤十字が調べた数字で、殺された人は自分で届けることができないし、他の県や州に避難して行った人が何倍もいるからだ。最近では町から二五キロ、ポンドックバル村の被害が一番ひどい。州政府からの援助は届くが、ジャカルタ政府からの援助はここに届くまでにどこかで消えている。外国の援助も減っている」

タケゴン生まれの職員は言った。

「太平洋戦争時、タケゴンにいた日本兵は町を整備してくれた。戦争が終わってもタケゴンに残った日本兵もいた。タケゴンの人は日本人が好きだ。GAMと国軍の戦争が早く終わるように、日本は調停して欲しい。早く国軍を追い出して欲しい」

日中は市場もバスターミナルも活気を取り戻していた。タケゴンから北アチェ県のビルン行きのバスは一五時が最終だという。夜間は危険だから走らなくなった。私の乗ったバスには、学校帰りの中高生がたくさん乗っていた。女生徒はみなジルバッブ（イスラムのかぶりもの）を付けている。このバスには国軍兵士や機動隊員は乗って来なかったが、道沿いに監視所は無数にあった。そこを通過するたびにバスはスピードを落とした。焼かれた家屋、集落も無数にあった。焼け跡には紅白のインドネシア国旗が立てられている。ここはインドネシア軍が占領したとでもいうように。

ビルンまで三時間半かかった。町を少し歩いてみると、新しく鉄道線路が敷かれていた。アブドゥルラフマンワヒド前大統領がアチェへの懐柔策の一つとして、七〇年代まであった鉄道を復活させようと建設を始めたという。私は鉄道が大好きだが、アチェは道路が整備されているので住民はバスで移動する。鉄道建設より、国軍の撤退などもっと優先させるべきことがあるはずだ。思いつきで始めたような鉄道建設はメガワティ政権に代わると止まってしまった。

ビルンからアチェ第二の町ロクスマウェに向かった。バスは一〇〇キロ近いスピードで飛ばした。街道沿いには焼かれた学校や役所などの建物と、国軍や機動隊の監視所が無数にあった。

時代は逆戻り

ロクスマウェのホテルにチェックインして数分後、その日もまた停電した。タケゴンと違い、ロクスマウェは暑い。冷房が止まった部屋を出て、懐中電灯を手に町を歩いた。住民もみな懐中電灯を持っていた。停電が恒常化しているようだ。ロクスマウェのある北アチェ県はインドネシア有数の液化天然ガス（LNG）の生産地だ。日本などに輸出されるLNGは発電に使われているというのに、その生産地が停電というのはやはりおかしい。

暗闇の町では食堂を捜し歩く気にもなれない。灯油ランプが灯る屋台で夕食をとった。しばらくして電気がついたが、商店街に人気はないままだった。ホテルに戻り、従業員に話を聞いた。

「ときどきGAMのメンバーが変死体で見つかります。国軍がGAMの犯行に見せかける住民虐殺もあります。人権活動家の暗殺も起きました。軍事支配を続けたスハルト時代より怖いと住民は脅えています。時代は逆戻りしました。町をあまりうろうろしない方がいいですよ」

しばらくしてまた停電した。蒸し暑い暗闇の部屋で早く寝るしかなかった。

二年余り前の九九年六月、私はインドネシア総選挙の取材でロクスマウェを訪れた。アチェの独立派は住民に総選挙のボイコットを呼びかけた。選挙を失敗させることで、アチェは中央政府の自治拡大政策には従わず、完全独立を目指すことを国際社会に訴えようとした。「独立あるのみ」というGAMを支持する者は増えていった。町角から政党の旗が消え、GAMの旗が翻り、独立や住民投票を訴える横断幕やポスターが貼られていた。北アチェ県の投票率は〇・五％しかなかった。面子を傷つけられた国軍は、GAMの拠点や独立派の多い北アチェ県を重点地域とし、一番多く兵力を増強して報復を開始した。

選挙から二年余りたったロクスマウェの町では、独立や住民投票を求める横断幕やポスターははがされ、どこにもない。すべての商店や民家にインドネシア国旗のシールが張られていた。自動小銃を構えた兵士を乗せ、いたるところで装甲車

▲独立や住民投票を訴える横断幕が撤去され、至る所にインドネシア国旗が揚がっていた（ロクスマウェで2001年10月撮影）

が走り回っていた。通学中の女生徒たちはみなジルバッブをかぶり、長いスカートで肌を隠している。「インドネシア人である前に、私たちはアチェ人です」と、無言の抵抗をしているかのように私には見えた。

「うろうろしない方がいいですよ」とホテルの従業員が言ってくれたことが気になっていたので、私はロクスマウェ滞在を半日で切り上げ、バンダアチェに向かうことにした。

一日毎に停電する州都

ロクスマウェと州都のバンダアチェを結ぶ東海岸の道路は整備されていて、エアコン付きの大型バスも多く、三〇〇キロ足らずを六時間で移動できる。しかし夜間はGAMを装った国軍兵士がバスを止め、乗客を脅したり、バスを焼いたりすることもあるので運休しているという。北スマトラのメダンからバンダアチェまで一二時間、以前は夜行バスが走っていたが、治安が悪化してからロクスマウェなどで一泊しなければならなくなった。

田園風景が美しい。ときどき道路を牛や水牛がのんびり歩いていて、サファリパークのようだが、突然、焼かれた学校や役所が現われ、恐ろしい現実に引き戻される。そして国軍の監視所や警察の前などでは、道路に木の幹やドラム缶などの障害物を置き、ジグザグ運転させてスピードを落とさせる。バスを降りての検問は二回あった。

バンダアチェにも紅白のインドネシア国旗がたくさん掲げられていた。ひと月前（二〇〇一年九月八日）のメガワティ大統領訪問の前から増えたという。

大統領の評判を市民に聞いた。他の町や村と違い、外国人の私によく話をしてくれた。話し好きなアチェ人の一面をバンダアチェでは感じることができた。

「昔からファンなので見に行った。手を振ったら微笑んでくれたが、それ以上のことは期待していない。もうアチェには来ないだろう」（女性）

「数時間だけしかバンダアチェに寄らなかったし、質問をした学生に〝黙りなさい〟と怒ったりしてアチェ人をバカにしているので、嫌いになった」（男性）

「政府が悪かったと謝罪したが、人ごとのようだ。メガワティ政権になって死者や難民が出て、治安が悪化していることに、責任を感じないのか」（男性）

「欧米や日本からの援助と投資をもらうことしか頭にないのだろう。多くの避難民に会って、涙を流して考えを変えてもらいたい」（女子大生）

「国軍を早く撤退させて、代わりに国連軍に来てほしい」（女子大生）

「予定されていた学生との対話がキャンセルになった。悔しい。役人が対話をさせたくなかったのだろう。毎月アチェに来て、住民と対話すべきだ」（男子学生）

「イブメガ（メガワティ大統領）が来て治安がよくなった。ＧＡＭもいなくなった。独立運動もなくなった。もっと治安部隊を増強すべきだ」（警備中の国軍兵士）

「アチェ人は国軍が大嫌いということが分かっていない。国軍がいなくなれば、独立しなくてもいい」（父親を国軍に殺された女性）

「なにも話したくない。秘密警察が怖い」（男性）

「アチェには政府と交渉するリーダーがいない。アチェ出身の大臣や知事でなく、東ティモールのシャナナ・グスマンのような独立運動指導者が必要だ」（女性）

インドネシアで一番美しいと言われるバイトゥルラフマン大モスクには、礼拝に訪れた信者だけでなく、のんびり散歩をしている人も、夕涼みをしている人もいる。私もベンチに腰掛けた。

ジャカルタなどでは聖戦を唱える一部のイスラム教徒が、アフガニスタンを空爆する米国など異教徒の外国人を脅かしていた。敬虔なイスラム教徒が多いアチェでは、「空爆には反対だが外国人を脅かしてはいけない」と、イスラム指導者が繰

▲街道では大型バスが何者かに襲撃され、放火された

り返し訴えていた。アチェ問題の解決のため、外国の支援は欠かせないからだ。

日没前にアザーン（お祈りの呼びかけ）が響き、夕焼けが広がった。その後、あっという間に人がいなくなった。モスク内でお祈りをしている人も少ない。外を走っていた乗合のミニバスも減った。商店も早々と店を閉めた。まだ七時前だというのに、町の中心地がとても静かになった。日沈後、治安が悪くなるのだろうか。

メガワティ大統領がバンダアチェを訪問した二日前、国立シャークアラ大学のダヤン・ダウッド学長が夕方のお祈りから帰宅途中、オートバイに乗った二人組に射殺された。その事件が影響しているのかも知れない。ダウッドさんは独立派と政府との交渉の仲介を期待されていた。犯行は目撃されたが、犯人は逃亡した。現場は警察や国軍から近い警備の厳しい所だ。

「アチェ人にとって大切な人を失った。警察はGAMの犯行と言っているが、でっち上げだ。犯行後すぐ捕まりそうな所で殺すはずがない。国軍の犯行だ」と、事件後GAMは発表した。警察は、「全力で犯人を逮捕する」と発表したが、事件は迷宮入りのままだ。

バンダアチェの夜も停電だった。一日毎に停電するという。アチェ生まれの華人が住む中華街は電気がついていたので、食堂に入った。料理はとてもおいしかったが、イスラム教徒に気を使い、豚肉は使っていなかった。「安全で毎日店を開けていられることが一番」と、女性店主は言った。

食事の後、コーヒーを飲むために、「レックス」という屋台村に寄った。停電していたが、土曜日の夜だったためか客は多かった。明るい笑い声も聞こえてきた。バンダアチェでは「レックス」だけが、午前〇時まで店を開けているという。

ホテルに戻りテレビをつけたら、「ロクスマウェで競技場に爆弾が投げ込まれ爆発した。死傷者はなかったが、ロクスマウェを訪問した大臣を狙ったものらしい」とニュースが伝えた。今朝、私がロクスマウェを出発した時間だった。ロクスマウェでうろうろしていなくてよかった。

村が一つ、二つとなくなっていく

美しいインドネシア各地の海岸線の景色の中でも、アチェの西海岸は一番と言っていい。インド洋から押し寄せる波が侵食した荒々しい海岸もあれば、白い砂と青い海と緑の椰子の林の穏やかな海岸もある。

アチェの西海岸は開発から取り残されてきた。しかし九〇年代初め、バンダアチェから夕パトゥアンを経由しメダンに通じる道路がアスファルト舗装されてから、大型トラックやバスが走れるようになり、人や物資の輸送がスムースになった。私が初めて訪ねた九四年、日本占領後アチェ人と結婚し、この地方に残った旧日本兵も多かったなどと、懐かしみながら話をしてくれた人もいた。住民には、ジャワやスマトラなどの他の土地からの移民も多く、民族や言語や宗教が違っても、アチェに住むインドネシア人として平和に暮らしていた。GAMと国軍との抗争の恐怖に脅えることもなく、危険な地域から避難してくる家族もいたほど安全だった。

しかし二〇〇一年以降、この地方の治安は急速に悪化した。とくに南アチェ県の夕パトゥアン周辺が危険だという。「自分の故郷だが、殺し合いが続いていて帰る気になれない」と、コタチャネで出会った青年も言っていた。人の移動が少なくなり、情報が減って、何が起きているのか分からない。一人旅は危険だとも言われたが、私は自分の目でアチェの西海岸の町を見たかった。

バンダアチェからタパトゥアンへの直通バスは、放火を恐れ、運休していた。「タクシー」と呼ばれる小型の乗合バスが途中のムラボまでしか走っていない。タパトゥアンへ行くには、ムラボで乗り継ぐしかないと言われた。

バンダアチェからムラボまで二五〇キロ、また何カ所も検問所があった。この時期に、インドネシア語をしゃべる外国人がアチェを旅しているのだから、怪しまれても仕方はないが、私の検問が一番時間がかかった。金をせびられた乗客もいた。運転手は言った。

「乗客に不審人物がいないことは分かっている。権力を盾に嫌がらせをしているだけだ」

パテックという海辺の村で「タクシー」の隣に座っていた女性がミカンをたくさん買い、「ここのミカンは有名なんです」と言って、分けてくれた。景色はいいし、ミカンはおいしいし、人は親切だし、国軍さえいなければ、アチェの西海岸はいい所だ。

バンダアチェからムラボまでは五時間かかった。ムラボで乗り継いでタパトゥアンに行く乗客は私だけだった。インドネシアの旅では乗り継ぎに何時間も待たされるのがふつうだが、暗くなる前にタパトゥアンに着くように、バスはすぐ出発するという。乗客は少なかったが、屋根の上まで荷物を積んでいた。荷物を運ぶべきトラックが襲撃を恐れ、走っていないからだ。

午後七時にタパトゥアンに着いた。タパトゥアンも停電で町は暗かった。パダン（西スマトラ地方）

料理屋に入った。料理を食べながら、タパトゥアンは昔からパダン人が多く住んでいるなどと、隣の客が教えてくれた。食べた後も話をしたが、その店は警官のたまり場で、客はみな私服警官だったことをあとで知った。

ホテルのフロントでチェックインしていると、「警官」と名乗る二人組が現れた。部屋まで付いてくるという。話があるのならここでと断ったら、帰って行った。

「あの二人はジャワから来た国軍兵士で、ああやって客から金を巻き上げている。部屋に入れていたら、あなたもやられていただろう」と、ホテルの従業員は言った。強盗行為を働く「警官」に会ったら、警察に届けることは難しい。今までどれだけ被害者がいるのだろうか。

翌朝、港に漁船が着いていたので見に行った。釣ってきた魚を岸壁で売っていた。

「サラマットパギ（お早う）」と挨拶しても、み

▲襲撃を恐れトラックが走らなくなり、屋根の上にまで荷物を満載してバスが出発する

な無言だった。話しかけてもうなずくだけだった。外国人と関わることで、疑われたくないのだろう。以前はこんなことはありえなかった。町は人気が少なく、活気がない。話し掛けてきたのは昨夜の私服警官たちとベチャ引きだけだった。嫌な感じがする町なので、すぐに出ることにした。

北スマトラ州との州境の町、スブルスサラーム行きのバスに乗った。乗客は五人だけだった。海岸線から内陸部に入ると、広大なアブラヤシのプランテーションがあった。扉を閉めた民家が何軒も続く村をいくつか通過した。

「あれは住民が家を捨てて出て行った跡だ」と、乗客の一人が教えてくれた。村が一つ、二つとなくなっていく光景を目撃した。五日前に焼かれたというトラックが三台並んでいた。

「写真を撮りたいので停まって欲しい」と、私は運転手に頼んだ。

「そんなことしたら、俺が国軍に殺される」と運転手は断り、アクセルを強く踏んだ。

いつまでアチェの混乱は続くのだろう。二〇〇一年だけでも、アチェ全体で一四〇〇人以上の住民が殺された。

私は一七年間、インドネシア各地を旅してきた。観光地だけでなく、宗教間の対立が続くマルク諸島や、住民に対し人権侵害が絶えないパプア（イリアンジャヤ）州などにも行った。私は人里離れた秘境を旅しているわけではない。人の住む町と町を公共の交通で移動しながら、乗客や運転手と話をしたり、食堂でその土地の料理を食べながら住民の話を聞いたりしている。だが、今回のアチェの旅ほどそれが不自由だったことはない。独立派掃討作戦のためインドネシア国軍や機動隊などの治安部隊が増強され、私服の警官が住民や旅行者の行動を監視していた。バスの中、市場、食堂、ホテルなど至る所で目を光らせていた。

やはり国軍が独立派掃討作戦を展開していた東ティモールを私が訪れた八九年に比べ、アチェには危険な空気が漂っていた。治安維持の名目で任務に就いている治安部隊だが、それはまったく逆効果で、彼らがアチェにいる限り、閉塞感から開放される期待はなかった。

これまで何度もアチェを訪れているが、快活で人なつっこいアチェ人は、いろんな話を聞かせてくれた。しかし今回は、外国人旅行者と親しく話をする姿を見られることを恐れ、多くを語ってくれなかった。アチェから北スマトラ州のメダンに戻ったときは、正直言ってほっとした。夜九時すぎ、賑やかな中華街の屋台の明るい照明の下でゆったりした気分で食事ができた。アチェでは毎晩のように停電した。州都バンダアチェのような大きな町でも、日没すぎには店が閉まり人通りが消えていた。

和平合意

二〇〇二年一月、インドネシア政府はアチェに対する税収の優遇や固有文化の尊重を盛り込んだ特別自治法を施行し、アチェ特別州からナングロアチェ州と名称も変えた。しかし一方で国軍の軍管区を復活させることを決め、独立派に対する軍事圧力をより強めた。国軍の陸軍戦略予備軍（コストラッド＝KOSTRAD）は二二日、ピディ県のGAM司令部の一つを急襲し、アブドゥラ・シャフィイ最高司令官（54歳）と妻のファティマさん（50歳）や側近ら五人を殺害した。シャフィイ司令官は生前、東ティモール独立運動のように、アチェの独立闘争が国際社会から注目される夢を語っていた。

その後も国軍の攻勢でGAMは次第に追い詰められ、毎月一〇〇人以上の死者が出た。一〇月、インドネシア最大の観光地バリ島で爆弾テロ事件が起きた。メディアの取材がバリと犯行グループの逮捕に集中する間に、アチェで国軍はまた大攻勢に出た。北アチェ県のロクスマウェから三〇キロ内陸部のチョットリン村で、兵士約一〇〇〇人を動員してGAMの司令部を包囲し、ヘリコプターから空爆した。目撃した住民は、「いくつもの大きな黒煙が上がった」と話した（アチェの地元紙『スランビ』一一月一二日付け）。GAMの兵士だけでなく、住民も巻き添えで死亡した。

一二月三日、東京で「アチェ和平・復興準備会合」が開かれた。日本、アメリカ、欧州連合（EU）などの関係国、世界銀行、アジア開発銀行、国連開発計画などの国際機関、和平交渉を仲介してきたスイスのNGO（非政府組織）アンリ・デュナン・センター（HDC）などが参加した。インドネシアからはスシロ・バンバン・ユドヨノ政治・治安担当調整相、アブドゥラ・プティアアチェ州知事らが出席した。しかし招待されたGAM幹部は出席を断った。インドネシア政府だけとの関係が深い日本での開催に乗り気ではなかったからだという。会合では各国の代表や国際機関が九日にスイスのジュネーブで予定されている和平協定調印を強く促した。日本政府は声明で、「インドネシアへの最大援助国として、和平が達成されれば、アチェの再建・開発を支援する用意がある」と述べた。

アチェでは三日から四日にかけて、各地でGAMの旗が掲げられ、創立二六周年を祝う式典が開催された。スウェーデン亡命中の最高指導者ハッサン・ティロ氏の声明も読み上げられた。「式典は武力を行使してでも阻止する」と言っていた国軍の面子はつぶされ、住民に依然としてGAMの支持者が多いことが証明された。しかしこの日も衝突が相次ぎ、GAMの司令官やNGOの活動家らが国軍に殺された。

一二月九日、HDCの仲介で、インドネシア政府とGAMはジュネーブで和平協定に調印した。協定は、

①自治政府の樹立を目指し、二〇〇四年に地方選挙を実施する。

②合同治安委員会(JSC)を設置し、HDC・GAM・国軍の三者で停戦を監視する。

③三カ月で暴力行為が激減、もしくは停止すれば、和平が実現したとみなす。

④国際社会による人道支援や復興・復旧を急ぐ。

などの内容だ。

インドネシア政府は交渉努力が和平調印をもたらしたと成果を強調し、内外のメディアも国軍とGAMの幹部が握手している映像を流して、和平

▲DOM時代の国軍による拷問の絵と独立の是非を問う住民投票実施を訴える看板。後に国軍に撤去された

の機運を盛り上げた。
私も和平調印がなされたことは歓迎するが、ニュースを見ながら気になった。

和平合意はこれまで何度も繰り返されてきたが長続きしなかった。家族を殺された住民やアチェ州全体で数万人と言われる避難民らは、政府が演出する和平調印をどんな気持ちで受け止めているのだろうか。昨日まで殺し合っていた敵が、手のひらを返したように和平合意を強調することを受け入れるのだろうか。

国軍にとっては紛争状態が続く方が利益がある。アチェに駐留を続けることで、国軍の重要性を国内に誇示できるし、麻薬や木材など利権が絡むビジネスも続けられる。和平が実現すると、過去の人権侵害を追及される恐れもある。そしてアチェの独立を招いてしまう可能性も大きい。国軍の面子がつぶれる国際社会主導の和平など、本音では望んではいないはずだ。

これまでのアチェに関する報道は、武力で住民を抑圧してきた政府や国軍が発表するものがほとんどだ。日本の九州より広いアチェで、取材先が州都バンダアチェと第二の都市ロクスマウェ周辺に限られている。情報が操作され、「いい話」しかマスコミは伝えていないのではないか。和平合意が調印された一二月九日、ジャカルタのマスコミ各社のアンケートで、「アチェの和平は成功しますか」という問いで、「成功する」が二割だったのに、一〇日後には六割に変化した。「悪い話」をほとんど伝えないからだろう。

地方の危険な空気は変わったのだろうか。二〇〇一年一〇月に私が訪れたとき、アチェは危険な空気に覆われていた。中でも一番雰囲気の悪かったのはインド洋側の南アチェ県だった。ＧＡＭと国軍との抗争の犠牲となった住民が土地や家を捨てて逃げ出し、村が一つ、二つとなくなっていくのを見た。治安維持の名目で任務に就いている治安部隊だが、それはまったく逆効果で、彼らがいる限り閉塞感から開放される期待はなかった。

タパトゥアンはバンダアチェから五〇〇キロも離れている。乗り合いの小型バスで一〇時間もかかる。北スマトラ州の州都メダンからも四〇〇キロ離れている。マスコミの記者はめったに南アチェまで足を伸ばさない。だからアチェの辺境、南アチェでは、いつも何が起きているのか分からない。

「戦闘で国軍兵士が死亡した」という治安部隊側からの発表はニュースになるが、「国軍兵士が住民を殺した」という都合の悪い情報の発表はない。アチェでは治安部隊によって情報が操作され、全国に伝わっていく。

アチェはどうなっているのだろう。南アチェを訪れてこそ、和平協定調印後のアチェの雰囲気を感じられるというものだ。私は年末から二〇〇三年の正月にかけ、アチェを旅することにした。とはいえ不安はあった。二〇〇二年九月、アチェを何度も訪れGAMの幹部にも会った二人の外国人女性が警察に逮捕され、資格外活動をしたという罪で禁固六カ月の判決を受けた。私だって怪しい外国人と疑いをかけられれば逮捕されかねない。私はアチェの平和を願っているが、逮捕も刑務所行きもごめんだ。

一緒に行こうと友人を誘ったら、「アチェ以外なら行きたい」と言われた。「よりによって正月をアチェで迎えるなんて」とも言われた。腹をくくって一人でアチェを旅することにした。

再び南アチェへ

二〇〇二年の年末、雨季の南アチェは果物の王様といわれるドゥリアンの季節だった。少し小ぶりだが一個二〇〇〇ルピア（約三〇円）という安さはジャカルタの一〇分の一以下の値段だ。しかし北スマトラ州から南アチェにかけて見られたドゥリアンが、州都バンダアチェなどアチェ州北部にはなかった。広いアチェでは南北で気候も変わるからだ。アチェの五万五〇〇〇平方キロという面積は日本の九州やオランダよりも広い。

私は北スマトラ州の州都メダンからトバ湖の北側を通り、南アチェを目指した。しかしその日のうちには南アチェにたどり着かなかった。メダンからタパトゥアン行きの直行バスは二年も運休が続いているという。理由は、まだ通行の安全が保障されていないからだ。小型バスでアチェとの州境に近い町シディカランまで行き、そこでスブルスサラームやタパトゥアンなど南アチェ行きの車を探せと言われた。和平調印からまだ三週間しかたっていないとはいえ、住民のバスでの移動は制限されたままだ。マラッカ海峡側のバンダアチェ―メダンを結ぶ幹線道路は治安が回復し、エアコン付きの夜行バスも走り出したという。やはり南アチェは和平から取り残されていた。

メダンではシディカラン行きのミニバスに乗るのに、三時間も待たされた。インドネシアでは乗客が満員になるまでバスが発車しないことはよくあるが、今回はそうではなくバスが足りないので待たされた。しかしやはりぎゅうぎゅう詰めで一三時半に出発した。運転手の隣に座ったので、クラッチを切り替えるたびに運転手の手が私の膝に当たった。

高原のきれいな景色の連続だったが、シディカランに着いたら一八時になっていた。スブルスサラームまではまだ五五キロある。早くアチェに入りたかったが、夜間の走行は危険なので、その日はシディカランに泊まることにした。

驚いたことに、ホテルに二人の若いオランダ人観光客がいた。南アチェにある珊瑚礁の島、プロウバニャックに行くという。「和平合意があったから大丈夫だろう」と、彼らは言った。

「部屋に泊まる金がないから、ホテルのロビーで寝かせてくれ」と、二人は言っていた。それならもっと安いホテルに行けばいい。ずうずうしさには呆れたが、たくましさは少し見習いたくなった。

翌日、朝一番のスブルスサラーム行きの小型バスは九時に出発した。六時から待っていたという人もいた。しかし客が少なく出発が遅くなった。「和平調印後、安全になった」とバス会社の人は言うが、アチェに行く客はまだ少ないようだ。バスの乗客一四人のうち、一時間半でアチェとの州境に着くまでに一〇人が降りて行った。たった四人しか残っていない乗客を見て、やはりアチェはまだ特別な所だと感じた。しかしアチェ州に入ると、民家には人影があり、洗濯物が干してあった。家に鍵をかけ村人が離散して行った一年二カ月前の光景とは違っていた。州境から三〇分で着いたスブルスサラームの市場にも人は戻っていた。ドゥリアンやランブータンなどの季節の果物も自家製の煙草も豊富に並んでいた。

スブルスサラームからタパトゥアンへ行く小型バスは本数も多く、一時間毎に出ていた。「少しずつ平和が戻ってきている」と切符売り場の青年は言った。私が乗ったタパトゥアン行きの小型バスには女性がたくさん乗っていた。車窓からはまた民家に人影と洗濯物が見えた。最悪の時期は脱したのだろう。

だが乗客の口は重かった。まだ外国人の私と関わることを警戒していた。それは何カ所も機動隊の検問所があり、そこを通るたびに緊張した雰囲気になることと無関係ではなかった。検問所に近づくと運転手は、まず車内に流れている音楽のスイッチを切った。車内の空気が張り詰めたものに変わる。そして運転手は「通行料」として、五〇〇〇ルピア札や一万ルピア札を機動隊員に渡していた。そのため、バス代が少し値上がりしていた。

相変わらず治安部隊の住民に対する監視は続いていた。あるときは乗客全員が小型バスから降ろされて荷物検査を受けた。またあるときは私だけが降ろされ、「なぜ外国人がこんな所を旅行しているんだ」と、質問された。「和平調印後、治安がよくなったと聞き、南アチェのきれいな景色を見に来た」と、私は答えた。「旅行者がGAMに会ったりすると、(GAMの幹部に会ったことで禁固六カ月の判決を受けた)二人の外国人女性のように逮捕するぞ」と、脅された。

検問所には決まってインドネシア国旗が何本も揚がっていた。いくつかの村ではすべての民家にインドネシア国旗を揚げさせていた。旗は個人の意思で揚げるもので、民家に揚げさせることは和平協定違反だ。ある検問所前には、「ここでは笑顔を見せろ」と書かれてあった。住民に笑顔を強制している。治安部隊の住民に対する圧力は、和平調印前とまったく変わっていなかった。私も圧力を充分感じていたため、きれいな風景の写真は撮れても、検問所や装甲車など治安部隊にカメラを向ける勇気はなかった。

しかし乗客と話ができるチャンスが訪れた。小型バスはアブラヤシのプランテーションが広がる丘を快適に走っていた。突然、後輪が外れ、道路を引っかきながら車は停まった。外れたタイヤは草むらに転がって行った。みな肝を冷やした。運転手は申し訳なさそうに、草むらからタイヤを拾ってきて修理を始めた。しかし再び走れるとは誰も思っていない。後続の小型バスが来るまで炎天下で待つことになった。遠くからアブラヤシの実を伐採するチェーンソーの音だけが聞こえていた。小型バスどころか、ふつうの車もめったに通らなかった。暇を持て余す乗客たちの方から私に話し掛けてきた。

「スブルスサラームの親戚を訪ね、タパトゥアンの手前のバコガンに帰るところです。和平調印後、初めて女性だけでバスに乗りました。それまでは怖くて女性だけで移動することなどできませんでした。和平合意の後の数日、まだ南アチェの

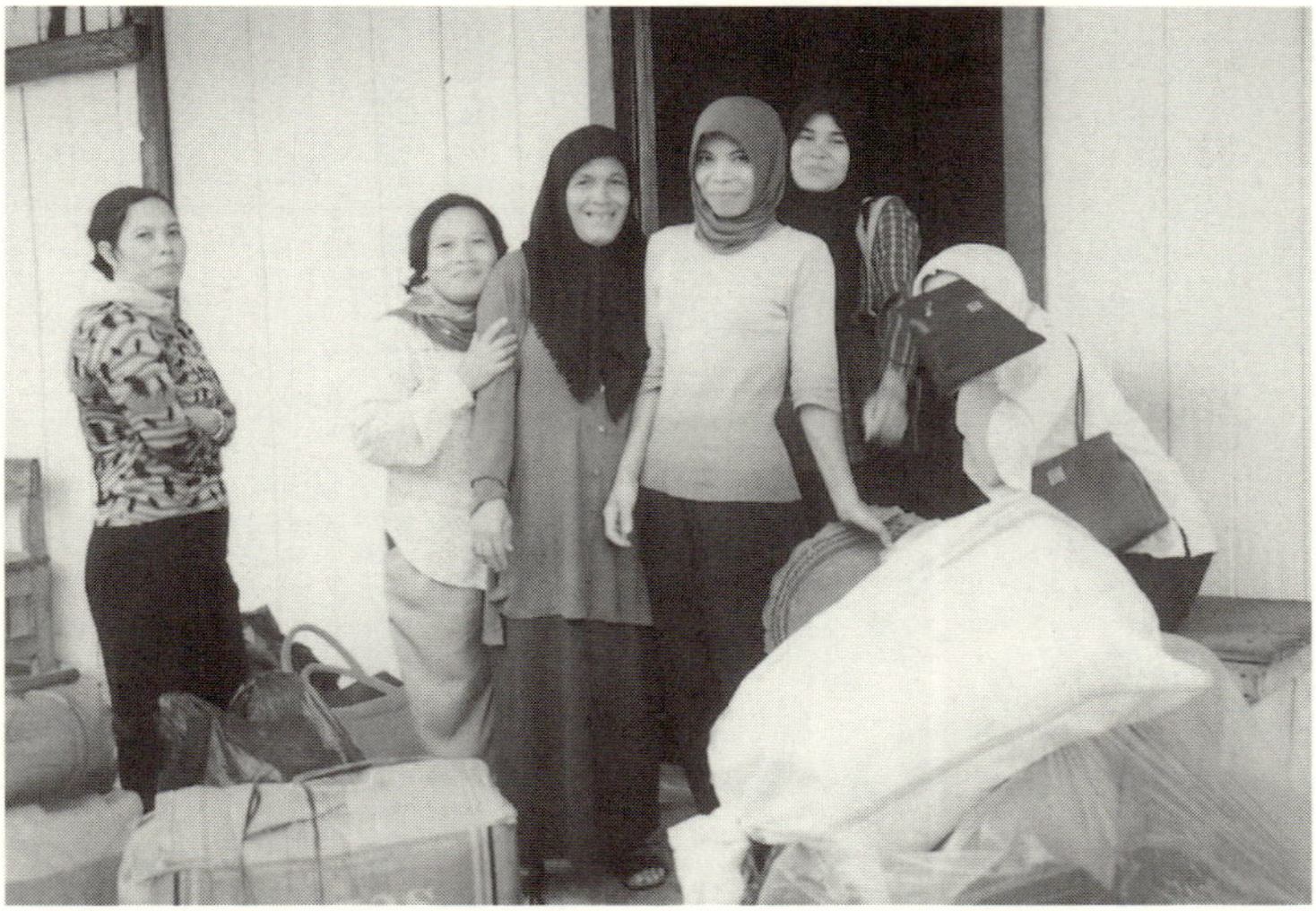

▲和平調印後、南アチェでも女性だけでバスに乗れるようになった

どこでもＧＡＭと国軍の衝突があり、死傷者が出ていました。この二週間くらいは治安部隊のパトロールがなくなりました。でもこれからどうなるかは分かりません」

「家族と離れてバンダアチェで下宿し、専門学校に通っています。これまではこちらの治安が悪く、家族のことが心配でたまりませんでした。このまま治安が回復してくれるといいのですが」

「この辺の村は家や土地を捨て避難して行った人が多いのです。私たちも同じ運命になるかも知れませんでした。アチェが独立するかどうかより、とりあえず衝突が治まってほっとしています」

スブルスサラームの病院で治療を受けた帰りだという夫婦も乗っていた。

「町の病院に通えるようになってよかった。これまでは治安部隊が法外な通行料を徴収したり、バスが焼かれる事件も多発して、安全に通行ができませんでした。この事故のように立ち往生している間に、何かされていたかも知れません。でも今日は大丈夫でしょう」

「今は停戦しているだけです。治安部隊は減っていないし、武器や装甲車もそのままです。いつでも攻撃できる体勢は変わっていません」

私たちは二時間待ち、後続のバスに乗った。それからも治安部隊の検問所は何カ所もあった。ランブータンなどの果物を渡し笑顔を作っていた乗客もいたが、通り過ぎるとため息をついていた。検問所以外では小型バスは快適にタパトゥアンまで走った。インド洋も山も水田も景色は素晴らしかった。

小型バスがバコガンの手前で一度だけ街道からそれ、一キロほど入った村に寄った。田植えが終わったばかりの美しい水田の畦道で、大人や子どもが大きな凧を揚げていた。その村がＧＡＭの拠点であることは、トランシーバーを持った男が何人もいたことでわかった。

検問所での張り詰めた雰囲気とは対照的に、乗客らはアチェ語でふつうに男たちと会話していた。やはりアチェ人はインドネシアの治安部隊よりもGAMを頼りにしているようだ。男がやさしい表情で私の方に寄ってきて、「気を付けて旅をして下さい」と、インドネシア語で言った。

国軍兵士や機動隊員と違うゆとりのようなものをGAMの戦士から感じた。「彼らはふだんは我々と同じ、ふつうの農民なんですよ」と、乗客は私に教えてくれた。その村を出てから運転手が私に言った。

「GAMは怖くないだろう。でも武器は隠し持っているんだ。GAMはどこにでもいて、住民を守ってくれる強い味方なんだ」

和平調印後、南アチェは一時的に停戦しているに過ぎない。国軍もGAMもいつでも戦える体勢を崩していない。住民はまだ抗争に巻き込まれる不安から開放されていない。そして犠牲者が出ても、「アチェの辺境で起きた小さなこと」で済まされるだろう。調印後も治安部隊の圧力が南アチェの住民に重くのしかかっている現実を、メディアは伝えていないのだから。

バンダアチェの穏やかな正月

二〇〇一年一〇月にアチェを旅したとき、一番雰囲気の悪かった町が南アチェ県のタパトゥアンだった。「サラマットパギ」と挨拶をしても、外国人と関わることを避ける住民は口を閉ざし、声を掛けてくるのは、警官とベチャ引きだけだった。あのときと同じように自動小銃を手にした治安部隊が多く、装甲車も走っていた。しかし今回は屋台でアチェのおいしいコーヒーを飲みながら、住民から話を聞けた。

「先月の断食月まで村で住民が殺されたりして、危なかった。和平調印後、少しよくなった。でも少しだ。まだまだ安心できない」

「自動小銃を担ぎパトロールしている機動隊を見ると、戦争状態が続いている感じがする。彼らがいなくならないと、和平は訪れない」

「これまで和平合意があるたびに、反対勢力が妨害し、衝突が止まなかった。和平が達成できるまでにはまだ時間がかかるだろう」

「二日前から停戦監視をする合同治安委員会（Joint Security Committee＝ＪＳＣ）がタパトゥアンに来ている。タイの軍人とＧＡＭと国軍の三人だ。しかし南アチェ県全体で三人だけなので、ぜんぜん足りない」

タパトゥアンで泊まったホテルは客が二人しかいなかった。休業に追い込まれたホテルもあったという。

「JSCが来たことで治安がよくなり、タパトゥアンにも客が戻って来るだろう。昔のように外国人も来て欲しい。人員整理され田舎に帰った従業員も戻って来れば、ホテルも賑やかになるだろう。来年はいい年になって欲しい」と、ホテルの従業員は話した。

タパトゥアンのレストランで国軍がパーティーを開いていた。外では自動小銃で武装した兵士が警備していた。GAMの襲撃を恐れているのだろうか。一般の住民が食事できる雰囲気はなかった。平和なアチェはいつになったら訪れるのだろう。

正月は大きな町で迎えたかった。だから大晦日、タパトゥアンからアチェ州の州都バンダアチェまで小型バスで一〇時間以上かけて走った。途中また何度も検問があった。インドネシア国旗を揚げさせられている村も多かった。アチェの西海岸、インド洋側の景色は美しい。しかし通過する町の雰囲気は対照的に暗かった。西アチェ県のムラボで昼食の休憩中に住民に話を聞いた。

「昼間は人通りが多いが、夕方には店が閉まり人気がなくなる。そして夜は一日毎に停電する。和平合意は一歩前進だが、国軍が撤退しない限り、まだ不安は残っている」

「この一年で物価が上がった。治安部隊の監視所で通行料を払ったり、危険地帯を通るので、バス代もトラックの運送料も上がったからだ。治安がよくなったら物価も下がらないとおかしい」

「バンダアチェにはJSCの車がたくさん走っているのを見た。だがムラボは一台だけだ。ここの方が治安が悪いのに」

ムラボから二時間ほど走り、おいしいミカンで有名なパテックで休憩になった。運転手は水上家屋の上から釣り糸を垂らし、釣りを始めた。小さい魚がすぐ釣れた。私はミカンを食べながら、漁船が行き交う海を眺めていた。パテックを出て一時間、大晦日の夕日はインド洋にゆっくり沈んだ。そのあと星空が広がり、オリオン座が見えた。

バンダアチェに着いたら夜の八時を過ぎていた。一年二カ月前バンダアチェを訪れたとき、日没後、町から人が消えてしまった。大晦日といえども、あの状況は変わっていないと思っていた。だから私は、寂しい雰囲気で新しい年を迎えることを覚悟していた。しかしこれまで訪れた南アチエや西アチェの町や村と違い、バンダアチェはとても賑やかだった。紙のラッパを鳴らし、新しい年を迎えようと、オートバイや車に乗って若者や家族連れが繰り出し大騒ぎだった。

「昨年も一昨年も、家の中で新年を迎えた。大

▲新年と和平を祝う式典に民族衣装を着て集まった少女たち

晦日にこんなことはできなかった。平和になってとてもうれしい」と、紙のラッパを手にした女の子は興奮して話した。

「アチェに外国人の停戦監視団が来てくれた。これでもう安心だ。独立かどうかよりも平和が一番重要だ」と、オートバイに乗った青年は言った。

大晦日のバンダアチェは、開放感にあふれ、平和な空気がいっぱいだった。治安部隊は見なかった。交通整理をしている警官だけが目立った。夕食をとっていなかったので、屋台が並ぶ広場「レックス」に行った。そこも家族連れで満員だった。

この賑わいはいつまで続くのだろう。朝まで続いて欲しいと私は思った。しかし二三時時過ぎ、強い雨が降ってきた。みな慌てて家路についた。何年ぶりかに大騒ぎで平和な新年を迎えられると思った矢先の、無常の雨だった。アチェのおいしいアイスコーヒーを飲んでいた私も、ホテルに戻った。

翌朝は晴れ上がり、バンダアチェは穏やかな新しい年を迎えた。市場は野菜や果物を売り買いする人で賑わっていた。笑い声が聞こえていた。アチェでいい正月を迎えられ私もうれしかった。

「新年と和平を祝う子どもたちの踊り」が開かれ、アチェの民族衣装を着た女の子たちが集まっていた。

「昨夜はとても楽しかった。お父さんの運転するオートバイに乗って、ラッパを吹きながら走り回った。雨が降ってきても走っていた」

「ＪＳＣの車がたくさん走っていて安心です。アチェはインドネシアで一番イスラム教が盛んな所です。過激でなく真面目で熱心な信者が多いということを、ＪＳＣの外国人に分かってもらいたい」

「平和になったアチェの正月を楽しんで下さい」

アチェの女の子たちはみなしっかりしていた。

バンダアチェのシンボルと言われるバイトゥルラフマン大モスクに行き、初詣でをした。モスクの前は日本の正月のようにおもちゃやお菓子を売る露店が並んでいた。私は仏教徒だが手を合わせて祈った。

この平和がアチェ中に広がり、ずっと続きますように。

戦闘で町が寂れてしまった

アチェには美しいビーチがたくさんある。

男の前では肌を見せない敬虔なイスラム教徒が多いアチェの女性たちは、どんな格好で海水浴を楽しむのだろうか。休日にはバンダアチェからの行楽客で賑わうというロンガビーチに行ってみた。果たして女性たちは、頭にジルバッブ、上半身は長袖、下半身はズボンで肌を隠して泳いでいた。水着姿は一人もいなかった。しかし裸の男の子たちと遊ぶ明るい歓声はあがっていた。

私が写真を撮っていると、「一緒に遊びませんか」と、女の子たちに誘われた。私は裸になり、コバルトブルーの海の中に飛び込んだ。遠浅でどこまで行っても足が着くが、思ったより流れは速かった。ぬるま湯に近い水温だったので、温泉につかっている気分で二人の姉妹と話をした。ジルバッブをかぶり、水面から頭だけを出した女の子と水の中で話をするのは初めてのことでもあり、何ともいえぬ違和感があった。しかし初対面の外国人の男を前にした姉妹はとても堂々としていた。流されそうになると、水面下で私の手をつかんだりもした。

「前からジルバッブをかぶって海水浴をしていたの？」

「三、四年前からです」

「それまではかぶっていなかったの？」

「そうです」

「今はどうしてかぶっているの？」

「私たちはアチェ人だからです。アチェ人の誇りのようなものです」

「よくここに泳ぎに来るの？」

「前はよく来ていました。でもこの近くでGAMと国軍の戦闘がありました。最近です。また来られるようになったのは、去年一二月和平合意が

▲警察機動隊のトラックがロンガビーチに横付け、恐怖が蘇った

あり、戦闘の心配がなくなったからです」

しばらくして機動隊のトラックが海岸を走って、こちらに向かって来た。女の子たちの歓声が止まった。私たちの前で停まったトラックから隊員たちが降りてきた。彼らは制服を脱ぎ、海に入ってきた。海水浴客たちは、もう別の場所に移動していた。私たちも海からあがった。

機動隊は何を考えているのだろう。きれいな海で泳ぎたい気持ちは分かる。でもそれなら海岸にトラックで乗り付けるな。住民の気持ちを無視したことを続けているから、国軍や警察は嫌われ、恐れられている。和平の機運を踏みにじるようなことは、やめてくれ。

バンダアチェのバスターミナルからは、隣の北スマトラ州の州都メダン行きのエアコン付きの大型バスが一時間毎に出ていた。インド洋側と違い、マラッカ海峡側の国道は治安が回復し、移動する住民が増えたため、バスの本数も多くなった。夜行バスも復活していた。

私は北アチェ県のロクスマウェを目指した。確かに街道沿いの町は人や車が多く、活気が戻りつつあるようだ。治安部隊の検問所はあったが、ゆっくり通過しただけで止められることはなかった。検問所からの銃口は道路の方を向いていた。ピディ県のシグリでは町の給水塔にインドネシア国旗が林立し、国軍支配を誇示していた。これは和平協定違反だ。

国軍の恐怖から逃れて、山間部の村から町のモスクや公民館に避難して暮らしている家族が目に付いた。バスには何度も寄付を集めるために子どもが乗ってきた。援助が避難民にうまく届いていないようだ。

ロクスマウェはバンダアチェに次ぐアチェ第二の都市だ。インドネシア有数の天然ガスの産地でもある。二〇〇二年から特別自治法が施行され、地元に落ちる収入が大幅に増えたはずだが、町全体がとても寂《さび》れていた。二〇〇一年一〇月に泊まったホテルは閉鎖していた。町一番のリドグラハホテルも閉鎖直前という感じだった。戦闘が拡大し客が来なくなったので、ボイラーを止めているから、お湯が出ない。エアコンを取り外しているので部屋は湿気が高く、レストランも閉まっているので飲み水もくれない。従業員が少ないので掃除もしていない。七万ルピア（約一〇〇〇円）と大幅に値引きをさせたが、それでも高い気がした。大きなホテルだが、客は私の他二人だけだった。九九年六月に泊まったときは総選挙の取材の記者らでとても賑わっていたのが嘘のようだ。

ロクスマウェの町はほとんどの店が一九時前にシャッターを閉めていた。ゴーストタウンと言ってもいい感じだ。外食をする人もいなくなったようだ。どの店も屋台も客がいなかった。大きな食堂で一人で食事をした。バンダアチェと違い、とても侘《わび》しい正月だ。こんな状態で町は再生できるのだろうか。

和平合意前の一一月、国軍はＧＡＭの勢力が強かったロクスマウェ周辺に総攻撃をかけた。三〇キロ離れたチョットリンのＧＡＭの司令部を兵糧攻めにし、ヘリコプターから空爆した。住民に話を聞いた。

「長い闘争の中でも空爆は初めてだ。大きな黒煙が上がるのを何度も見た」

「圧倒的な戦力でＧＡＭを追い込み、完全に有利な立場で和平に持ち込んだインドネシア政府は卑怯だ。政府に対する不信感がこれまで以上に増したことは確かだ」

ロクスマウェから乗ったメダン行きのバスの車窓からは、破壊された学校や役所がたくさん見えた。避難所になっているモスクに停まると、寄付金を集める子どもがまたバスに乗って来た。

和平の現場

「サラマットダタン　ＰＢＢ（ようこそ国連）」地元紙に大きな見出しが載っていた。アチェの人たちは外国人のアチェ訪問が増えたことをとても喜んでいた。

二〇〇二年一二月九日のジュネーブでの和平調印以来、アチェには国連など国際機関の調査団の来訪が続いていた。国連難民高等弁務官事務所（ＵＮＨＣＲ）はバンダアチェに事務所を開設した。和平を仲介したスイスのＮＧＯアンリ・デュナン・センター（ＨＤＣ）は、外国人をアチェに派遣し、合同治安委員会（ＪＳＣ）のメンバーとして各地で停戦監視が始まった。

アチェの海岸線を一周してみると、バンダアチェ以外の地方では和平合意以前の「怖いアチェ」がまだ続いていた。ＪＳＣが各県に配置されたようだが、ＪＳＣの旗を付けた車が走っているのをバンダアチェ以外では見なかった。とはいえ和平調印の最大の成果は、外国人がアチェで治安や人権侵害の監視をできるようになったことだ。

一九七〇年代からこれまで、インドネシア国軍による拷問や虐殺、ＧＡＭとの抗争に住民が巻き込まれてきたことなどが、アチェの外に伝わりにくかった。これからは国際社会がアチェの和平の進行を見守ることができるようになった。

外国人観光客も戻ってきていた。彼らはマレーシアからスマトラ島に渡り、バンダアチェを目指して来る。そして物価の安いウェー島（サバン）に渡り、長期滞在してダイビングやシュノーケリングを楽しむ。

和平調印後、北スマトラのメダンからバンダアチェまで、一時間おきにエアコン付き大型バスが走るようになったことが大きい。外国人の存在はアチェの平和を望まない勢力にとって、プレッシャーになっているはずだ。

バンダアチェ滞在中、私はＪＳＣの事務所を訪ね、アチェ人とスイス人から話を聞いた。

アチェの人たちはＪＳＣをどう見ていますか。

「まだ始まったばかりだが、アチェの住民は我々の活動をとても喜んでいる。これまでは国軍の監視が怖く、どこへも訴えられなかった。アチェの地方政府もジャカルタ政府の下にあるので、住民の味方ではなかった。今はここへ駆け込める安心感が生まれた」

ＪＳＣの駐車場には車が二〇台、半数以上が新車です。バンダアチェだけに活動が集中しているのではありませんか。地方の治安はまだ回復されていません。

「南アチェや西アチェにある国軍や機動隊の監視所は順次なくしていく。アチェからの撤退も進める。『通行料』を取ることも、和平合意に反しているので止めさせる。しかし問題は、ＪＳＣの人材が足りないことだ。ＧＡＭと国軍とＪＳＣが三人一組で、各県に散らばっている。しかし治安の悪い県で任務に就いているＪＳＣはタイの軍人だけだ。ＪＳＣの民間人だけで行くにはまだ危ない」

ＪＳＣの民間人はどこの国から来ていますか。日本人はいませんか。

「スイス、スウェーデン、イギリス、アメリカ、エチオピアなどから一五人くらい来ている。日本人はまだいない」

このＪＳＣの事務所に日本政府やＮＧＯは来ましたか。

「まだ来ていない。電話もない。アチェ支援を続けてきたＮＧＯからも連絡がない。来たのは数人の記者だけだ」

日本人がＪＳＣにいた方がいいと思いますか。

「もちろんだ。東京でアチェ復興準備会合も開催された。現地で活動する日本人がいないのはおかしい。日本はこれまでインドネシア政府を支援してきた。その支援は国軍に渡り、多くの住民を苦しめた。今回もインドネシア政府やアチェの地方政府だけに援助が渡ると、一方の側だけに肩入れすることになる。それを監視するのは日本人の責任でもある」

二〇〇三年一月二一日に開かれたインドネシア支援国会合（Consultative Group of Indonesia＝ＣＧＩ）で日本政府は世界食糧計画（ＷＦＰ）を通じ、アチェの避難民らへ五〇〇万ドルの食料援助を実施する方針を示し、ＧＡＭと国軍の敵対行為停止の監視費用として、一二〇万ドルの拠出を検討していると発表した。

誰でもＪＳＣのメンバーになれますか。

「誰でも、というわけにはいかない。アチェの和平を願う気持ちがないとだめだ。インドネシア語か英語ができないと仕事にならない。短期でも長期でもいい。相談に応じる。少しだが報酬もある」

今、一番大事なことはなんですか。

「国軍が撤退できる環境をつくることだ。三月の上旬までに、どこの村にも平和が戻ったと実感してもらえるようにする。それができれば国軍の撤退が進む。三月上旬までが正念場だ」

私はアチェからジャカルタに戻り、飯村豊日本大使に面会した。飯村大使は一月一三日から三日間、アメリカ大使らとアチェを訪問すると言った。紛争が拡大してから外務省からはだれも「危険地域アチェ」を訪問していなかった。短期で限られた所だけの訪問だろうが、やっと外務省も重い腰を上げた。

▲「和平合意歓迎」と書かれた看板の下、サッカーを楽しむ（東アチェ県ランサで）

「日本政府としては資金援助だけでなく、最大の援助国としてアチェに人材を派遣しないのですか」と、私は大使に質問した。

「まだ危険なアチェに日本人を派遣することは、邦人保護の上からも時期尚早です」と、大使は答えた。

そのあとで私は、ジャカルタにいる日本のＮＧＯに、「外務省は勧めていませんが、日本のＮＧＯとしてアチェで活動する予定はありませんか」と問い合わせた。

「今はありません。日本の本部でもまだ計画はないでしょう」という答えが返ってきた。

東ティモールでは多くの日本のＮＧＯが活動しているのに、なぜアチェに行かないのか。それはメディアの報道の差だと思う。東ティモールに比べ、アチェについてのニュースの量が少なく、日本人の関心が高まっていない。アチェで毎年一〇〇〇人以上、一〇年余りで一万人以上の住民が殺され、生活が脅かされているという事実が、きちんと日本に伝わっていれば、日本のＮＧＯも外国のＮＧＯのようにアチェで活動を始めていただろう。

アチェだけでなく、インドネシアには毎年何千人もの住民の命が奪われている地方がいくつもある。それをきちんと報道してこなかったマスコミの責任は重い。

五〇〇もの学校が焼かれた

和平を仲介しているＨＤＣが和平の正念場と言っていた二〇〇三年三月から、地方のＪＳＣ事務所や車が襲われるという事件が相次ぎ、スタッフがバンダアチェに引き揚げるという事態を招いた。警察や国軍は、「ＪＳＣが官僚的で和平の妨げになっていると不満を持つグループが撤退を要求し、住民を巻き込み襲撃した」と発表した。しかし和平を監視するためアチェを訪れている外国人を歓迎している住民が、不満があったとしてもＪＳＣの撤退まで要求するというのは不自然だ。襲撃された事務所は私が訪れたこともある中アチェ県のタケゴンや東アチェ県のランサだったので、知り合いに電話で話を聞いた。

「三月三日のタケゴンのＪＳＣ事務所襲撃は、見たこともない集団が地元の言葉でなくインドネシア語で、ＧＡＭとＪＳＣはアチェから出て行けとデモを繰り返していた。事務所に投石が始まっても、車に火をつけても、警察は遠巻きに見ていただけなので、騒ぎが拡大した。治安部隊が集団を操り事件を起こしたことは明白だ」

「四月六日朝からランサでは、何十台ものトラックに乗った群衆がＪＳＣの事務所を襲い、備品を略奪したあと放火した。警察は何もしなかったし、国軍も駆けつけなかった。あんな組織化された集団を操れるのは国軍だけだ。群衆の中にはアチェ人もいたが、脅かされ仕方なくやったのだろう。ＪＳＣがバンダアチェに撤退したことはとても残念だ。和平が後退するのは避けられない。その後、住民が外出を控えランサの町から人が消えたなどと報道されたが、それは治安の悪化を理由に、国軍を増強するためのプロパガンダだ。町は平静で活気がある」

襲撃事件には治安部隊の影がちらつく。そしてちょうど世界の関心がイラク戦争に注がれているすきに、国軍はまたGAMに対し攻勢をかけた。武力衝突が再発し、死傷者が急増した。「武装解除をしないGAMを壊滅するため」と国軍は主張し、「武装解除させた後で国軍が攻撃してくるのは明白だ。先に国軍がアチェから撤退すべきだ」とGAMは反論する。HDCはインドネシア政府に対し、襲撃事件の関与者の逮捕と調査を要求したが、真相は究明されていない。

もともと国際社会主導の和平に批判的な国軍は、二〇〇三年五月、和平合意を破棄する動きに出た。GAMやHDCはアチェを独立させる反乱組織だとして、「独立阻止」「インドネシア領の死守」という大義名分を掲げ、軍事作戦の準備を始めた。駐留している国軍二万六〇〇〇人、警察機動隊一万四〇〇〇人に加え、インドネシア各地の部隊から一万人以上が増派された。

首都ジャカルタなどでも国軍の武力行使に反対する大規模なデモ行進が繰り返された。しかし「軍事作戦はアチェ問題の解決にならず、流血の惨事を増やす自殺行為だ」「イラクの戦争に反対したインドネシア政府がアチェで武力行使するのはおかしい」などという声を押し切り、スハルト時代より悪質なアチェ弾圧が始まろうとしていた。

五月一七日から東京でインドネシア政府とGAMとの間でアチェ和平協議が開かれた。インドネシア政府は軍事作戦は国土保全のために必要で、GAMが「独立要求の放棄」を受け入れない限り開始すると強硬に主張していた。一八日深夜、協議は決裂した。

もちろん決裂の責任はインドネシア政府とGAMにある。しかし五カ月前の二〇〇二年一二月和平合意がなされてから、日本の川口順子外相は「最大限の努力をする」と言っていた。最大の援助国でありインドネシア政府との関係が深い日本政府は、和平実現のためにどれほど外交努力を重ねたのだろうか。和平仲介役のHDCや一方の当事者GAMに対して、どんな交渉を繰り返したのだろうか。二カ月前のイラク戦争でアメリカに対し弱腰だった日本政府は、インドネシア政府に押し切られる形で、和平協議決裂と軍事作戦開始という最悪の結果を招いてしまった。

協議決裂から数時間後の一九日未明、待ちかまえていたかのように、メガワティ大統領の名でアチェに軍事非常事態宣言（戒厳令）が布告された。同日午前、アチェ入りしたエンドリアルトノ国軍司令官は「七五年の東ティモール侵略作戦以来の大作戦でGAM部隊を壊滅させるまで戦う」と述べ、軍事作戦を開始した。アチェの警察はJSC（合同治安委員会）で和平交渉を担当していたGAM幹部五人を「テロリスト」として即刻逮捕し、国家反逆罪で起訴した。

一九日以降アチェ各地で学校に対する放火が始まった。その数は二〇日夕方までに一八五を超えた。そのほとんどが小学校で、児童がバケツリレーで消火作業をしたり、焼け跡の地面に座って授業を続ける映像がテレビのニュースで流れた。「犯行グループは覆面をかぶり、石油をまいて学校に火をつけた」と住民は言う。「国軍をかく乱させるGAMの犯行に間違いない」と国軍は発表し、「アチェの将来を担う子どもたちを我々が犠牲者にするはずがない。国軍の犯行だ」とGAMは主張した。

その後も学校放火は続き、五日間で五〇六校に達した。治安部隊が全州に展開されているにもかかわらず、放火が止められず、犯人が分からないままだ。短期間で組織的に放火が繰り返されていることから、私は国軍の犯行だと思う。犯人が誰であれ子どもたちを標的にこれほどの学校を放火するなど、血の通った人間のやることではない。世界でも稀に見る犯罪だ。

インドネシアの国家人権委員会は現地調査の結果、国軍監視所から数十メートルの学校も多く放火されていることからも、国軍関与の可能性が高いと発表した。そして国軍による脅迫や不当逮捕、リンチ、レイプなどが増えていることも指摘した。

戒厳令が布告されて軍事作戦が再開されて以来、インドネシアのテレビでは連日、銃声が響き、兵士が突撃し、遺体の前で遺族が泣き崩れる映像が放送されている。国軍はGAMの兵士だけを殺すと言っていたが、他の戦争と同じように一般市民の犠牲が目立つ。警察の発表では、ひと月で九六人死亡したGAMの兵士より多い一一〇人の一般市民が死亡した。

国軍は批判をかわすため、警察や赤十字が発表していた一般市民の死者数は信頼できないと言い、GAMの死者数に一般市民を含み発表するようになった。それによると作戦再開から三カ月たった八月一八日までに七〇四人が死亡した。アチェの学生団体SIRAは、その中には三〇〇人以上の一般市民が戦闘に巻き込まれるなどして死亡し、またDOM時代のような拷問などの人権侵害や誘拐事件が増えていると発表した。

戦闘を怖れ、避難所暮らしを始めた住民も急増し、警察の発表では作戦再開から三週間で四万人以上に達した。南アチェ県が最多で一万三二人だった。二〇〇一年一〇月、私がアチェで一番雰囲気の悪さを感じた地方だ。だが、アチェの辺境なのでメディアの取材ができず、何が起きているのかまったく分からない。

戒厳令下で実権を握る国軍は、GAM側の発言や分離独立に理解を示すような報道の規制など、メディアを監視下に置いた。海外に都合の悪い情報が流れることを警戒し、外国人の入境を原則的に禁止し、国際赤十字など医療関係や難民の支援をするNGOで働く外国人もアチェから撤退させた。

いつまで戦闘が続くのだろうか。紛争状態が続き駐留を続けることで利権を得られる国軍とGAMとの抗争は、オランダの侵略に対し抵抗闘争を続けた一〇〇年前のアチェ戦争のように何十年も続きそうな気がする。

何度も繰り返すが、日本のマスコミはもっとアチェで起きていることを伝えて欲しい。イラク戦争の一〇分の一でもアチェのことがテレビで報道されれば、日本で関心が持たれ、日本政府がインドネシア政府に圧力をかけて、武力衝突が収まり、恐怖の下で生活が続いているアチェの人たちに希望の火を灯せるのではないだろうか。

私はアチェの独立に賛成でも反対でもない。お金をたくさん持っている人がすべて幸せでないように、資源が豊富だからといって、独立して国民が豊かになるとは限らない。指導力と責任感のあるリーダーがいないまま独立闘争を続けているGAMが、住民を代表する組織だと私は思わない。五〇〇〇人と言われるGAM兵士の中には、住民に迷惑行為を働く者もいる。

だがこのまま治安を乱す治安部隊が駐留し戦闘が治まらないのなら、治安部隊がいなくなるだけでも独立はいいことかも知れない。インドネシア国軍が撤退した後、東ティモールで見た住民の解放された表情が忘れられない。

インドネシア人は相手を思いやる心を持ち合わせている。平和でさえあれば、異なった民族が助け合い穏やかに暮らしてきた。

「アチェが独立したらいいかどうか、私には分かりません。大事なのは毎日ここで仕事が続けられる、平和が続いて欲しいということです」と言っていた人のことがとても気になる。

あとがき

子どもの頃から乗り物が大好きだった。いろいろな乗り物に乗って旅をしているときが至福の時間だった。学生時代から日本国内、ヨーロッパ、中東、アジアなどの旅を続けた。

広くて変化に富み、人情豊かなインドネシアに魅せられて、サラリーマン生活に区切りをつけ、ジャカルタ暮らしを始めた。マスコミの取材を手伝い、各地を訪ねながら自分でも文章を書くようになった。そして一五年があっという間に過ぎた。

「いつまでインドネシアにいるんですか」と、よく聞かれた。

「スハルト大統領が変わるまで」と、答えていた。

経済発展し、スハルト大統領が絶頂期を迎えていた九〇年代初頭のインドネシアを自分の生活体験を通して見てきたので、その終わりを見届けたかったからだ。しかしそれから先、インドネシアがどうなるのか、自分がどんな道を選ぶかはまったく想像がつかなかった。

九八年五月、三〇年続いたスハルト政権が民衆によって倒された。そして民主化へ向けて改革の期待が大きく膨らんだ。

あれから五年たった。その間、三度にわたり政権交代があったが、打倒スハルトのシンボルとして国民の人気が高かったメガワティは、政権に就くと改革に後ろ向きになった。スハルトとその家族に対する追及は頓挫している。汚職・癒着・縁故主義撲滅といった国民の期待を裏切った。起業投資家は不透明な将来に不安を抱いて投資を控え、インドネシアの国際競争力は低下している。そして万を超える住民が紛争に巻き込まれて命を失った。こんな国は世界でもあまりない。

そんな紛争地を大好きな船やバスに乗って旅をした私は、「外国人なのによく来てくれた」と歓迎され、おしゃべり好きのインドネシア人からいろいろな話を聞かされた。

「スハルト時代に戻って欲しいとは思わないが、今はあのときよりも恐怖に脅えながら暮らしている」

「仲良くおかずを交換し合った近所の人が逃げてしまった」

「メガワティ大統領は政府が悪かったと謝罪したが、人ごとのようだ。メガワティ政権になって多数の死者や難民が出て、治安が悪化していることに、責任を感じないのか」

「何度も、何度も政府には裏切られてきた。インドネシアは民主化されたというが嘘だ。時代は逆戻りした」

権力者の横暴さは変わっていなかった。国軍や警察など治安部隊の弱い者いじめをする体質も昔と同じだった。行政の腐敗も悪化していた。政治家や役人は被災者に届けられるべき援助さえも食い物にしていた。それは一地方に限られたことではなく、インドネシア中で共通する構造的なものだ。この構造を変えないかぎり、インドネシアの民主化は訪れないだろう。

しかし国際社会はこんなメガワティ政権を支持している。地域大国インドネシアの安定はアジアの安定に欠かせないからだというが、紛争の仲介に乗り出し、住民が安心して生活できる社会をつくることを優先し貢献することが、アジアの安定につながるのではないだろうか。

「最大の援助」を続けている日本政府は、紛争後の破壊された建物やインフラの再建で最大の支援をするというが、今殺されそうな人を助けることには重きを置いていない。スハルト政権を長期にわたって支え、民主化や人権問題を妨げてきた反省が生かされていない。私は日本人としてとても恥ずかしい。

地方で起きている紛争は武力で鎮圧できるものではない。現地に足を運んで住民の声を聞き、政策に反映させ強い意志で行動しないと、今後も犠牲者の数は減らないだろう。もうこれ以上流血の紛争地を増やしてはいけない。

九八年のインドネシア政変、九九年の東ティモール騒乱以降、日本でインドネシアのことが大きく報じられたのは、二〇〇二年のバリ島、二〇〇三年八月のジャカルタ高級ホテル爆弾テロ事件だけだった。それらよりも多くの犠牲者が出ているマルク諸島の紛争もアチェの軍事作戦も報道は控えめだ。大都市ジャカルタにいては地方のことが分からない。「スハルト大統領が変わるまで」と答えていた私だが、あれから五年たってもまだ船やバスに乗ってインドネシアを旅している。楽しい旅ではないかも知れないが、もうしばらく続きそうだ。

この本をつくるにあたって、多くの方々にお世話になりました。とくにインドネシアの日本語紙『じゃかるた新聞』や左記の人たちの協力なしには、出版までこぎつけることはできなかったと思います。ほんとうにありがとうございました。

青木美枝子、阿部弘賢、アムリ・イドリスノ、アユ・ウタミ、荒海とし子、アルフォンス、イ・クトゥット・スウェントラ、池田華子、石井雅仁、伊藤淳子、イレネ・アマラル、エティ、榎原美樹、大野良祐、岡田美和、岡野直、小川司、奥田しおり、翁長忠雄、和子スウェントラ、樺島祥江、上村淳、川端進、菊田優子、菊地信義、木原愛、木村和人、草野靖夫、クトゥット・アスラナ、クレメンティノ・ファリア、桑原晨、郷富佐子、小林重予、小林裕幸、佐伯一郎、坂井禧夫、佐藤水無、真田正明、シャイニ・ファリア、シルフィア、正田真美、ジョン・ラマユ、白石和之、鈴木靖峯、スドゥリカ、関則夫、高村美和、チェプ、津田邦宏、津留歴子、ティティ・ヌルレテ、デルフィノ、戸塚貴子、ドミンゴス・サンタムジナ、永井貴子、長岡昇、中村隆二、那須禎輝、西沢朋子、橋本章子、林きよみ、平尾祐司、北郷美由紀、ポピィ、益井晶子、松本敏之、マリオ・グスマン・アマラル、水月けいこ、ミロ・バルド・ベント、屋代律夫、山上千夏、山田厚史、吉村文成、米元文秋（敬称略）

ジャカルタ、二〇〇三年八月　小松邦康

小松邦康（こまつくにやす）
紀行作家。1959年高松市生まれ。82年明治大学政治経済学部政治学科卒業後、インテリアメーカーで勤務。85年ジャワ島を訪れインドネシアの旅が始まる。87年退社し、88年から国立インドネシア大学に籍を置きインドネシア語や社会政治学を学びながら旅を続けた。91年東ティモールを含むインドネシア全27州を制覇。ジャカルタを拠点にマスコミ各社で取材協力などをしながら、世界各国を旅している。
著書に『楽園紀行』（1992年）、『インドネシア全二十七州の旅』（めこん、1995年）がある。
（住所）Jl.Ciniru 4　No.15　Kebayoran Baru
Jakarta　Selatan　12180　INDONESIA
Eメール：kokomjkt1@hotmail.com

インドネシアの
紛争地を行く

初版印刷　2003年９月５日
第１刷発行　2003年９月15日

定価2000円＋税

著者：小松邦康　　発行者：桑原晨

発行所：株式会社めこん
〒113-0033 東京都文京区本郷３-７-１
電話：03-3815-1688　FAX：03-3815-1810
URL　http://www.mekong-publishing.com

装幀：菊池信義　装画：小林重予　編集：戸塚貴子

組版・印刷所：ローヤル企画・平河工業社

ISBN4-8396-0164-x C0030 Y2000E
0030-0308162-8347

インドネシア全二十七州の旅

小松邦康

定価一九〇〇円＋税

アチェからパプアまで、インドネシアの「全州」をつぶさに歩いた、まさに足で集めた知られざるインドネシアの素顔を紹介。民族と文化のモザイクの醍醐味を味わう旅紀行。

インドネシアを齧る—知識の幅をひろげる試み

加納啓良

定価二〇〇〇円＋税

学術書には収まりきれない、「インドネシアのうんちく講義」を集めた雑学エッセイ本。歴史・文化・食べ物の由来からポップカルチャーまで幅広い素材を分かりやすく説く。

ジャワの音風景

風間純子

定価一九〇〇円＋税

ジャワの大衆演劇クトプラの一座と寝食を共にするうちに見えてきたものは？貴重なクトプラ研究を軸に、ジャワの芸能と社会が織りなす風景を生き生きと描き出す。

カルティニの風景

土屋健治

定価一九〇〇円＋税

心に残る一枚の絵、一冊の本の思い出から、インドネシア一〇〇年の民族意識のありようを書き下ろす。日本のインドネシア研究の昇華した一冊として絶賛を博したエッセイ。

ジャワ人の思考様式

マルバングン・ハルジョウィロゴ　染谷臣道・宮崎恒二訳

定価二二〇〇円＋税

インドネシア最大の民族ジャワ人はとかくつきあうのが難しいとされる。そのクセのあるジャワ人の思考様式と行動パターンをジャワ人自身が分析したエッセイ。

時間の旅、空間の旅――インドネシア未完成紀行
加藤剛
定価一九〇〇円+税

ミナンカバウ研究者の第一人者がスマトラとジャカルタにおけるフィールドワークの中で書き綴ったエッセイ。「思索する旅」の醍醐味が味わえます。

人間の大地（上）（下）
プラムディア・アナンタ・トゥール　押川典昭訳
定価各一八〇〇円+税

インドネシア文学の最高傑作。蘭領東インドを舞台にインドネシア民族が目覚め、自己を確立していく長く烈しい闘いを描いた四部作の第一部。ノーベル文学賞の呼び声も高い。

インドネシアのポピュラーカルチャー
松野明久・編
定価二〇〇〇円+税

音楽・映画・演劇・テレビ・文学…。若手のインドネシア研究者たちがそれぞれ得意の分野で思いのたけとウンチクをかたむけました。インドネシア好きにはこたえられない一冊。

バタオネのインドネシア語講座　初級編
ドミニクス・バタオネ　近藤由美
定価二五〇〇円+税

ネイティブが書き下ろした日本唯一のインドネシア語学習書として人気を博している。全くの初心者から、辞書なしで新聞・雑誌の大意が分かるレバルまでを完全解説。

教科書「インドネシア語」
森山幹弘　柏村彰夫
定価二〇〇〇円+税

先生についてインドネシア語を基礎から学ぼうとする人のための教科書。例文・文法説明・練習問題という、教えやすく学びやすいオーソドックスな構成と語彙集が役に立つ。